破译
价格运行密码

艾略特波浪理论
>>>>>>>> 运用实战 >>>>>>>>

桂 阳◎编著

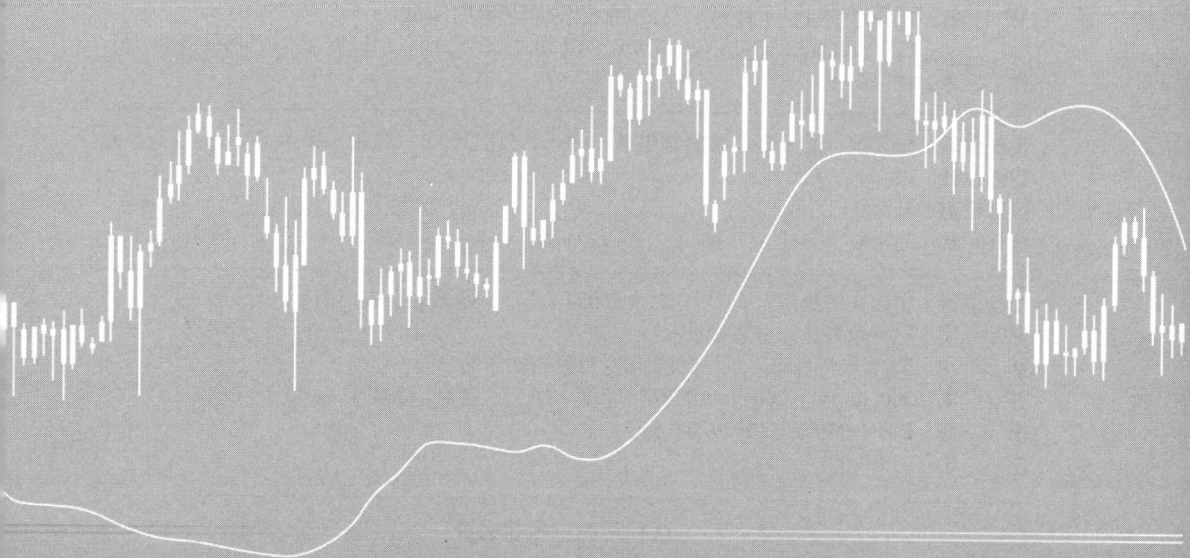

中国铁道出版社有限公司
CHINA RAILWAY PUBLISHING HOUSE CO., LTD.

图书在版编目（CIP）数据

破译价格运行密码：艾略特波浪理论运用实战 / 桂阳
编著 . —北京：中国铁道出版社有限公司 , 2022.9
ISBN 978-7-113-29264-5

Ⅰ.①破⋯ Ⅱ.①桂⋯ Ⅲ.①股票市场 – 市场分析
Ⅳ. ① F830.91

中国版本图书馆 CIP 数据核字（2022）第 099273 号

书　　名：破译价格运行密码：艾略特波浪理论运用实战
　　　　　POYI JIAGE YUNXING MIMA：AILÜETE BOLANG LILUN YUNYONG SHIZHAN
作　　者：桂 阳

责任编辑：张亚慧　奚 源　编辑部电话：（010）51873035　邮箱：lampard@vip. 163. com
封面设计：宿 萌
责任校对：安海燕
责任印制：赵星辰

出版发行：中国铁道出版社有限公司（100054, 北京市西城区右安门西街 8 号）
印　　刷：三河市兴达印务有限公司
版　　次：2022 年 9 月第 1 版　2022 年 9 月第 1 次印刷
开　　本：700 mm×1 000 mm 1/16　印张：14.75　字数：204 千
书　　号：ISBN 978-7-113-29264-5
定　　价：69.00 元

前言

　　投资者需要知道，看似涨跌无常的股票市场，其实也蕴含着如潮汐、波浪一般的规律，而这种规律让股市价格有序地波动变化。

　　那么，如何才能发现股市的波动规律呢？怎么才能有效抓住行情的上涨波段，规避行情的下跌波段呢？波浪理论就是解决这些问题的有效技术手段之一。

　　波段理论认为市场走势不断重复一种模式，每一周期由五个上升浪和三个下跌浪组成，这就是经典的八浪基本循环结构。它直观地刻画了市场行情的变动规律。因此，波浪理论自问世以来，一直被广大投资者研究并使用。

　　任何技术都有它不完美的地方，波浪理论也一样，为了提高技术研判的准确性，投资者除了要掌握波浪理论本身的使用方法外，还要结合其他技术进行综合应用。

　　因此，为了让投资者更好地理解波浪理论知识与应用，以及更好地结合其他技术进行综合分析，从而提高趋势预测与买卖点研判的准确性，作者编写了本书。

全书内容共七章，可分为三部分：

◆ 第一部分为第 1～3 章，主要是对艾略特波浪理论的入门知识、波浪理论中蕴含的数学结构及八浪模型中各波段的特点和浪长进行讲解，让读者快速了解波浪理论的基础知识，为后面进一步学习波浪理论的应用打下基础。

◆ 第二部分为第 4～5 章，主要从上升五浪和下跌三浪两个阶段详细讲解各波段的实战操作策略，便于投资者更好地运用波浪理论寻找买卖点。

◆ 第三部分为第 6～7 章，主要讲解波浪理论如何与 K 线、成交量、移动平均线这些技术指标结合使用，从而提高波段研判的准确性，更好地指导实战操作。

为了便于读者更好地学习波浪理论的实战操盘精髓，作者在讲解理论知识的同时，大量添加了示例讲解，通过细致地讲解和深入地分析，让读者加强对理论知识的理解，从而更好地进行实战应用。此外，为了降低学习难度，缓解疲劳，书中穿插了丰富的表格、逻辑图示，让读者在一种轻松的阅读氛围中学习本书的知识。

最后，希望所有读者都能从书中学到想学的知识，提升自身的股票技能，更好地指导实战投资，但也请牢记，任何投资都有风险，股市风险尤甚，我们投资时需慎之又慎。

作　者

2022 年 6 月

目录

第1章　艾略特波浪理论入门认知

在股市投资中，只有辨清股市的运行大趋势，顺势而为，才能做到稳定获利。在众多分析理论中，波浪理论是比较经典的趋势分析理论，是趋势及波段分析中最常见的技术手段之一。

第2章　解析波浪理论中的数学结构

　　波浪理论是一种特殊的趋势分析工具，与其他趋势分析不同的是，波浪理论不仅可以预测趋势，同时还可以预测趋势何时结束，这在一定程度上给了投资者更多有用的参考信息。这个特殊性主要得益于波浪理论中存在的数学结构和数学规律。

第3章　详解八浪模型中的各波段

　　在上一章中，我们讲解了波浪理论中应用的数学知识，了解到黄金分割率在波浪模型中对预测波段的支撑位和阻力位有重要作用。本章将针对各浪的特性及其与其他波浪之间的比率关系进行具体讲解。

第 4 章　上升五浪买卖点实战分析

　　五升三降是波浪理论的基础，在这八浪基本模式中，上升五浪是最值得投资者参与的阶段，因为在这一阶段行情主升。

第 5 章 下跌三浪买卖点实战分析

下跌三浪是八浪基本模式中的后半段，虽然这一阶段中股价整体以下跌为主，但是在各个波段中也有其操作价值，如卖在浪 A 初期逃顶、在浪 B 短线抢反弹、买在浪 C 末期抄底等。

第 6 章　透过 K 线找各浪的买卖点

　　K 线作为一种基础、重要的分析技术，是股市投资者必须要掌握的。将波浪理论和 K 线分析相结合，可以得到一种全新的股市分析方法，从而更好地指导投资者的实战操作。

第7章　波浪理论与常见指标结合

　　在股票技术中，K 线只是最基础的一种分析技术。除此之外，还有许多简单、实用的技术指标，如成交量（VOL）、移动平均线（MA）等。这些技术指标与波浪理论结合使用，同样可以提高投资者的研判准确度，更好地借助波浪理论进行实战操作。

第1章

艾略特波浪理论入门认知

在股市投资中，只有辨清股市的运行大趋势，顺势而为，才能做到稳定获利。在众多分析理论中，波浪理论是比较经典的趋势分析理论，是趋势及波段分析中最常见的技术手段之一。那么，波浪理论的内容具体是什么？本章就针对波浪理论的一些基础知识及波浪理论中的交替规律和波浪延长展开讲解，帮助投资者快速认识波浪理论，为利用波浪理论实战打好基础。

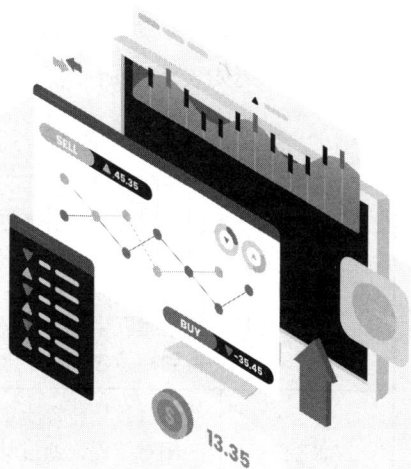

- 波浪理论基础概述
- 波浪理论中的交替规律
- 波浪的延长

1.1　波浪理论基础概述

波浪理论是 20 世纪 30 年代由美国著名证券分析大师拉尔夫·纳尔逊·艾略特利用道琼斯工业平均指数作为研究工具创建的一种市场分析理论。艾略特认为："市场有其自身的规律，它不会被日常生活经验中人们习以为常的线性因果关系所驱动并在'波浪'中展开"。

由此可见，波浪理论研究的重点是股价的运行趋势。下面针对波浪理论中的一些重要基础知识进行讲解，帮助读者对波浪理论有一个整体的基本认知。

1.1.1　了解波浪理论的三要素

要学习波浪理论，首先要对其三个基本要素有所了解，因为它们是波浪理论的精华，是学好波浪理论的必要认知。

在波浪理论中，波形、波幅及波时构成了波浪理论的三个要素。各要素的具体介绍如表 1-1 所示。

表 1-1　波浪理论的三要素

要　　素	具体阐述
波形	波形即价格走势所形成的形态。在这三个基本要素中，价格形态是最重要的一个要素，其留下的轨迹就是波浪的形状和构造，是波浪理论赖以生存的基础。最初，艾略特就是从价格走势的形态变化中得到启示才发现了波浪理论。
波幅	波幅就是指波幅比率。具体指价格走势图中波浪的高点和低点所处的相对位置，通过计算这些相对位置，可以更好地把握各个浪的开始和结束，从而确定股价的支撑点或压力点。
波时	波时即波浪形态形成所需要经历的时间长短。在波浪理论中，各个波浪之间的形成时间是相互联系的，掌握这些波浪形成的时间，可以让投资者提前预知某个大趋势的到来，从而更好地指导投资布局和买卖操作。

针对这三个要素，投资者只需要先有这样一个概念即可。本书后面的内容将围绕这三个要素展开讲解，可以帮助投资者更深入地理解这三个要素。

1.1.2　八浪基本形态详讲

价格形态是波浪理论三要素中最重要的要素，因此，在波浪理论中，形态是我们研究的重要对象。

在一个完整的股价波浪运动周期中，应包含股价的上升与下跌两个阶段。其中，上升阶段的股价向上波动，其波浪模式又被称为五浪模式；下跌阶段的股价向下运动，其波浪模式又被称为三浪模式。

由此可见，上升五浪和下跌三浪组成的八浪形态就成了波浪理论研究的基本形态，其示意图如图 1-1 所示。

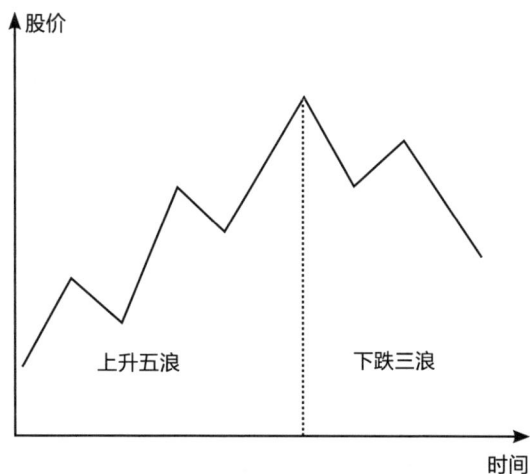

图 1-1　八浪基本形态

在上图中，虚线左侧部分是八浪模式中的上升五浪。在这一阶段中，股价以五浪形式向上运动，因此，也可以把这一阶段称为驱动五浪。虚线右侧部分是下跌三浪，是股价的调整阶段，在这一阶段中，股价向下运动。

下面对上升五浪和下跌三浪进行具体介绍。

（1）上升五浪

上升五浪通常表示为浪1、浪2、浪3、浪4和浪5，其示意图如图1-2所示。

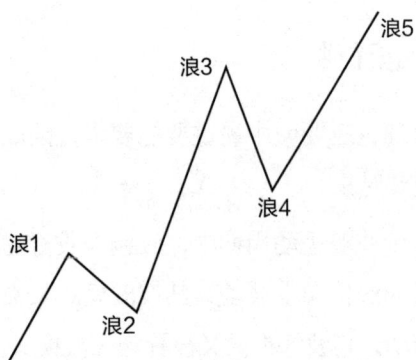

图1-2　上升五浪示意图

从上面的示意图可以看到，整个五浪的运行趋势为总体向上，因此，该模式也被称为"顺流五个浪"。在这五个波浪中，向上运行的波浪有三个，分别是浪1、浪3和浪5，这三浪是推动股价不断上涨的关键；向下运行的波浪有两个，分别是浪2和浪4，这两个浪的调整都是在为后面浪3和浪5的上涨积蓄力量。

（2）下跌3浪

有上升就有下跌，在八浪模式中，下跌3浪表示为浪A、浪B和浪C，其示意图如图1-3所示。

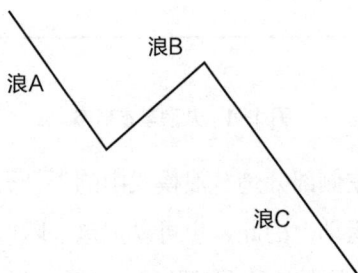

图1-3　下跌三浪示意图

从上面的示意图可以看到，整个三浪的运行趋势为总体向下，因此，该模式也被称为"逆流三个浪"。在这三个波浪中，向下运行的波浪有两个，分别是浪 A 和浪 C，这两个波浪推动股价一步一步运行到更低位，而浪 B 是下跌中的反弹走势。

上述八个波浪完毕后，一个循环即告完成，走势进入下一个八浪循环。这样的循环生生不息，就构成了股价或者指数的趋势。

示例讲解
深物业 A（000011）八浪模式分析

如图 1-4 所示为深物业 A 2019 年 10 月至 2021 年 2 月的 K 线走势。

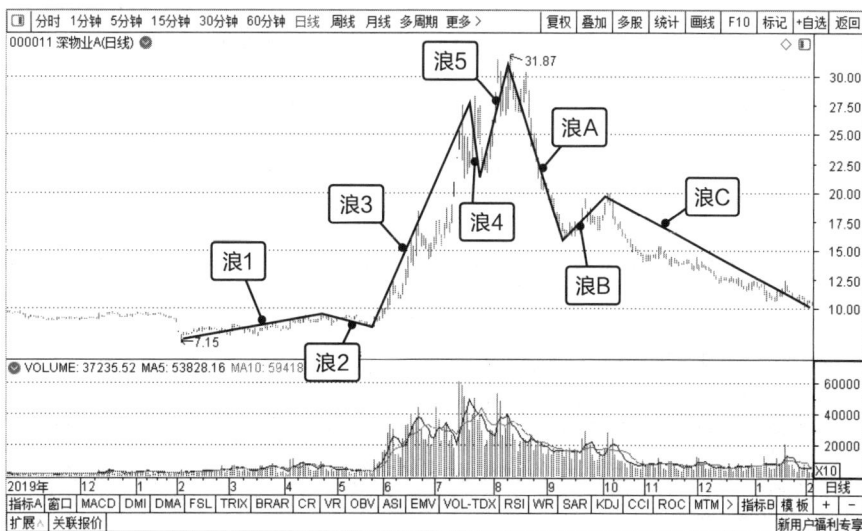

图 1-4　深物业 A 2019 年 10 月至 2021 年 2 月的 K 线走势

从图中可以看出，该股大幅下跌后在 2020 年 2 月初创出 7.15 元的最低价后止跌企稳，之后该股经历了一轮清晰的八浪走势。

下面分阶段来具体分析，先来看看上升五浪走势。

如图 1-5 所示为深物业 A 2019 年 11 月至 2020 年 8 月的 K 线走势。

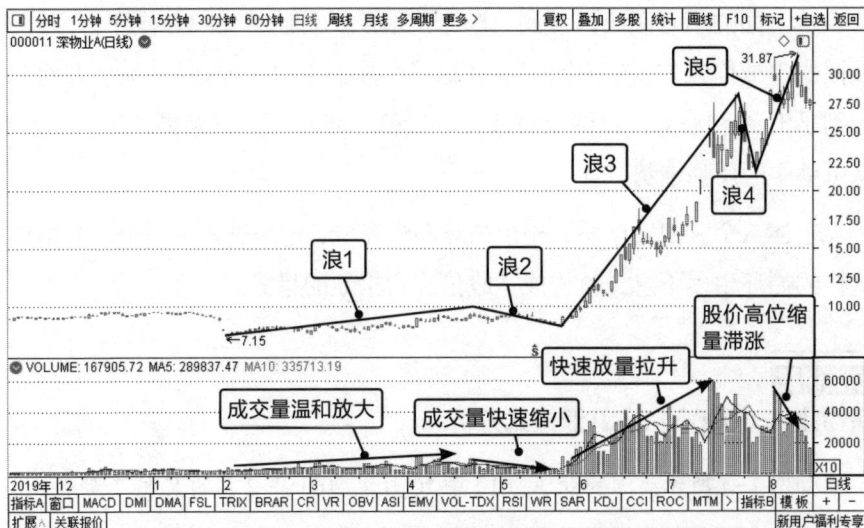

图 1-5　深物业 A 2019 年 11 月至 2020 年 8 月的 K 线走势

从图中可以看到，在股价创出 7.15 元的最低价后，浪 1 开启。整个浪 1 走势都较为缓慢，持续了近 3 个月的时间，在此期间，成交量温和放大。随后在 4 月下旬，该股创出 9.45 元的阶段高价后回落，开启浪 2 调整。

在整个浪 2 回调过程中，成交量出现快速缩小，此轮回调经历了近一个月的时间，最终回调在 8.20 元价位线上方受到支撑，并没有跌破浪 1 的低点，说明浪 2 的回调是有效的。

接着，股价企稳回升，开启浪 3，这一浪是这一轮上涨中最值得期待的，在不到两个月的时间里，股价快速放量拉升，从 8.20 元附近上涨到 28.00 元上方，涨幅超过 240%。

之后在两根跌停阴线的作用下，浪 4 启动了，整个浪 4 持续的时间比较短，之后股价快速止跌重拾升势进入浪 5。从浪 5 的走势来看，虽然启动初期伴随着成交量的放量拉升，但是在后半段出现了明显的滞涨，此时成交量明显缩量，上涨无量能的支撑，注定涨势不大。最终在创出 31.87 元的最高价后见顶回落，浪 5 结束。整个上升五浪也结束。

下面再来看看下跌三浪的走势。

如图 1-6 所示为深物业 A 2020 年 6 月至 2021 年 3 月的 K 线走势。

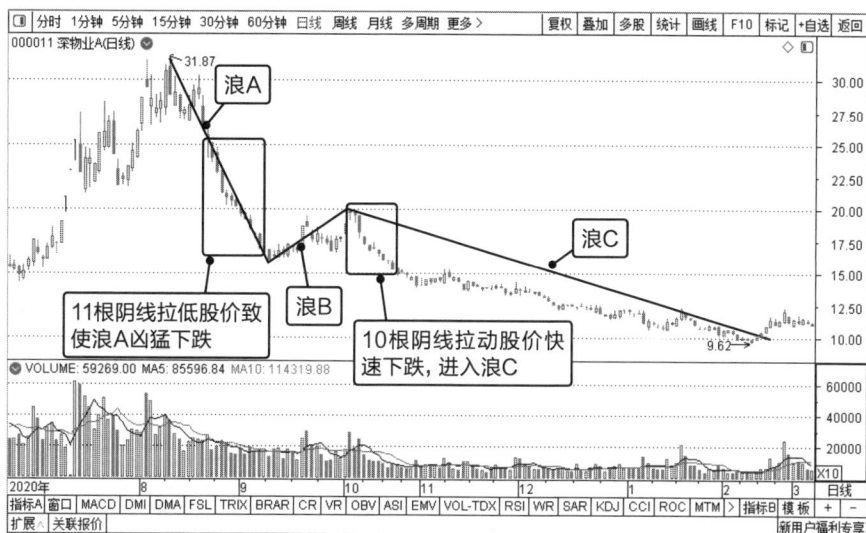

图 1-6 深物业 A 2020 年 6 月至 2021 年 3 月的 K 线走势

从图中可以看到，该股在创出 31.87 元的最高价后见顶回落，形成浪 A。在连续 11 根阴线的作用下，使得浪 A 的下跌比较凶猛。在 16.00 元价位线附近，该股跌势减缓，随后出现了缓慢上涨，开启浪 B 反弹。

但是整个反弹的上涨走势比较吃力，并且没有很好的量能支撑，最终在股价触及 20.00 元价位线时受到强烈的抛压，再次出现连续 10 根阴线打压股价，进入浪 C。

从浪 C 的走势来看，更是漫长的下跌，一举将股价拉低到 9.62 元，从该股这一阶段的八浪走势来看，整个下跌三浪几乎跌尽了上升五浪带来的上涨，由此可见，波浪理论对股价走势的研判及买卖点的分析意义有多大。

1.1.3 波浪理论中的铁律规定

要想用好波浪理论，波浪理论中的铁律规定是不可不知的内容。铁律规定也可以称为基本信条，或者是基本要点，这是运用波浪理论的主要法则。在八浪基本形态中，有以下三条铁律规定。

◆ 铁律 1：浪 2 调整的最低点不会达到浪 1 的起始点。

铁律 1 表达的意思就是，无论浪 2 的回调幅度是大还是小，浪 2 回调的低点都不能低于浪 1 的起始点，即浪 2 回调不跌破浪 1 的底部，否则八浪基本形态不成立。如图 1-7 所示为铁律 1 的示意图情形。

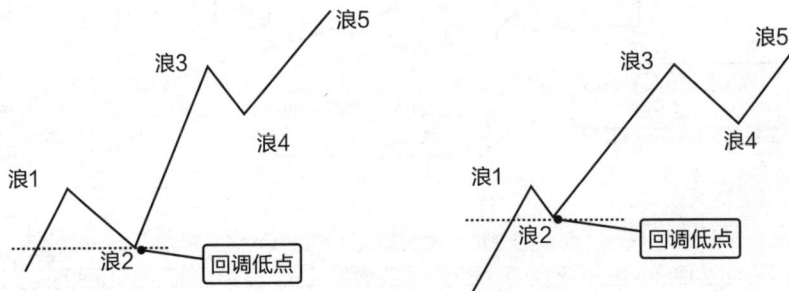

图 1-7　铁律 1 的示意图情形

◆ 铁律 2：浪 3 永远不是最短的一浪。

铁律 2 表达的意思就是，无论哪种情况下，在上升五浪模式中，浪 3 都不会是最短的一浪，而且浪 3 也最容易产生爆发上涨（如前面的示例讲解的浪 3 就是爆发上涨）。由于 A 股股市的投资者结构，浪 3 的大幅拉升常常是主力所为，因此，通常所说的"坐庄"就表现在这个阶段。如图 1-8 所示为铁律 2 的示意图情形。

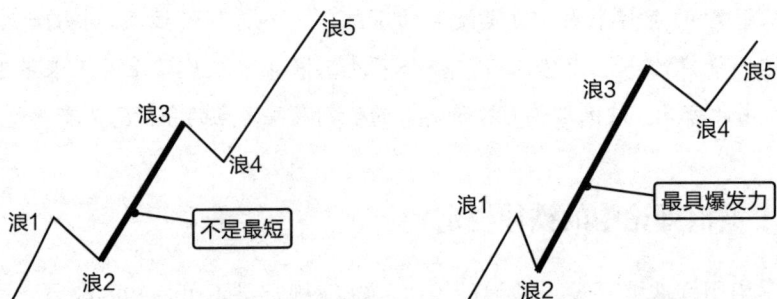

图 1-8　铁律 2 的示意图情形

◆ 铁律 3：浪 4 不会跌破浪 1 的顶部。

铁律 3 表达的意思就是，无论浪 4 的回调时间有多长，回调速度有多快，其回调低点都不会跌破浪 1 的顶部。如图 1-9 所示为铁律 3 的示意图情形。

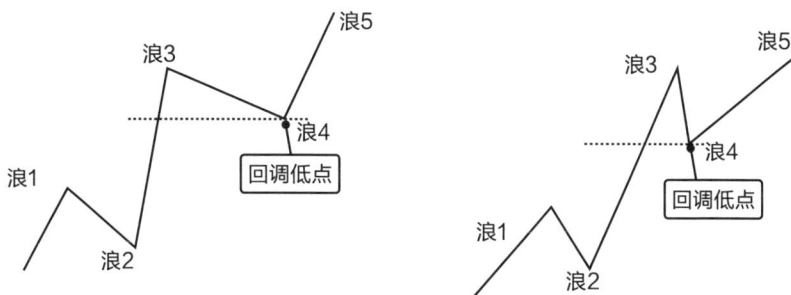

图 1-9　铁律 3 的示意图情形

通过上面三条铁律可以发现，都是针对上升五浪进行说明的。下面就通过具体的实例来讲解这三条铁律在上升五浪模型中的基本应用。

示例讲解

方大集团（000055）波浪理论铁律应用分析

如图 1-10 所示为方大集团 2018 年 9 月至 2019 年 4 月的 K 线走势。

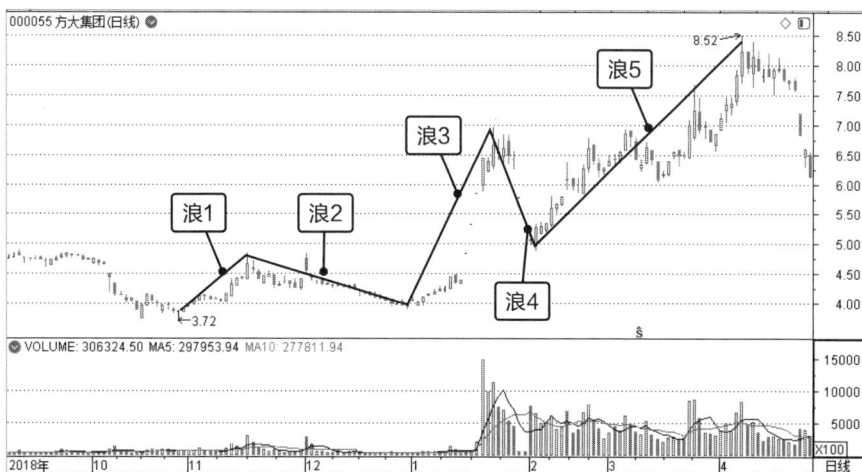

图 1-10　方大集团 2018 年 9 月至 2019 年 4 月的 K 线走势

从图中可以看出，该股 2018 年 10 月在股价低价位区止跌，在创出 3.72 元的最低价后股价企稳回升步入上涨，在上升五浪模式的驱动下将股价推动到 8.52 元的最高价，出现 129% 的涨幅。

下面应用波浪理论的铁律来分析这一轮上涨中的买卖点。

如图 1-11 所示为方大集团 2018 年 10 月至 2019 年 1 月的 K 线走势。

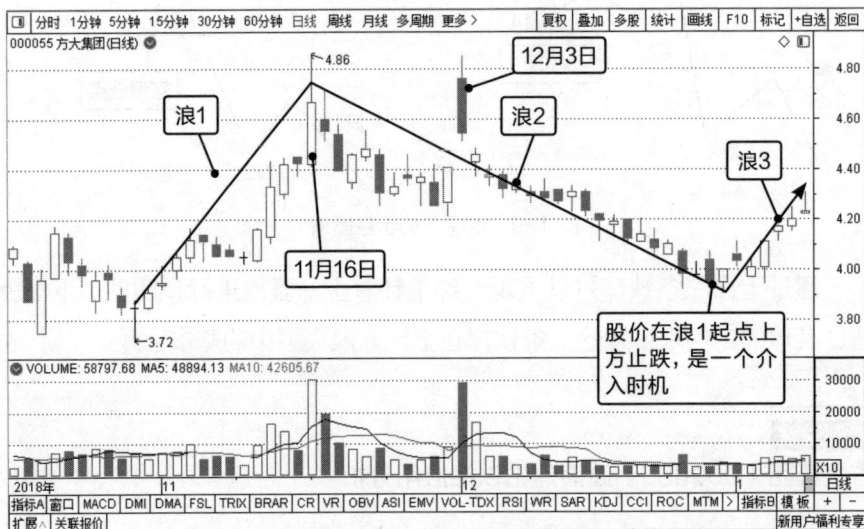

图 1-11　方大集团 2018 年 10 月至 2019 年 1 月的 K 线走势

从上图中浪 1 的发展来看，整个阶段的涨势不大，经过半个月左右的时间，该股在 11 月 16 日放大量收出带长上影线的阳线，并创出 4.86 元的阶段高价。随后股价缩量下跌进入浪 2。

虽然浪 2 在 12 月 3 日出现跳空高开的强势走势，但是之后股价一路下跌，这是主力前期洗盘的一种手法，投资者要密切关注浪 2 的结束。

之后股价持续下跌，成交量也逐步缩到地量，最终该股在 4.00 元价位线出现止跌，此时的止跌价位于浪 1 启动价的上方，根据铁律 1 可以预测此时浪 2 即将结束。

根据铁律 2 可知，浪 3 在整个上升五浪中不会最短，而且最容易出现暴涨，因此，浪 2 结束就是最好的介入时机，此时投资者可以积极买入，这也是前期激进买进的投资者最佳的加仓时机。

如图 1-12 所示为方大集团 2018 年 11 月至 2019 年 3 月的 K 线走势。

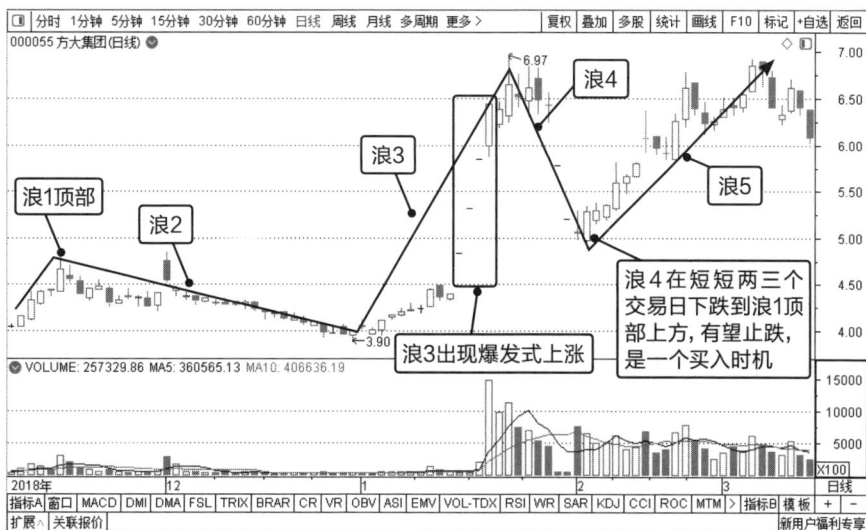

图 1-12 方大集团 2018 年 11 月至 2019 年 3 月的 K 线走势

从图中可以看到，该股最终在 3.90 元的位置止跌回升，进入浪 3。浪 3 的启动阶段是以连续小阳线的走势拉升，之后连续出现三个一字涨停和一个大阳线涨停板将股价快速拉高，呈现爆发式上涨，短短几日，股价就从 4.50 元附近上涨到 6.50 元左右，上涨了 2.00 元，涨幅超过 44%。

在爆发式上涨的浪 3 之后，浪 4 同样以爆发式的下跌出现，只用了两三个交易日，该股就下跌到 5.00 元的价位。

根据铁律 3 可知浪 4 不会跌破浪 1 的顶部，而在本轮的上升五浪模式中，浪 1 的顶部为 4.86 元，此时浪 4 下跌到了 5.00 元价位线附近，可以预测浪 4 接近底部，浪 5 即将开启，此时又是一个介入的时机。

需要特别注意的是，在上升五浪的基本模式中，浪 5 是上升阶段的最后一涨，股价随时都可能见顶进入到下跌行情，因此，投资者在浪 5 阶段要谨慎追涨。

1.1.4　正确识别驱动浪和调整浪

波浪要向前运行，必定会有两种方式，即驱动和调整。其中，具有驱动作用的波浪被称为驱动浪，具有调整作用的波浪被称为调整浪。

在八浪基本形态中，上升五浪推动股价上涨，在行情中起驱动作用；下跌三浪打压并拉低股价，在行情变化中起调整作用。因此，有很多投资者会认为上升五浪即为"驱动浪"，下跌三浪即为"调整浪"。

其实这种区分方法并不正确，所谓驱动不是指股价向上发展，调整也不是指股价向下发展。

那么，如何来区分驱动浪和调整浪呢？具体方法如下。

◆　看每个浪的运行方向与更大一级的趋势方向是否相同。如果相同，即为驱动浪，反之为调整浪。

◆　在驱动浪和调整浪的内部结构方面有一个理论，即驱动五浪、调整三浪。换而言之，就是一个大的驱动浪内部有五个子浪，一个大的调整浪内部有三个子浪。

下面通过一个实例来进行具体讲解。

示例讲解
图解驱动浪和调整浪

如图 1-13 所示为浪（1）和浪（2）的复合形态。

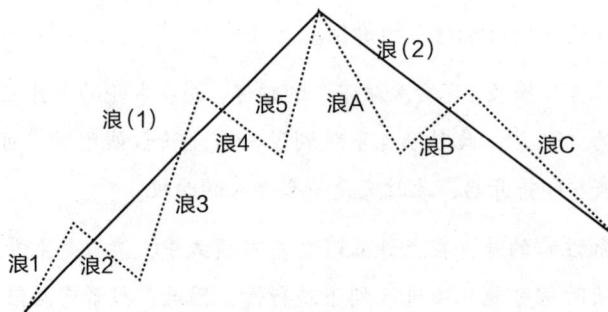

图 1-13　浪（1）和浪（2）的复合形态

从图中可以看到，某一次完整的八浪基本形态其实就是更大一级别波浪的子浪，即：

浪（1）的子浪是浪 1、浪 2、浪 3、浪 4 和浪 5。

浪（2）的子浪是浪 A、浪 B 和浪 C。

图 1-13 中的驱动浪和调整浪的正确识别方法如下。

◆ 将浪（1）作为驱动浪，其运行方向是向上，其内部包含五个小浪，在这五个小浪中，浪 1、浪 3 和浪 5 与浪（1）的方向一致，则这三个浪也是驱动浪，浪 2 和浪 4 的运行方向与浪（1）的方向相反，为调整浪。

◆ 将浪（2）作为调整浪，其运行方向是向下，在其内部包含三个小浪，在这三个小浪中，浪 A 和浪 C 的运行方向与浪（2）的方向一致，则为驱动浪，浪 B 的运行方向与浪（2）的方向相反，为调整浪。

为了更加直观地识别这些驱动浪和调整浪，将浪（1）和浪（2）的复合形态中的驱动浪和调整浪整理到表 1-2 中。

表 1-2　浪（1）和浪（2）的复合形态中的驱动浪和调整浪

类　别	大　浪	子　浪
驱动浪	浪（1）	上升驱动浪：浪 1、浪 3、浪 5
		下跌驱动浪：浪 A、浪 C
调整浪	浪（2）	上升调整浪：浪 2、浪 4
		下跌调整浪：浪 B

从上例中驱动浪和调整浪的识别使我们更加坚定一条规则：在区分驱动浪和调整浪时，单看其走势是否使股价上升或下降这种方法是不科学的。

科学的区分方法是：与更大一级波浪运行方向相同即为驱动浪，与上一级波浪运行方向相反即为调整浪。并且在八浪结构中，驱动浪一般为 5 浪结构，调整浪一般为 3 浪结构。

1.1.5　波浪的循环与等级划分

虽然波浪理论指出了八浪基本模型，但在实际的行情走势中，并不会单纯地按照这种简单的模式运行。在图1-13中，虽然浪1、浪2、浪3、浪4、浪5、浪A、浪B和浪C已经构成了最基本的八浪模型，但是其中的浪1、浪2、浪3、浪4和浪5又是大一级八浪循环中浪（1）的内部结构，而浪A、浪B和浪C是大一级八浪循环中浪（2）的内部结构。

在这种情况下，浪A、浪B和浪C的出现并不能代表下跌行情的来临，而是上涨行情中的调整，如果识别错误，将其误认为是下跌开启，就会错失后面浪（3）的行情。

由此可见，有效识别并正确数浪是非常重要的事情。那么，如何划分和有效地识别波浪便成为一个关键问题。下面就从波浪循环和波浪等级两个方面分别进行介绍。

（1）波浪循环

股价的运动方式不是单纯的呈一条直线，而是如波浪般起伏变化，并且随着时间的推移，股价的波动变化会始终按照八浪基本模型循环，即一个完整的八浪形态之后，又会有另一个八浪形态产生，就会形成八浪循环图。

如果将每一个八浪基本模型看成一个基本单位，它们既可能出现逐步抬高的走势，也可能出现逐步压低的走势，这些走势的结合还可能产生更高级别的波浪循环。

但在实际的波浪循环图中，要特别注意波浪的转折位。即浪5和浪A，其中，浪5是上升趋势中的最后一个上升浪，浪A是下降趋势中的第一个下跌浪，它们都属于驱动浪，那么，应该如何识别浪5结束、浪A开始呢？

根据驱动浪内部结构都必须有五个子浪，绘制出浪5和浪A的子浪结构图，如图1-14所示。

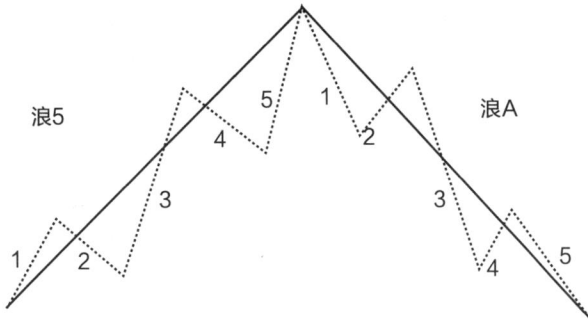

图 1-14　浪 5 和浪 A 的子浪结构图

从上图可以看到，浪 5 和浪 A 同为驱动浪，分别有五个子浪，由于浪 5 是上升阶段的最后一个上涨浪，其运行方向为上升，因此其五个子浪的整体趋势为向上运行，而浪 A 是下跌阶段的第一个下跌浪，其运行方向为下降，因此，其 5 个子浪的整体趋势为向下运行。

由此可以得出一个结论：在辨别波浪转折时，只要确定浪 5 过后连接的浪也有五个子浪，那么就意味着浪 5 已经宣告结束，浪 A 开始运行，随后股市将会开启下跌三浪的走势。

基于这个认识后，我们再来看一个复合的波浪模型，如图 1-15 所示。

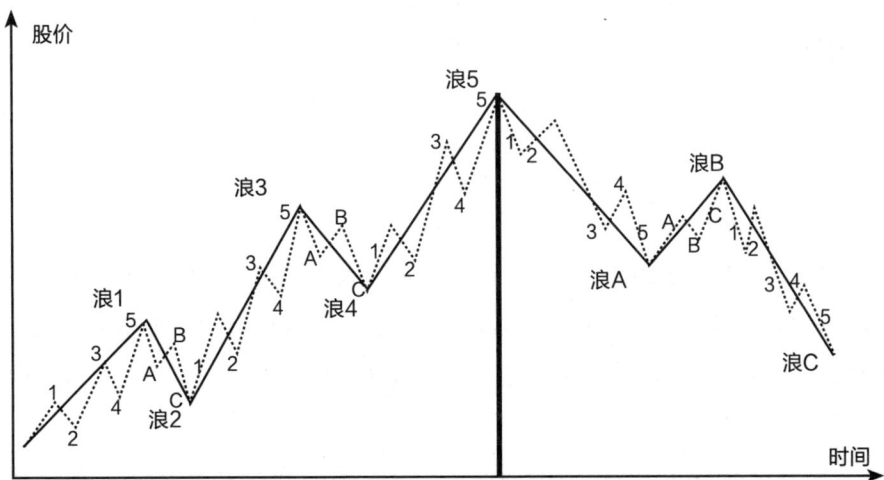

图 1-15　波浪复合模型

从上图中可以清晰地看到，在行情转折的两侧，每一个基本八浪模型（1—2—3—4—5—A—B—C）随着时间的推移都在不断地循环，这一循环就构成了更高级别的八浪模型（浪1—浪2—浪3—浪4—浪5—浪A—浪B—浪C）。

这种大量的循环结构层层嵌套，就是我们常说的"大浪套小浪、小浪组大浪"，正是因为这种浪套浪的循环结构，才使得波浪的数量更复杂，从而有"千人千浪"的说法。

但是无论波浪的循环嵌套有多复杂，时间是长还是短都不会改变波浪的形态，即波浪在其运行过程中可以拉长、可以缩短，但其根本的形态则永恒不变，这是波浪理论中的一条基本信条。

拓展贴士 *对待波浪理论的态度*

根据对波浪理论看法的不同，大致可以将投资者对波浪理论的态度划分为两大类：

一类是过于沉醉，奉若神明，认为波浪理论完全可以独立使用，其他技术分析都是点缀而已，轻易相信波浪理论的趋势预测，以预测代替现实；

另一类是基于波浪理论的计算方式是神秘数字论，因此认为其不足为信，有偶然的成分，其功能并不是科学分析的结果，容易被误导。

这两类绝对肯定和绝对否定都不可取，我们应该用辩证的思维来对待波浪理论。

（2）波浪等级

从波浪循环的理解中可知，在一个超级大的循环结构中，可能嵌套了多个时间相对较短的八浪基本模式。这些波浪的分析方法差不多，只是所处位置的层级有高有低。为了更加清楚地标识和辨别每一个波浪，就出现了划分波浪的等级。

在艾略特的波浪理论中，股市运动中的波浪级数被分为九级，如表1-3所示。

表 1-3　波浪等级

波浪等级	上升阶段的波浪	下跌阶段的波浪
特大超级循环级	Ⓘ、Ⓘ、Ⓘ、Ⓘ、Ⓥ	ⓐ、ⓑ、ⓒ
超级循环级	（Ⅰ）、（Ⅱ）、（Ⅲ）、（Ⅳ）、（Ⅴ）	（a）、（b）、（c）
循环级	Ⅰ、Ⅱ、Ⅲ、Ⅳ、Ⅴ	a、b、c
基本级	①、②、③、④、⑤	Ⓐ、Ⓑ、Ⓒ
中型级	（1）、（2）、（3）、（4）、（5）	（A）、（B）、（C）
小型级	1、2、3、4、5	A、B、C
细级	ⓘ、ⓘ、ⓘ、ⓘ、ⓥ	ⓐ、ⓑ、ⓒ
微级	（ⅰ）、（ⅱ）、（ⅲ）、（ⅳ）、（ⅴ）	（a）、（b）、（c）
次微级	ⅰ、ⅱ、ⅲ、ⅳ、ⅴ	a、b、c

　　通常而言，一个超级循环的波浪可包含数年甚至数十年的走势。至于细级波浪和微级波浪，则属于短期的波浪，需要利用每小时的走势图方能加以分析。

　　对于波浪的级别与层次划分，上表中的表述方法并不是唯一的，在实际应用中，投资者可以根据自己的习惯和喜好进行自定义标识，只要自己能够清楚地识别即可。

　　此外，波浪的级别可以简单，也可以复杂，但是无论怎么划分，都应该以基本形态为准，并且遵循波浪理论的铁律规定。

　　一般投资者在运用波浪理论时，两三个层级的波浪循环结构是比较常见的。下面通过一个实例来识别波浪的等级。

示例讲解
中集集团（000039）波浪等级识别

　　如图 1-16 所示为中集集团 2013 年 4 月至 2015 年 7 月的 K 线走势。

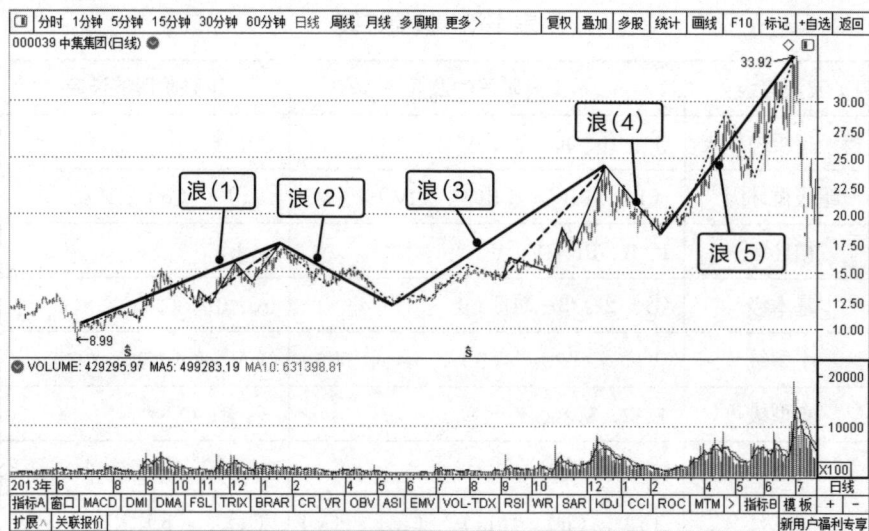

图1-16 中集集团2013年4月至2015年7月的K线走势

从图中可以看到，这段时间内包含了3个层级的波浪循环结构，最高层级浪（1）—浪（2）—浪（3）—浪（4）—浪（5）中，除了浪（4）外，其他4个浪都由次一级的波浪组成，其中：

浪（1）由一段上升五浪构成（浪1—浪2—浪3—浪4—浪5）。

浪（2）由一段下跌三浪构成（浪A—浪B—浪C）。

浪（3）由一段上升五浪构成（浪1—浪2—浪3—浪4—浪5）。

浪（5）由一段上升五浪构成（浪1—浪2—浪3—浪4—浪5）。

其中浪（1）和浪（3）次一级的波浪中的浪5又由更小级别的5浪组成，具体为：

浪（1）中的浪5由一段上升五浪构成（浪①—浪②—浪③—浪④—浪⑤）。

浪（3）中的浪5由一段上升五浪构成（浪①—浪②—浪③—浪④—浪⑤）。

由于版面原因，图中未给第二层级和第三层级的波浪添加标注，只是用了不同的线条样式画出次级波浪的形态。

为了更方便理顺三个层级的循环结构，下面将所有波浪所处层级关系整理为如图 1-17 所示的示意图。

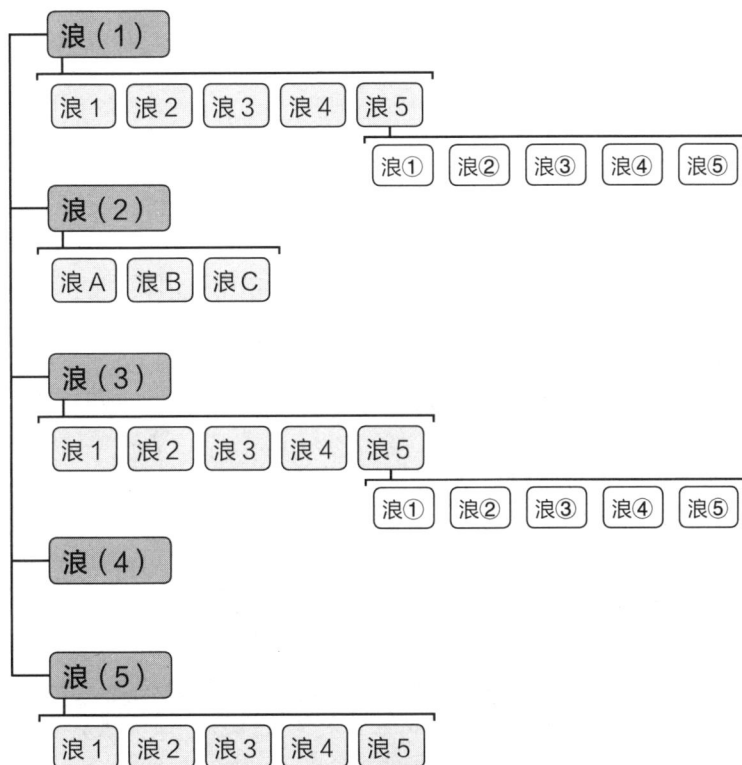

图 1-17　三个层级的波浪循环结构示意图

1.2　波浪理论中的交替规律

交替规律具体是指在价格运行中，所有的波浪形态几乎是交替轮流出现的，这是分析波浪形态，预测未来趋势的一种有效指南。

在波浪理论中，交替规律分为两种情况，一种是两个调整浪之间的交替，另一种是同一调整浪内部的交替。

1.2.1 两个调整浪之间的交替

两个调整浪之间的交替主要是指五浪模型中浪 2 和浪 4 之间的交替，二者在时间和形态两个方面都存在交替规律，下面进行具体介绍。

1. 调整浪在时间上的交替

调整浪在时间上的交替规律是：如果浪 2 持续时间较短，那么浪 4 持续时间较长的可能性就很大，反之亦然。

如图 1-18 和图 1-19 所示分别为牛市和熊市中五浪模型的调整浪在时间上的交替规律示意图。

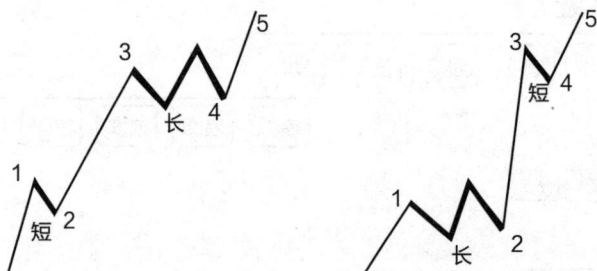

图 1-18　牛市中五浪模型的调整浪在时间上的交替规律

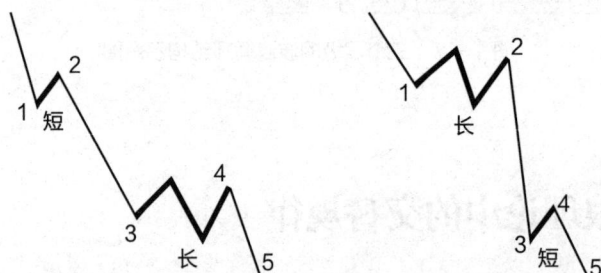

图 1-19　熊市中五浪模型的调整浪在时间上的交替规律

2. 调整浪在形态上的交替

调整浪在形态上的交替规律是：如果浪 2 形态简单，那么浪 4 走得很复杂的概率就很大，反之亦然。

如图 1-20 和图 1-21 所示分别为牛市和熊市中五浪模型的调整浪在形态上的交替规律示意图。

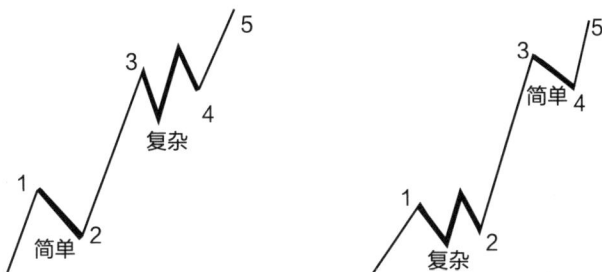

图 1-20　牛市中五浪模型的调整浪在形态上的交替规律

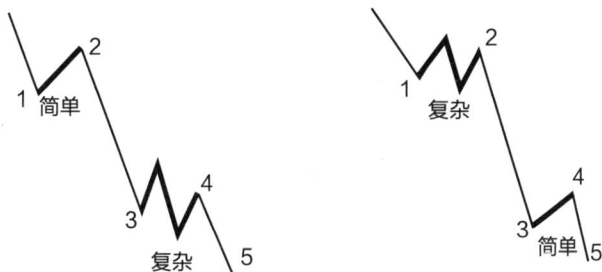

图 1-21　熊市中五浪模型的调整浪在形态上的交替规律

3. 分清简单调整与复杂调整

前面介绍调整浪在形态上交替时主要看浪 2 和浪 4 的波形是简单还是复杂。那么，何为简单调整，何为复杂调整呢？具体说明如下。

简单调整。在简单调整中，其调整形态大多以单浪或者锯齿形下跌出现，其调整的特点是速度快、幅度大、时间短。

复杂调整。在复杂调整中，其调整形态比较多，通常以平台形、三角形等形态出现，其调整特点是时间长、震荡幅度小。

这里提到了锯齿形、平台形、三角形，那么，这几种形态到底是什么样呢？下面我们来简单介绍。

◆ 锯齿形

锯齿形调整浪是对所有子浪是 5—3—5 形式的 A—B—C 调整浪的总称，也称为之字形调整。这种调整形态的调整幅度通常较深。

在标准的 5—3—5 调整形态中，浪 B 的终点反弹不过浪 A 的起点，浪 C 终点大幅度低于浪 B 的起点，整体看上去是一个跌势凶猛的下跌走势，其示意图如图 1-22 所示。

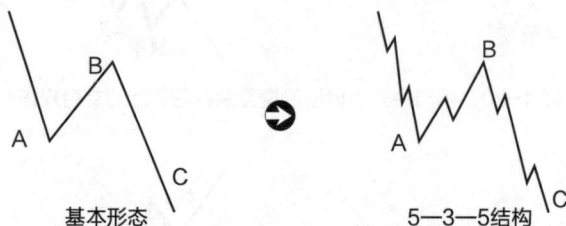

基本形态　　　　5—3—5结构

图 1-22　锯齿形（5—3—5）调整形态

在实际走势中，锯齿形还会出现双重锯齿形和三重锯齿形的走势，其与单锯齿形类似，只是用一个 X 浪将两个或者三个锯齿形调整浪连接起来，如图 1-23 所示为双重锯齿形调整形态的示意图。

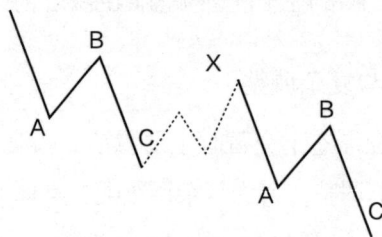

图 1-23　双重锯齿形调整形态

◆ 平台形

平台形调整浪是对所有子浪是 3—3—5 形式的 A—B—C 调整浪的总称。这是一种非常强势的调整形态。

在标准的 3—3—5 调整形态中，浪 B 的终点要远远高过浪 A 的起点，浪 C 终点也要高于浪 B 起点，整体看上去就如同一个向上倾斜的平台形，其示意图如图 1-24 所示。

基本形态　　　　　　　　　　3—3—5结构

图 1-24　平台形（3—3—5）调整形态

　　在实际的行情走势中，平台形调整浪可能出现变形形态，如图 1-25 所示为常见的变形平台形调整浪的基本形态。

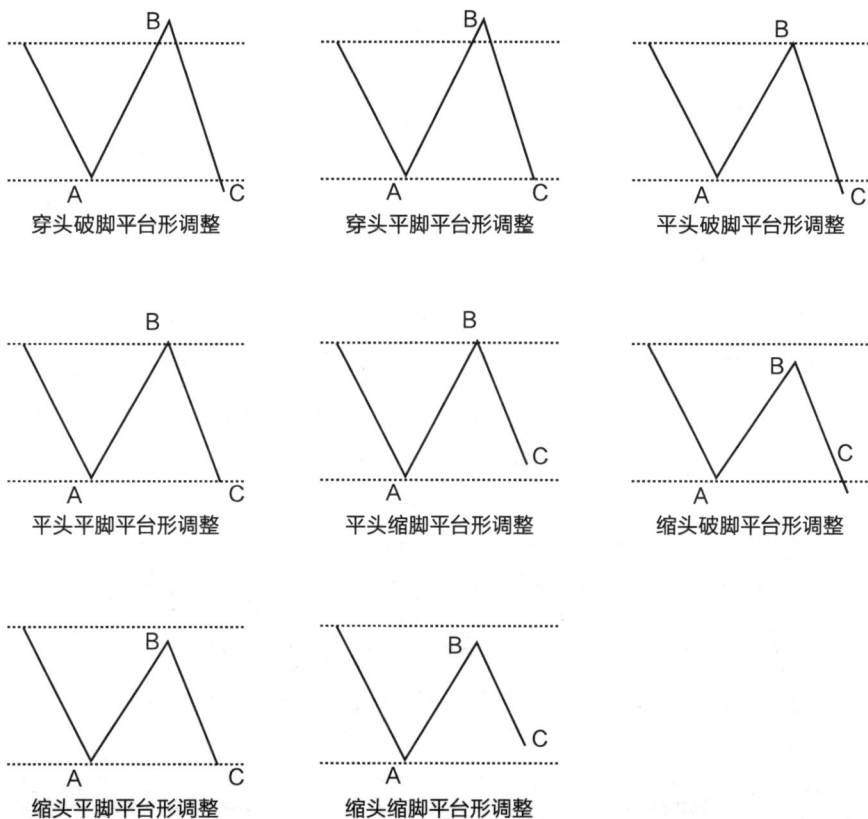

穿头破脚平台形调整　　　穿头平脚平台形调整　　　平头破脚平台形调整

平头平脚平台形调整　　　平头缩脚平台形调整　　　缩头破脚平台形调整

缩头平脚平台形调整　　　缩头缩脚平台形调整

图 1-25　平台形调整形态的变形

与锯齿形调整浪相同，平台形调整浪也有双重平台形调整浪和三重平台形调整浪，其具体的形态是用一个 X 浪将两个或者三个平台形调整浪连接起来。

相对而言，双重平台形调整浪更为常见，而三重平台形调整浪比较少见，如图 1-26 所示为双重平台形调整浪形态。

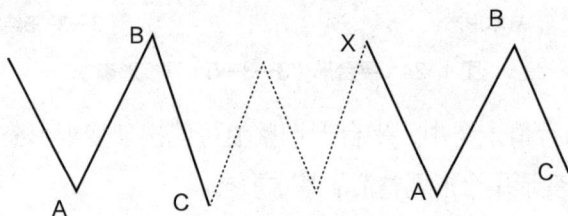

图 1-26　双重平台形调整浪形态

◆ 三角形

三角形调整浪总的结构是五波 3—3—3—3—3 结构，用 A—B—C—D—E 来表示。一个标准的三角形调整浪，内部都包含 5 个边和 6 个点，每个边的构成均为 3 波结构。

从形态特征来划分，三角形调整浪包括上升三角形调整浪、下降三角形调整浪、对称三角形调整浪。这几种调整浪在牛市和熊市中都可能出现。下面基于牛市行情，分别列举几种三角形调整浪的形态示意图，具体如图 1-27、图 1-28 和图 1-29 所示。

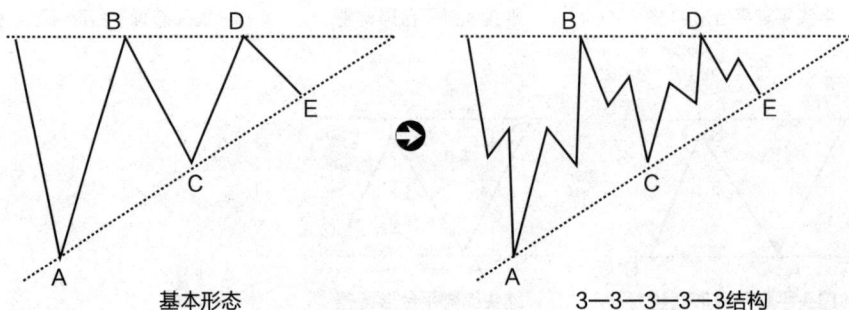

基本形态　　　　　　　　3—3—3—3—3 结构

图 1-27　上升三角形（3—3—3—3—3）调整形态

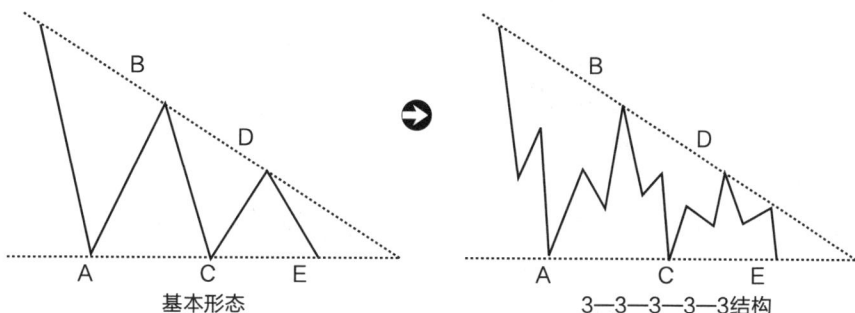

图 1-28　下降三角形（3—3—3—3—3）调整形态

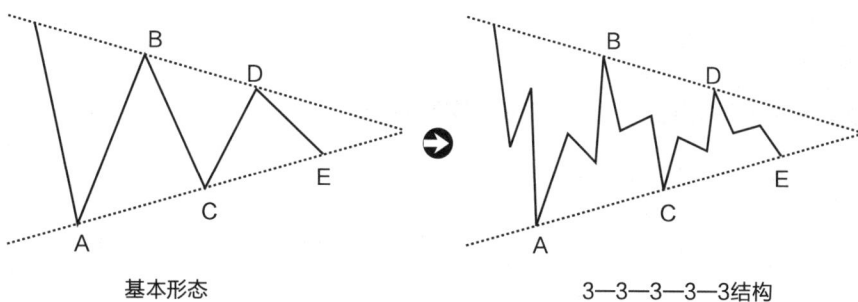

图 1-29　对称三角形（3—3—3—3—3）调整形态

　　熊市中三角形调整浪的形态与牛市中的形态相似，只需要将其垂直翻转即可。

　　在对几种基本形态有一定了解后，下面以牛市为前提，展示上升 5 浪中浪 2 和浪 4 平台形交替和三角形交替的示意图，分别如图 1-30 和图 1-31 所示。

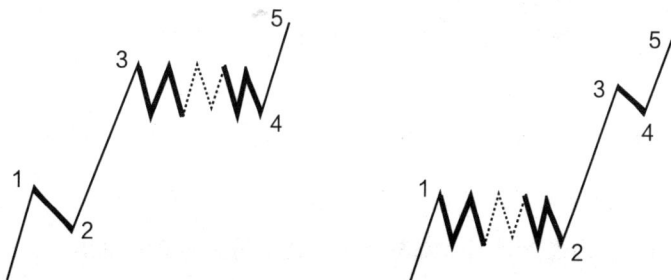

图 1-30　牛市中调整浪的平台形交替

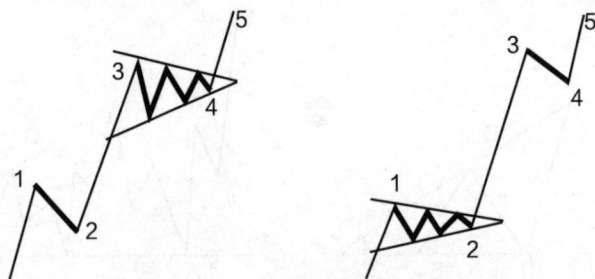

图 1-31　牛市中调整浪的三角形交替

下面来看一个调整浪之间的交替实例。

示例讲解

深南电 A（000037）浪 2 和浪 4 交替分析

如图 1-32 所示为深南电 A 2018 年 8 月至 2020 年 10 月的 K 线走势。

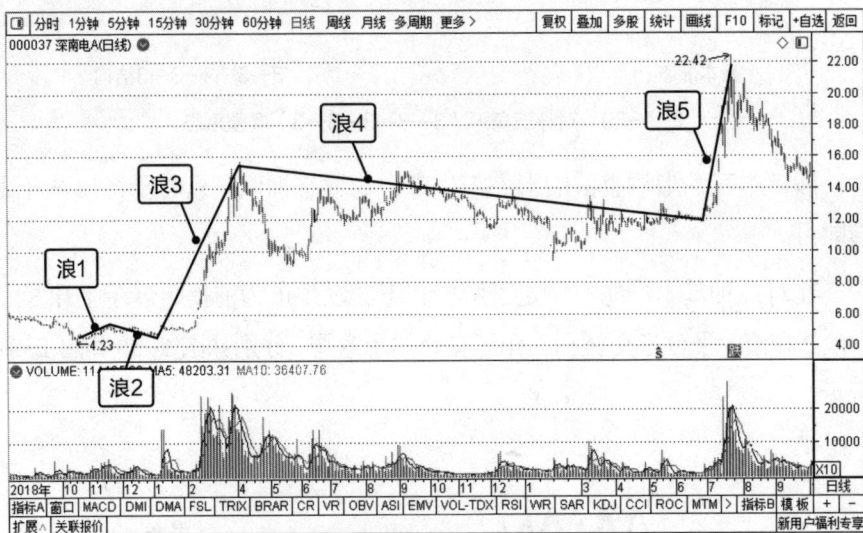

图 1-32　深南电 A 2018 年 8 月至 2020 年 10 月的 K 线走势

从图中可以看到，该股在 2018 年 10 月至 2020 年 8 月经历了一波五浪上涨走势。浪 2 从形态和时间上都与浪 4 形成了明显的交替规律。

下面来具体分析。

如图 1-33 所示为深南电 A 2018 年 10 月至 2019 年 1 月的 K 线走势。

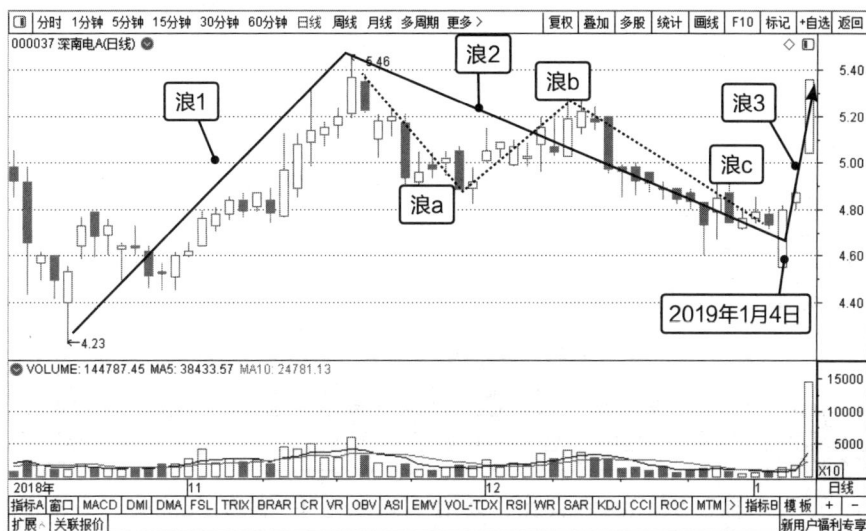

图 1-33 深南电 A 2018 年 10 月至 2019 年 1 月的 K 线走势

从图中可以看到，该股在创出 4.23 元的最低价后企稳回升步入上涨行情，开启浪 1。在成交量不断温和放大的作用下，该股在 2018 年 11 月中旬创出 5.46 元的阶段性高位后出现回落，进入浪 2 调整。

在整个浪 2 回调过程中，成交量相对缩量，尤其到浪 c 结束前期，成交量更是缩到地量，在 2019 年 1 月 4 日，该股大幅低开后一路高走，当日收出一根振幅为 5.71% 的大阳线。

次日，股价继续阳线报收拉高股价，但是观察这两天的成交量，可以发现整个成交量相对于前期的地量来说，都没有太大变化，说明主力控盘程度高，仅需较小资金就能拉升股价。

从浪 2 回调的形态来看，是一个典型的锯齿形调整形态，结合此时的成交量分析，可以判断，在经历一个半月左右的调整后，浪 2 结束了，且止跌位并没有跌破浪 1 底部，说明浪 2 有效，投资者可以在此时逢低吸纳布局，积极做多。

如图 1-34 所示为深南电 A 2018 年 12 月至 2019 年 6 月的 K 线走势。

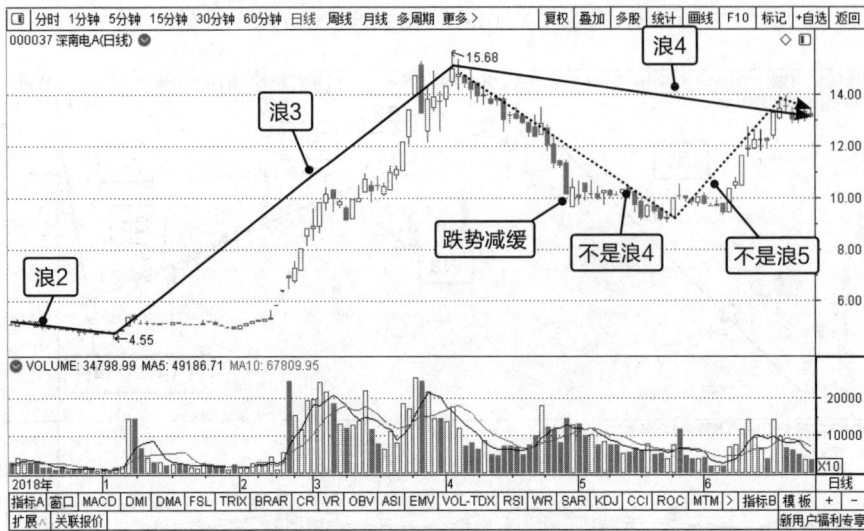

图 1-34　深南电 A 2018 年 12 月至 2019 年 6 月的 K 线走势

从图中可以看到，浪 3 在短短 3 个月左右的时间走出一波大幅上涨行情，从启动的 4.55 元最高上涨到 15.68 元，涨幅达到 244%。之后该股出现了一波快速下跌行情，标志着浪 3 结束，浪 4 回调。

从浪 4 的下跌来看，前期几乎都是阴线报收逐步拉低股价，在不到一个月的时间内，股价下跌触及 10.00 元价位线后跌势减缓，最终在 2019 年 5 月下旬止跌，这是否就意味着浪 4 结束了呢？

根据波浪理论的交替规律可知：

①浪 2 是以锯齿形调整浪展开的，那么浪 4 大概率不会以单浪下跌展开。

②浪 2 的下跌时间持续了一个半月，那么浪 4 持续的时间要么短于浪 2 持续时间很多，要么长于浪 2 持续时间很多。但是，此时下跌持续的时间仅接近两个月，并没有比浪 2 持续的时间长多少。

综上分析，此时的下跌止跌不是浪 4 结束，那么之后的反弹也就不是浪 5。基于这些分析，浪 4 大概率会以较为复杂的形态展开，且持续时间可能会很长，此时，稳健的投资者可以在此期间逢高卖出，锁定利润，提高时间和资金的使用率。

如图 1-35 所示为深南电 A 2019 年 3 月至 2020 年 8 月的 K 线走势。

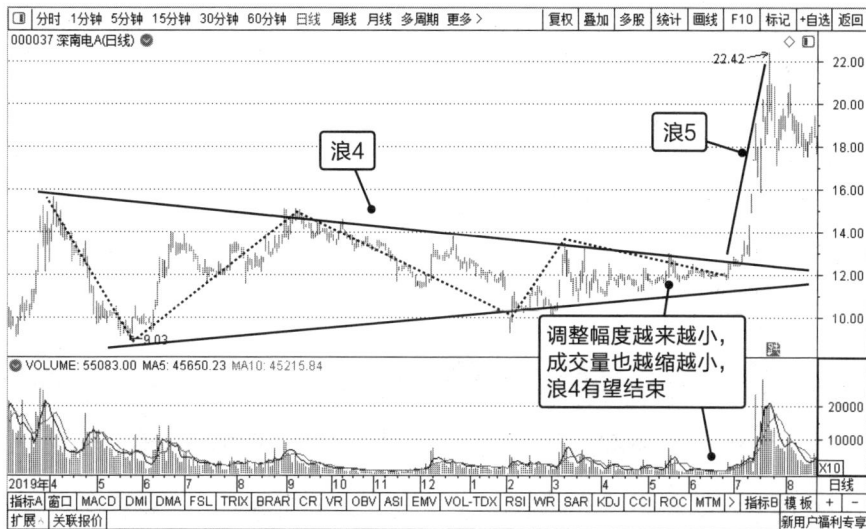

图 1-35 深南电 A 2019 年 3 月至 2020 年 8 月的 K 线走势

从图中可以看到，浪 4 是以复杂的对称三角形调整形态出现的，整个调整时间持续了一年多时间。如果投资者在前期错误地分析了浪 4 结束，那么在随后的长时间震荡中，就会极大地降低资金的使用效率，而且可能造成更多的投资损失。

随着调整的不断开展，到 2020 年 4 月以后，调整的幅度越来越小，成交量也越缩越小，对称三角形调整形态也初步形成。

根据调整浪的交替规律，此时的浪 4 无论是在形态上，还是在时间上，都符合与浪 2 之间的交替规律，因此可以判定浪 4 即将结束，风险投资者此时可以做好追涨浪 5 的准备。

需要特别强调的是，经过前期浪 3 的大幅上涨，浪 5 再次出现大幅上涨的可能性不会太大，因此，投资者此时如果要追涨浪 5，一定要谨慎，尽量短线操作，见好就收。

如图 1-36 所示为深南电 A 在 2020 年 4 月至 2022 年 3 月的 K 线走势。

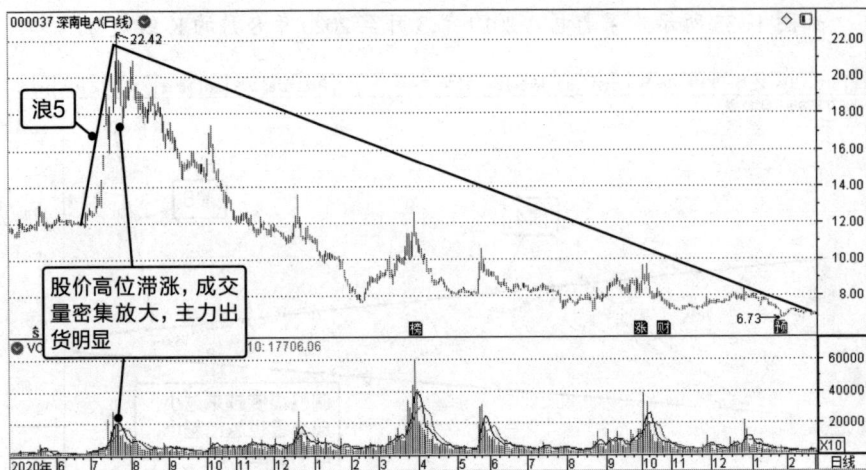

图 1-36　深南电 A 在 2020 年 4 月至 2022 年 3 月的 K 线走势

从图中可以看到，该股此阶段浪 5 持续的时间非常短，只有一个月左右的时间，股价在浪 5 初期出现了快速拉升的走势，在股价被快速拉高突破 18.00 元的价位线后，股价滞涨，但是成交量却出现密集放量，主力高位出货明显，也标志着浪 5 结束，投资者此时要果断抛售离场。

从后市的走势来看，股价在创出 22.42 元的最高价后反转向下步入下跌行情，截至 2022 年 3 月，股价下跌已经持续了一年多的时间，股价创出 6.73 元的低价，但是此轮下跌仍然没有结束。如果投资者在浪 5 高位放量滞涨后没有及时辨清行情，将遭受非常惨重的损失。

1.2.2　同一调整浪内部的交替

通过波浪划分和波浪等级相关内容可知，在一个八浪基本模型中，下跌三浪是上升五浪的调整浪。所谓同一调整浪内部的交替，其研究的对象就是下跌三浪中的浪 A、浪 B 和浪 C。但是一般情况下，以浪 A 和浪 B 的交替分析为主。

同一调整浪内部的交替也有两种情况，一种是波浪形态的交替，另一种是波浪调整力度和反弹力度的交替，下面分别进行介绍。

1. 从波浪的形态看浪 A 和浪 B 的交替

调整浪内部的交替一般以平台形和锯齿形交替为主。即如果浪 A 为 3—3—5 结构的平台形调整形式，那么浪 B 多为 5—3—5 结构的锯齿形调整形式，反之亦然。

如图 1-37 和图 1-38 所示为从波浪的形态看浪 A 和浪 B 交替的两种示意图。

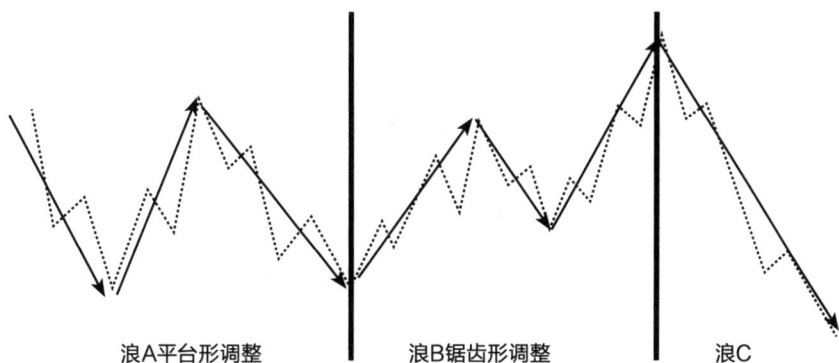

浪A平台形调整　　　　浪B锯齿形调整　　　　浪C

图 1-37　平台形浪 A 和锯齿形浪 B 的交替

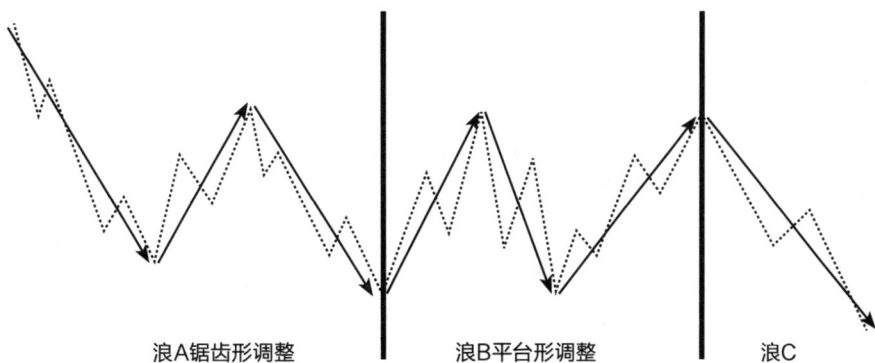

浪A锯齿形调整　　　　浪B平台形调整　　　　浪C

图 1-38　锯齿形浪 A 和平台形浪 B 的交替

从以上两个示意图可以发现，浪 A 和浪 B 是以锯齿形和平台形的形态互相交替出现的，而且相邻两个调整浪出现交替现象一般都发生在时间较长的平台形调整中，整个浪形较复杂，走势相对不明，投资者需要长期关注。

2. 从波浪调整力度和反弹力度看浪 A 和浪 B 的交替

从波浪调整和反弹力度看浪 A 和浪 B 的交替也是实战中比较常用的一种分析规律。一般情况下，如果浪 A 的调整力度较大，那么浪 B 的反弹力度大概率比较小；反之，如果浪 A 的调整力度较小，那么浪 B 的反弹力度大概率比较大，其反弹结束位置可能达到浪 A 起点，甚至高于浪 A 起点。

如图 1-39 和图 1-40 所示为浪 A 和浪 B 的调整反弹力度交替现象的两种情况。

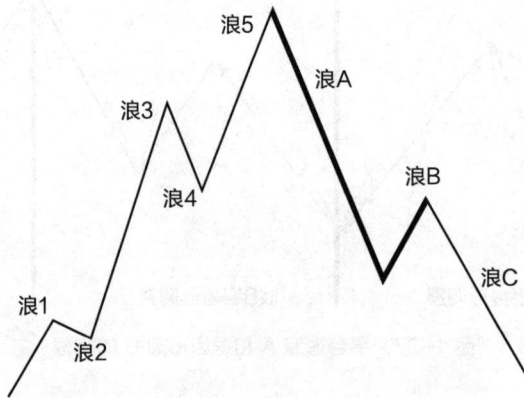

图 1-39　浪 A 调整力度大，浪 B 反弹力度小

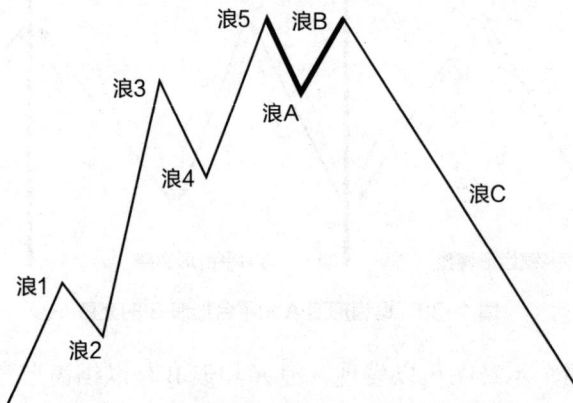

图 1-40　浪 A 调整力度小，浪 B 反弹力度大

　　下面来看一个调整浪内部的交替实例。

示例讲解

方大集团（000055）浪 A 与浪 B 交替分析

　　如图 1-41 所示为方大集团 2018 年 10 月至 2019 年 11 月的 K 线走势。

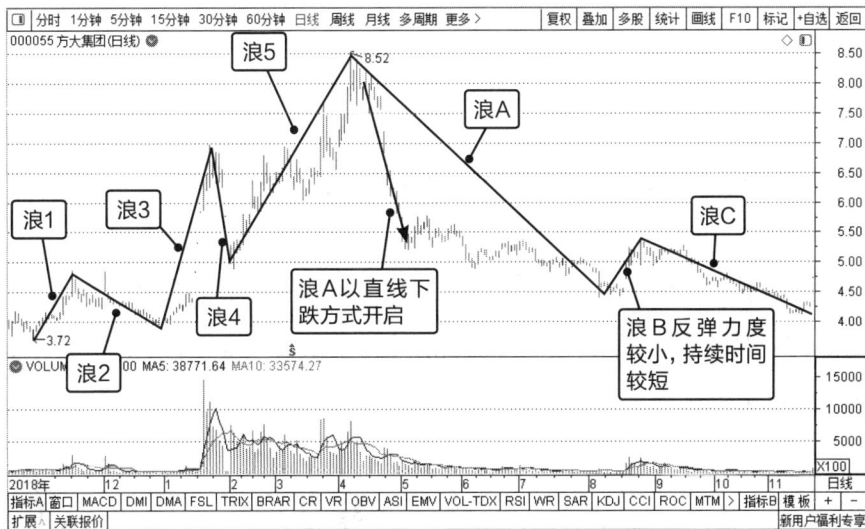

图 1-41　方大集团 2018 年 10 月至 2019 年 11 月的 K 线走势

　　从图中可以看到，该股在 2019 年 4 月 8 日创出 8.52 元的最高价后浪 5 结束，转入下跌行情。从整个浪 A 的走势来看，下跌初期，跌势比较凶猛，短短一个月的时间，股价从最高价快速下跌至 5.50 元附近，虽然之后跌势有所减缓，但是整个浪 A 直到 2019 年 8 月才结束，仅仅浪 A，股价就从 8.52 元下跌到 4.50 元，跌幅达到 47%，几乎跌破了上升五浪上涨的一半。

　　根据浪 A 与浪 B 存在下跌力度交替，可以预测浪 B 大概率反弹力度较小，对于激进的投资者来说，此时浪 B 不具备抢反弹的条件，因此最好回避。

　　从该股的实际走势来看，浪 B 反弹的时间比较短，还不到一个月，而且反弹力度也比较小，反弹上涨还不足 1.00 元。如果投资者盲目在浪 B 抢反弹，将被大幅套牢。

1.3 波浪的延长

从前面的知识中可以了解到，每一个波浪都可能存在更小级别的子浪，这些子浪会增加波浪的长度，加剧上涨或者下跌的幅度，这种现象就是波浪的延长。对波浪的延长进行研究，也是用好波浪理论的一个重要方面。

1.3.1 认识延长浪

延长浪是指波浪中某个浪的运动发生放大或拉长的现象，在波浪理论中具体是指某个波浪由次一级的小波浪构成，从而导致了原来的浪级发生延长。

在上升五浪中，浪 1、浪 3 和浪 5 都可能发生波浪的延长，即浪 1、浪 3 和浪 5 都可能再添上额外的五小浪结构，形成其延长的形式。延长浪示意图如图 1-42 所示。

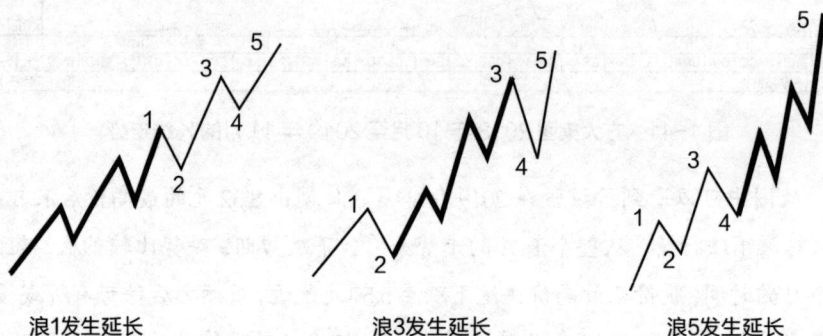

浪1发生延长　　　　　浪3发生延长　　　　　浪5发生延长

图 1-42　延长浪示意图

虽然延长浪可能发生在浪 1、浪 3 和浪 5 中的任何一浪中，但是这三浪中发生延长浪的概率是不一样的。

在证券市场上，浪 1 发生延长的情况是非常少见的，浪 5 发生延长现象的情况相对多一些，而最容易发生延长现象的是浪 3。

为什么说浪 3 最容易发生延长呢？下面来具体了解一下。

在浪 3 产生之前，股价经过了浪 1 的筑底上涨和浪 2 的回调整理，主力已经基本完成了建仓操作，之后就会进入到拉升阶段。因此在浪 3 这一阶段，就是主力发挥的重要阶段，资金实力雄厚的主力可以在此阶段连续拉升股价，完成浪 3。但是资金量相对小或者持有筹码较少的主力，此时主要采取边拉边洗的方法拉升股价，由此产生浪 3 的延长。

同时，根据前面上升五浪中的规律二，浪 3 是最具爆发力的一浪，也可以证明浪 3 发生延长的可能性较大。

对于 A 股而言，对波浪延长现象的预测是很有必要的。在浪 1、浪 3 和浪 5 中，一个浪发生了延长，则其他两个未发生延长的浪会趋于在时间和幅度上大小相等。

下面就以浪 3 的延长为例进行讲解。

示例讲解

达安基因（002030）浪 3 延长分析

如图 1-43 所示为达安基因 2019 年 1 月至 2020 年 9 月的 K 线走势。

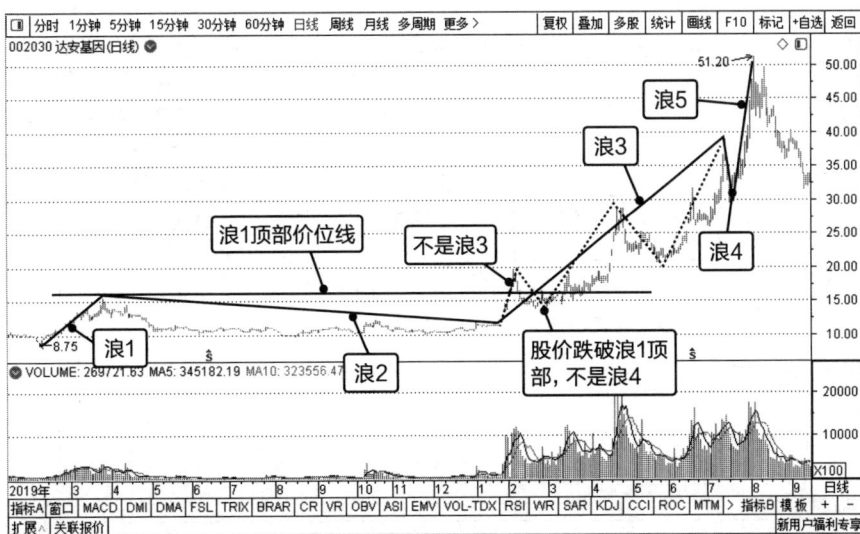

图 1-43　达安基因 2019 年 1 月至 2020 年 9 月的 K 线走势

从图中可以看到，该股在 2019 年 1 月 31 日创出 8.75 元的最低价后，成交量逐步放大，股价被稳步拉升，行情进入上涨阶段。

在股价拉升到 3 月后，出现滞涨走势，始终未能突破 15.00 元的价位线，并快速回落，标志着浪 1 结束，浪 2 开启。从整个浪 2 的走势来看，这一波调整持续的时间比较长，整个调整期间，股价始终受到 10.00 元价位线的支撑，说明浪 2 回调有效。

在经过长达近 10 个月的调整后，该股在 2020 年 1 月底突然出现快速放大量，拉升股价强势上涨，但是整个上涨持续的时间非常短，很快，股价在触及 20.00 元的价位线后便出现了回落，且股价快速跌破 15.00 元价位线。

根据波浪理论铁律规定，浪 4 回调不能跌破浪 1 顶部，因此这里的下跌不是浪 4，那么前面的快速上涨就不是浪 3，此时，行情极有可能在浪 3 发生延长。

下面具体放大浪 3 的走势来进行分析。

如图 1-44 所示为达安基因 2019 年 12 月至 2020 年 8 月的 K 线走势。

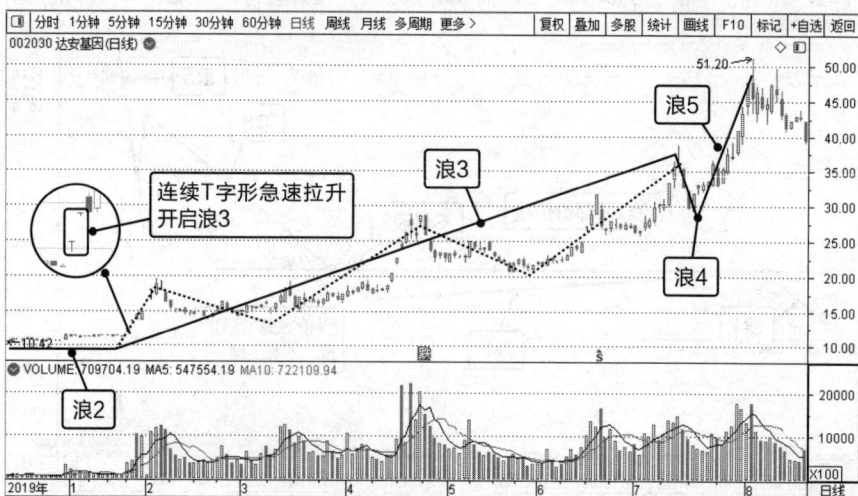

图 1-44　达安基因 2019 年 12 月至 2020 年 8 月的 K 线走势

从图中可以看到，浪 3 由一个次一级的五浪上升模式构成，在这一基本模式的推动下，浪 3 发生延长，股价从 11.00 元附近开始放量上涨，最高上涨到 36.00 元附近，涨幅超过 227%。

此外，从成交量的变化还可以得到一个突破信号：经过浪 2 长时间回调整理后，成交量萎缩到了地量状态，但是，在浪 3 启动初期，成交量突然放大，连续走出两个 T 字涨停板，意味着有主力开始拉升行情，这是市场转强的重要信号，也是投资者积极做多的买入时机。尤其在判断出浪 3 可能发生延长后，更要积极看多，坚定持股。

1.3.2　延长浪发生后的市场走向

在上升五浪模式中，如果浪 1、浪 3 和浪 5 发生延长，可以延长当前波段股价的上涨时间和幅度。但是这三个浪结束后都会出现回调整理，为了最大限度降低损失、锁定收益，就要对延长浪发生后的市场走向进行研究。

对于浪 1 和浪 3 来说，在延长浪推动的涨势过后，会通过浪 2 和浪 4 对股价进行回调整理，因此当这两个波浪发生延长后，即使出现误操作，损失也不至于太大。

但是对于浪 5 而言，其在结束后，后市往往是行情的反转，因此在这 3 个波浪中，浪 5 更加值得投资者关注其后市的走向。

而且在 A 股市场中，浪 5 是主力重点利用的阶段，在此阶段可以完成出货，也可以进行再洗盘。所以，要在浪 5 延长浪发生后做出准确判断，以便实际操作的展开。

在浪 5 延长完成后，市场开始以三浪结构向下运动到延长部分的起点。随后，市场再度上冲，回调至延长部分的顶部，这里是个分水岭。之后，行情要么出现顶部，如图 1-45 所示；要么继续恢复上升趋势，开始大一级的波浪运动，如图 1-46 所示。

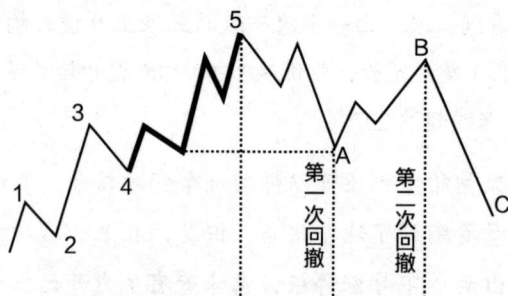

图 1-45　浪 5 发生延长后形成顶部

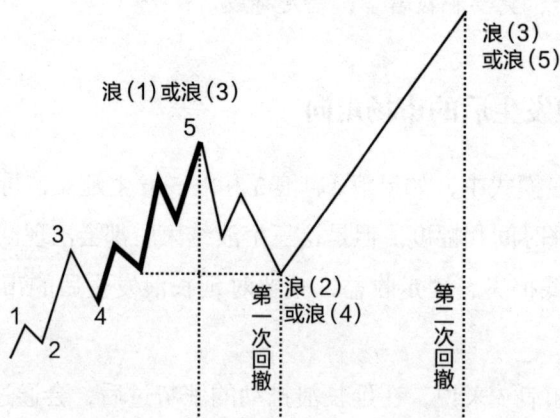

图 1-46　浪 5 发生延长后开始大一级的波浪运动

　　从图 1-45 中可以看出，浪 5 发生延长后的两次回撤分别形成了浪 A 和浪 B，也就是下跌浪的前两浪，继而市场顶部形成，后市进入下跌行情。

　　从图 1-46 中可以看出，在浪 5 发生延长后，该股重拾升势，继而进行更大一级波浪的运动。此时数浪有两种情况，一种是前期的上升五浪可以看作浪（1），那么浪 5 发生延长后，随后的两次回撤分别形成了浪（2）和浪（3）；另一种是浪 5 发生延长后可以看作更大一级波浪的浪（3），随后的两次回撤分别形成了浪（4）和浪（5）。

　　在这里，延长后是否重新回归上升趋势，不仅要注意各个波浪之间的形态变化，而且要关注在第二次回撤时成交量是否放大，以及在此是否有重要均线支撑或者带量突破重要均线。

第 2 章

解析波浪理论中的数学结构

波浪理论是一种特殊的趋势分析工具，与其他趋势分析不同的是，波浪理论不仅可以预测趋势，同时还可以预测趋势何时结束，这在一定程度上给了投资者更多有用的参考信息。这个特殊性主要得益于波浪理论中存在的数学结构和数学规律。本章将针对这些内容进行详细解析。

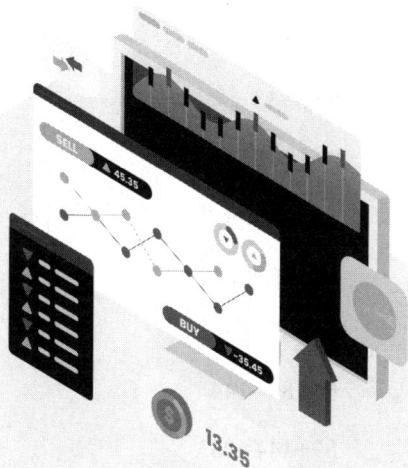

- 认识斐波那契数列与黄金分割率
- 波浪理论中的数学知识

2.1 认识斐波那契数列与黄金分割率

在波浪理论三要素中，波幅的研究就是波浪理论的数学基础。对于波幅的预测，主要基于著名的斐波那契数列和黄金分割率来完成。下面针对这两个数学知识进行具体介绍。

2.1.1 了解斐波那契数列

斐波那契数列是意大利数学家里昂那多·斐波那契在13世纪提出的"奇异数字"，它是由一系列前后相关数字组成的数列：1，1，2，3，5，8，13，21，34，55，89……

这个数列的特点就是任何两个相邻的数字之和都等于下一个数字：

1+1=2

1+2=3

2+3=5

5+8=13

8+13=21

13+21=34

21+34=55

34+55=89

55+89=144

89+144=233

……

这个数列是以兔子繁殖为例子引入，故又被称为"兔子数列"。下面来看看斐波那契数列是如何引入的。

示例讲解
斐波那契数列是如何引入的

一般而言，兔子在出生两个月后就有繁殖能力，且一对兔子每个月能生出一对小兔子。在所有兔子不死的情况下，一年以后一共可以繁殖出多少对兔子呢？

我们不妨拿新出生的一对小兔子分析一下：

①第一个月小兔子没有繁殖能力，所以还是一对。

②两个月后，生下一对小兔，对数共有两对。

③三个月以后，老兔子又生下一对，因为小兔子还没有繁殖能力，所以一共是三对。

......

以此类推可以列出表 2-1 所示的数据。

表 2-1　兔子繁殖问题

经过月数	1	2	3	4	5	6	7	8	9	10	11	12	......
幼仔对数	1	0	1	1	2	3	5	8	13	21	34	55	......
成兔对数	0	1	1	2	3	5	8	13	21	34	55	89	
总体对数	1	1	2	3	5	8	13	21	34	55	89	144	

从上表中可以得出如下规律：

幼仔对数 = 前月成兔对数

成兔对数 = 前月成兔对数 + 前月幼仔对数

总体对数 = 本月成兔对数 + 本月幼仔对数

可以看出，幼仔对数、成兔对数、总体对数都构成了一个数列。这个数列有着十分明显的特点，即前面相邻两项之和构成了后一项。如图 2-1 所示为幼仔对数构成数列的示意图。

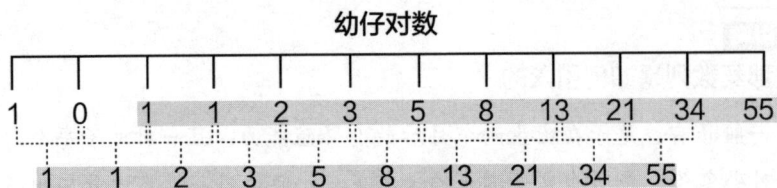

图 2-1　幼仔对数构成的数列

在如上的示意图中，幼仔对数数列为：1、0、1、1、2、3、5、8、13、21、34、55……其中，从第三个数据开始，后面的每个数据都可以用前面的两个数据相加得到。

2.1.2　了解黄金分割率

在了解黄金分割率之前，先了解一下黄金分割这个概念。

从数学的角度解释，把一条线段分割为两部分，使较大部分与全长的比值等于较小部分与较大部分的比值，则这个比值即为黄金分割率。分割线段的那个点，就称为黄金分割点。由于黄金分割率是一个无理数，保留小数点后三位的近似值是 0.618。

下面通过一个示意图来直观理解，如图 2-2 所示。

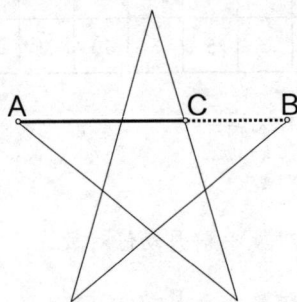

图 2-2　黄金分割示意图

在上图中，C 点将线段 AB 分割成 AC 和 BC 两条线段，如果两条线段存在以下关系：

$$\frac{AC}{AB} \;=\; \frac{BC}{AC} \;\approx\; 0.618$$

那么就可以说线段 AB 被 C 点黄金分割，而 C 点就是线段 AB 的黄金分割点，AC 与 AB 的比值就是黄金分割率。

换而言之，黄金分割率的基本公式是将 1 分成 0.382 和 0.618。

0.382/0.618 ≈ 0.618　　　　　　0.618/1=0.618

2.1.3　斐波那契数列与黄金分割率之间的联系

其实，斐波那契数列与黄金分割率之间也存在关系。经研究发现，相邻两个斐波那契数的比值是随序号的增加而逐渐趋于黄金分割率的。即：

◆　数列中的任何相邻两个数字的前后比值都向 0.618 靠近，且越往后数列前后数字的比值就越接近 0.618。如下所示。

　　5/8=0.625

　　8/13=0.615385

　　21/34=0.617647

　　34/55=0.618182

　　89/144=0.618056

◆　数列中的任何一个数字与其后第二个数字的比值都向 0.382 靠近，且越往后的数字，该条件下的比值越接近 0.382。如下所示。

　　3/8=0.375

　　5/13=0.384615

　　13/34=0.382353

　　34/89=0.382022

　　55/144=0.381944

所以，真正让黄金分割率成为理论表述的就是斐波那契数列。

2.2 波浪理论中的数学知识

斐波那契数列是从定性的角度刻画波形，是波浪理论的结构基础，而黄金分割率是从定量的角度研究波长。下面具体来了解这些数学理论如何在波浪理论中体现。

2.2.1 斐波那契数列在波浪理论中如何体现

要了解斐波那契数列在波浪理论中如何体现，首先要回顾一下驱动浪与调整浪及其对应的子浪关系。

首先，在熊市中，如果将驱动浪当作最简单的形式，即一条向下的直线，那么，一个调整浪最简单的形式就是一条向上的直线，如图 2-3 所示为熊市中驱动浪和调整浪示意图。

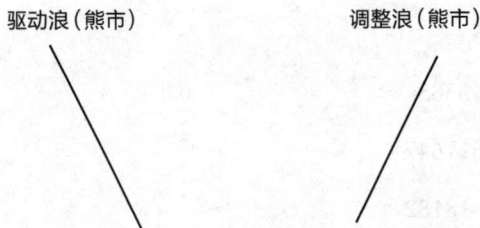

驱动浪（熊市）　　　　　　　调整浪（熊市）

图 2-3　熊市中的驱动浪和调整浪

接着，将驱动浪分成次一级的五浪下跌形态，将调整浪分成次一级的三浪上涨形态，得到如图 2-4 所示的示意图。

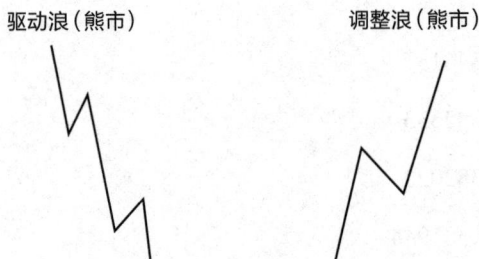

驱动浪（熊市）　　　　　　　调整浪（熊市）

图 2-4　熊市中较复杂的波浪形式

图 2-3 和图 2-4 是熊市中的驱动浪和调整浪的形态及根据大波浪划分的子浪结构，是按照驱动五浪和调整三浪的原则进行演变的。

那么在牛市中的驱动浪和调整浪是怎样变化的呢？

同样，首先用一条直线分别表示牛市中的驱动浪和调整浪，其示意图如图 2-5 所示。

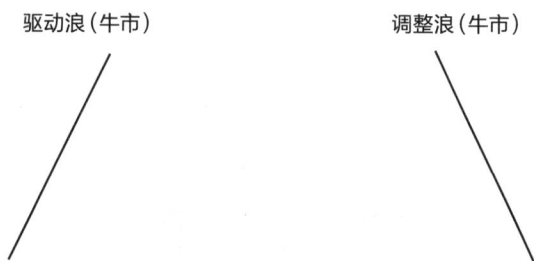

驱动浪（牛市）　　　　　　　　调整浪（牛市）

图 2-5　牛市中的驱动浪和调整浪

接着，将驱动浪分成次一级的五浪上涨形态，将调整浪分成次一级的三浪下跌形态，得到如图 2-6 所示的示意图。

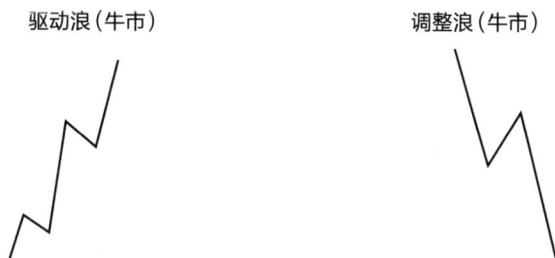

驱动浪（牛市）　　　　　　　　调整浪（牛市）

图 2-6　牛市中较复杂的波浪形式

用上述方法，根据波浪上升或下降的运行方向，可以把波浪无限地划分与组合下去，把各个浪数相加，再结合斐波那契数列，就会得到如图 2-7 所示的关系。

从图 2-7 可以看出，波浪理论中的调整浪和驱动浪在每一个相同等级的波浪中，两者的波浪数目是和斐波那契数列完全一样的。由此可知，波浪理论是具有深远的数学背景的。

下跌　　　上升　　　　　　　　　组合形态　　　　数据关系

1　1　2

3　5　8

13　21　34

……

图2-7　完整波浪形式

由此可见，斐波那契数列是波浪理论的结构基础。

2.2.2 黄金分割率在波浪理论中如何体现

在第 1 章介绍波浪理论铁律时提到了浪 2 和浪 4 的回调幅度、浪 3 的长度等，这些都是黄金分割率在波浪理论中的具体体现（各浪的浪长与这些数字的关系将在第 3 章详细介绍）。

在波浪理论中，除了黄金分割率中的 0.382 和 0.618 这两个基本值以外，还存在着其他神奇的数字比值，它们是：

0.191，0.236，0.382，0.5，0.618。

1，1.382，1.5，1.618，2，2.382，2.618。

这些数值在波浪理论的理论结构中也是非常重要的，其中，0.236、0.382、0.5、2.618 也是波浪理论中预测未来的波段高点或者波段低点的重要比值。

为了方便投资者在股票软件中更好地使用黄金分割率来预测波浪的阻力点和支撑点位置，在很多的软件中都提供了黄金分割分析所需的黄金分割画线工具。下面通过具体的实例来了解这个工具的基本使用方法，也让投资者初步感受黄金分割率在波浪中的体现。

示例讲解
黄金分割画线工具的应用

各软件中黄金分割画线工具的使用方法都差不多，这里以通达信行情软件为例讲解画线工具的应用。

直接在行情软件中找到要绘制黄金分割线的股票，如这里打开方大集团（000055）的 K 线图，并将分析区调整到 2018 年 10 月至 2019 年 5 月这个时间区间，从图中可以看到，这一时间区间有一个完整的五浪上涨模型，如图 2-8 所示。

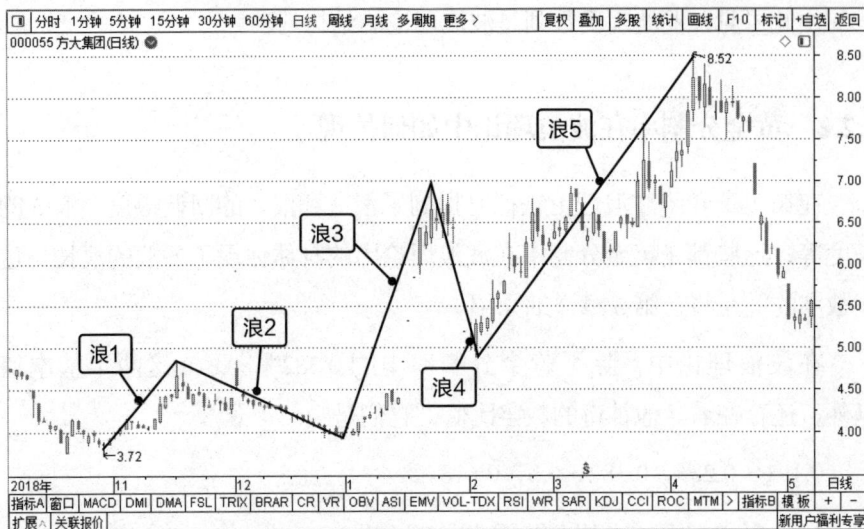

图 2-8　方大集团 2018 年 10 月至 2019 年 5 月的 K 线图

在界面上方单击"画线"按钮打开画线工具箱（也可以直接按【Alt+F12】组合键快速打开或者关闭画线工具箱），在其中选择"黄金分割"画线工具选项，如图 2-9 所示。

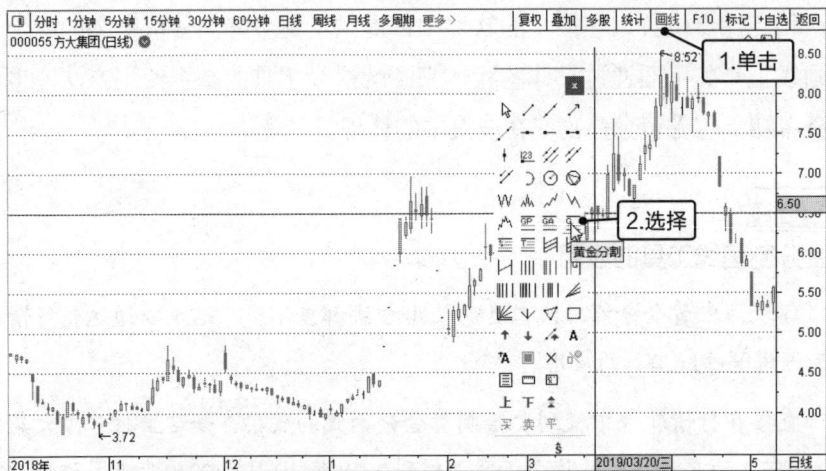

图 2-9　选择"黄金分割"画线工具选项

此时鼠标光标变为笔形，将其移动到 2018 年 10 月 30 日的 K 线位置确定浪 1 的起点，如图 2-10 所示。

图 2-10　确定一个低点位置

按住鼠标左键不放，拖动鼠标光标到浪 1 的终点位置，即 2018 年 11 月 16 日的 K 线上，如图 2-11 所示。释放鼠标光标完成黄金分割线的绘制。

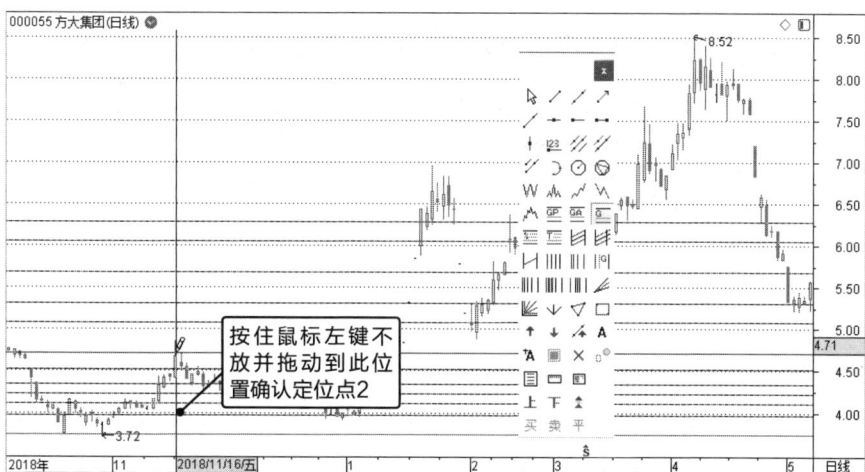

图 2-11　确定一个高点位置完成黄金分割线的绘制

手动定位只能定位到某根 K 线，对于 K 线中的具体值会定位不准确，此时就需要对画线进行编辑，选择定位点 1 或者定位点 2，如这里选择定位点 2，右击，选择"编辑画线"命令，如图 2-12 所示。

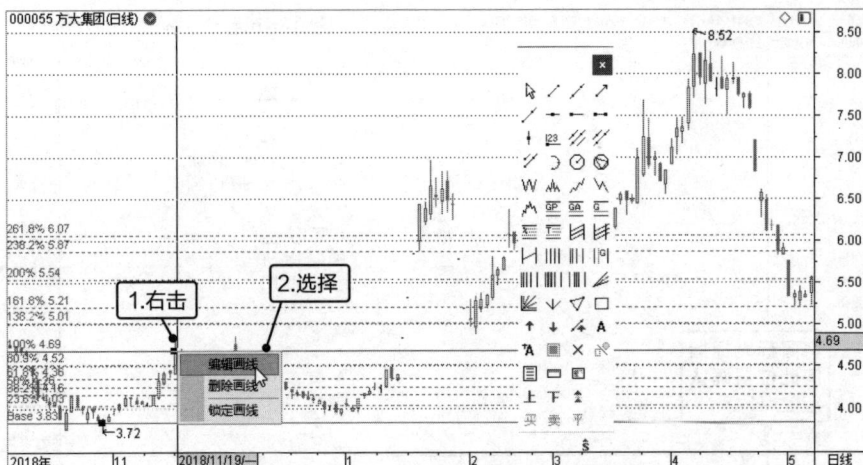

图 2-12　选择"编辑画线"命令

在打开的"画线属性（纵坐标数值为分析图定位值）"对话框中即可查看到两个定位点对应的定位值和定位时间，如图 2-13 所示。

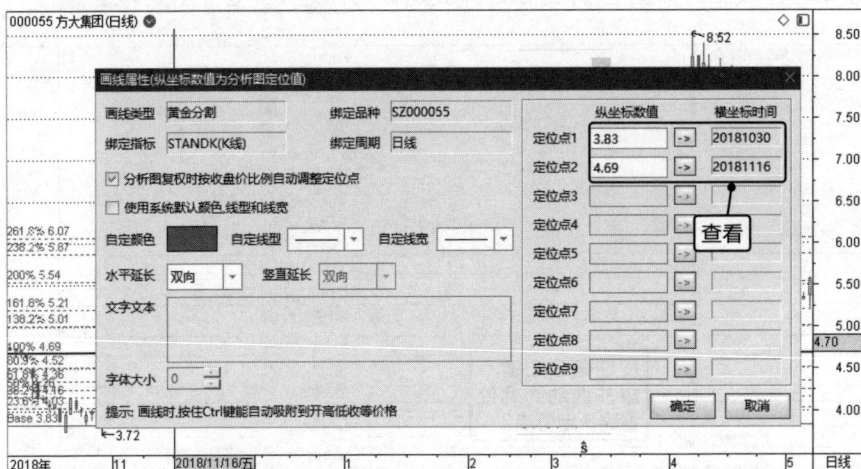

图 2-13　查看定位点的定位值和定位时间

"纵坐标数值"栏中每个定位点的具体定位值是可以调整的，投资者可以直接在对应的文本框中重新输入数值，也可以通过设置定位到当日的收盘价、最高价、最低价或者开盘价。这里单击"定位点 1"文本框右侧的展开按钮，在弹出的下拉列表中选择"移动至最低价"选项，如图 2-14 所示。

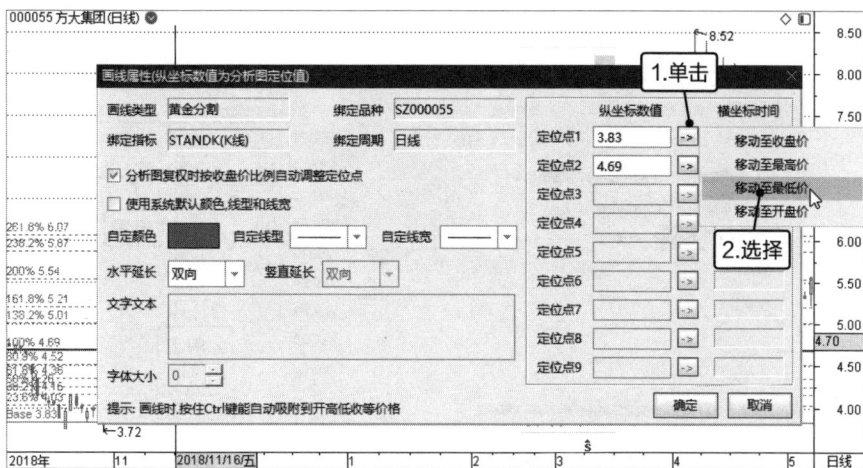

图 2-14　重设定位点 1 的纵坐标数值

单击"定位点 2"文本框右侧的展开按钮，在弹出的下拉列表中选择"移动至最高价"选项，如图 2-15 所示。

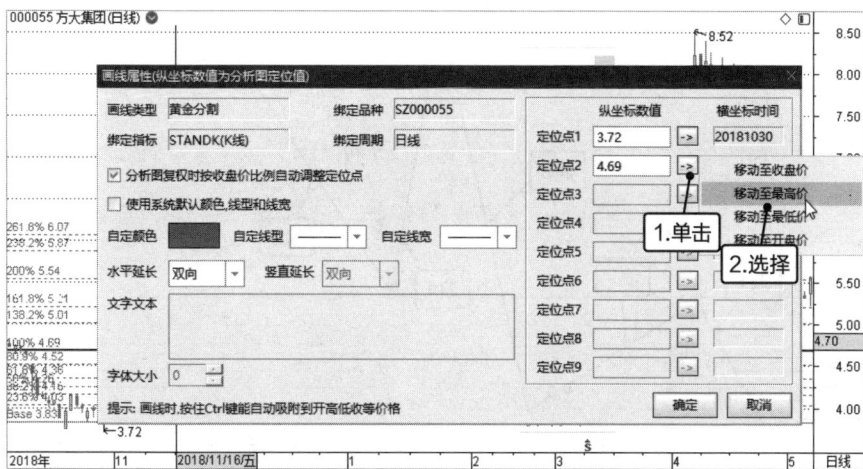

图 2-15　重设定位点 2 的纵坐标数值

设置完成后即可查看到程序自动将定位点 1 定位到 2018 年 10 月 30 日的最低价，将定位点 2 定位到 2018 年 11 月 16 日的最高价，单击"确定"按钮确认设置并关闭对话框，如图 2-16 所示。

图 2-16　单击"确定"按钮

返回 K 线图可看到，将浪 1 的整个上涨作为 100%，浪 2 的回调在浪 1 的 0.236 处，非常接近浪 1 的底部，浪 3 在浪 1 的 2.618 处，如图 2-17 所示。

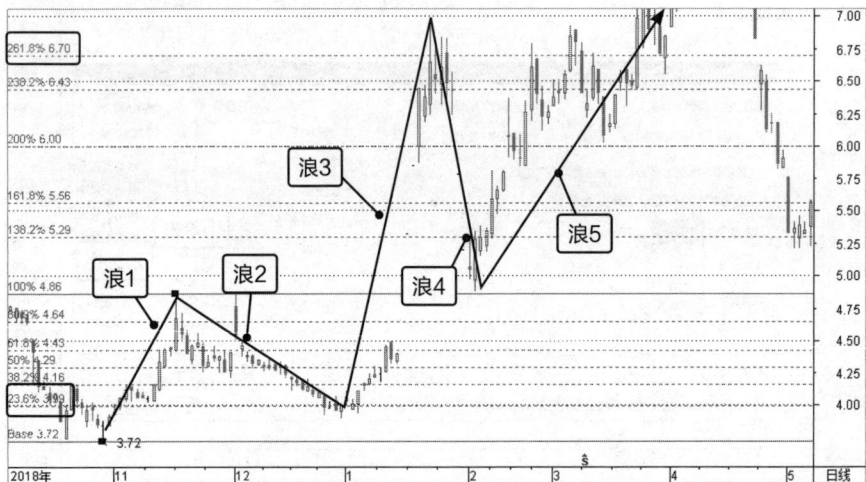

图 2-17　方大集团 2018 年 10 月至 2019 年 5 月的 K 线图

以上是在上升五浪中使用黄金分割线，如果要在下跌三浪中使用黄金分割线，直接进行定位点反向操作即可，如在浪 A 起点确定定位点 1，在浪 A 结束位置确定定位点 2。

第 3 章

详解八浪模型中的各波段

在上一章中，我们讲解了波浪理论中应用的数学知识，了解到黄金分割率在波浪模型中对预测波段的支撑位和阻力位有重要作用。本章将针对各浪的特性及其与其他波浪之间的比率关系进行具体讲解。需要注意的是，这是一种基于理论值的比率研究，是实际波段浪长的一种参考值，不是绝对值。

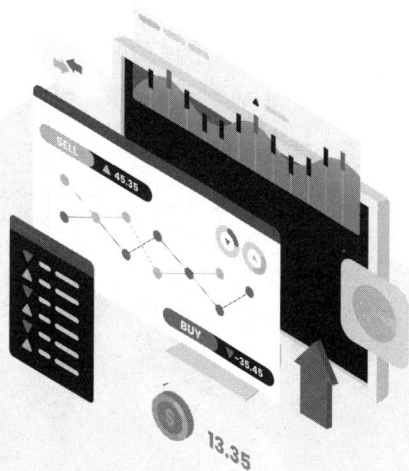

- 上升五浪详解
- 下跌三浪详解

3.1 上升五浪详解

上升五浪模型是上升行情中推动股价不断上涨的基本模型，是投资者重点操作的阶段。在这一阶段中，各浪有何特征？相互之间又有什么联系呢？下面就来具体讲解。

3.1.1 浪1：上涨启动

浪1是上涨行情启动的标志，但在实际投资中，大多数投资者并不能快速分辨出上涨行情已经开始，所以很多情况下，浪1都是底部反转形态的组成部分，如双重底形态或三重底形态的右底往往就是浪1。

从浪1的涨势强弱来看，可以分为缓慢上涨和急速暴涨，下面分别介绍。

1. 浪1缓慢上涨

在浪1启动的前期，由于主力资金的介入，使得该股的股价被缓慢推高，从K线形态上来看，此时K线为多根小阳线。从浪1是否发生延长来看，其有一般形态和延长形态之分。

一般形态下，浪1就是以单浪的形态出现，其示意图如图3-1所示。

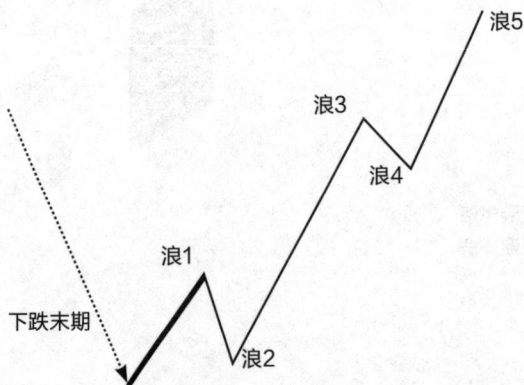

图3-1 浪1一般形态示意图

　　如果主力在前期没有收集到足够的筹码，不会立即拉升，此时浪 1 就可能出现延长，即浪 1 又分成 5 个次一级的波浪。这是主力缓慢建仓的表现。

　　在浪 1 发生延长后，各浪之间的关系是：假设将浪 1 的浪长设置为 100%，则浪 2 的最低点至浪 5 的最高点的总浪长为浪 1 的 61.8%，其示意图如图 3-2 所示。

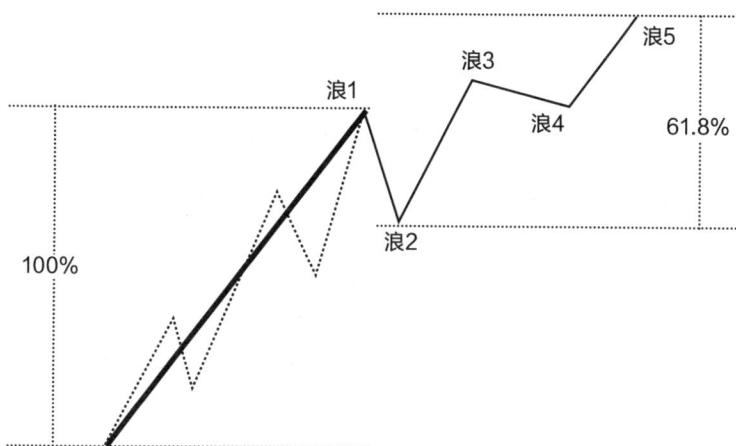

图 3-2　浪 1 延长示意图

　　无论是一般的浪 1 形态，还是发生延长的浪 1 形态，在经过前期的吸筹后，在浪 1 的后期，主力手中握有一定的筹码，此时便会大幅度地拉升股价，让短期获利盘出局，以便吸收更多相对的低位优质筹码，此时的 K 线形态会出现许多大阳线。

　　之后，在接近浪 1 顶部时，通常会出现带有长上影线或长下影线的 K 线，这是主力试盘的动作。一旦股价出现阶段高位盘整，那么浪 1 随时都可能结束。下面来看一个浪 1 缓慢上涨的实例。

示例讲解
中国长城（000066）浪 1 缓慢上涨形态分析

　　如图 3-3 所示为中国长城 2018 年 7 月至 2020 年 11 月的 K 线走势。

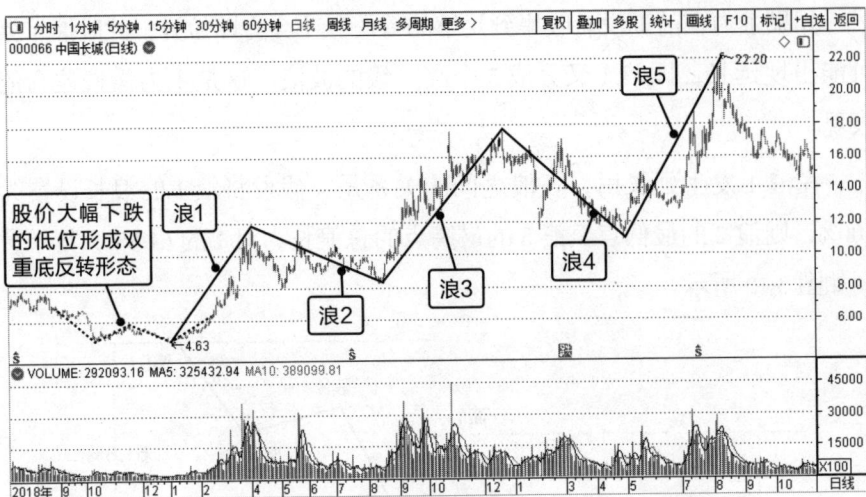

图 3-3　中国长城 2018 年 7 月至 2020 年 11 月的 K 线走势

从图中可以看到，在长时间的下跌走势中，股价在 2018 年 10 月初运行到低位，开始企稳回升。之后股价走出一个双重底反转形态，在创出 4.63 元的最低价后缓慢上升，双重底形态成立，浪 1 出现。随后股价在接近两年的时间里，完成了一波五浪上涨走势。

如图 3-4 所示为中国长城 2018 年 12 月至 2019 年 5 月的 K 线走势。

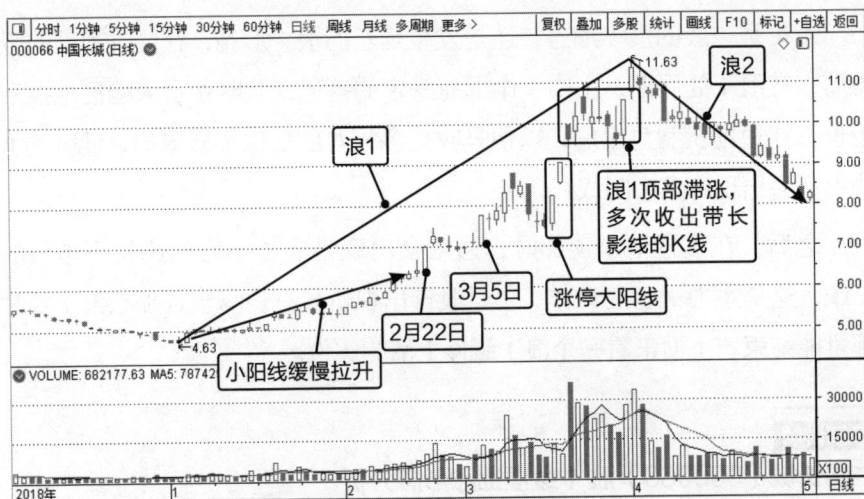

图 3-4　中国长城 2018 年 12 月至 2019 年 5 月的 K 线走势

从图中可以明显地看到主力在浪 1 中的动作。

在股价大幅下跌创出 4.63 元的最低价后，主力资金开始入驻进行技术性修复，K 线呈现大量的小阳线缓慢拉升股价，表明主力正在逐步建仓。

在 2019 年 2 月底，在经过近两个月的缓慢拉升后，开始出现间歇性拉升，2 月 22 日、3 月 5 日分别以 9.01%、9.73% 的涨幅收出大阳线，股价出现了久违的大幅上涨。

短暂调整后，在 3 月 18 日和 3 月 19 日再次以封涨停的大阳线报收，行情出现强势拉升，但是之后股价便在 10.00 元价位线附近盘整，此时成交量明显高于前期，并出现许多带长上、下影线的 K 线，充分表明主力在浪 1 顶部的洗盘动作，这也为后来浪 2 的下跌洗盘做好了铺垫。

2. 浪 1 急速暴涨

在 A 股中，有时候也会出现非常急速的底部形态，如 V 形底，这种情况下，浪 1 的走势也会很强烈，常表现为急速暴涨。

通常，当存在以下两种情况，都会导致浪 1 急速暴涨。

◆ 主力在前期的大幅下跌中已经获得了大量筹码，当股价企稳时，不需要再次进行建仓吸筹操作。由于此时市场中筹码的高度集中性，主力只需要投入相对较少的资金便可以把股价迅速拉高，形成浪 1 的急速攀升。

◆ 在股价企稳回升之前，主力并没有对股票进行操作。当股价出现明显的上涨势头时，由于没有太多的时间缓慢吸收筹码，而只能选择以快速拉高股价的方式完成对筹码的吸收。

下面通过一个实例来观察浪 1 这种急速暴涨的特殊形态。

示例讲解
上海新阳（300236）浪 1 急速暴涨形态分析

如图 3-5 所示为上海新阳 2018 年 4 月至 2019 年 3 月的 K 线走势。

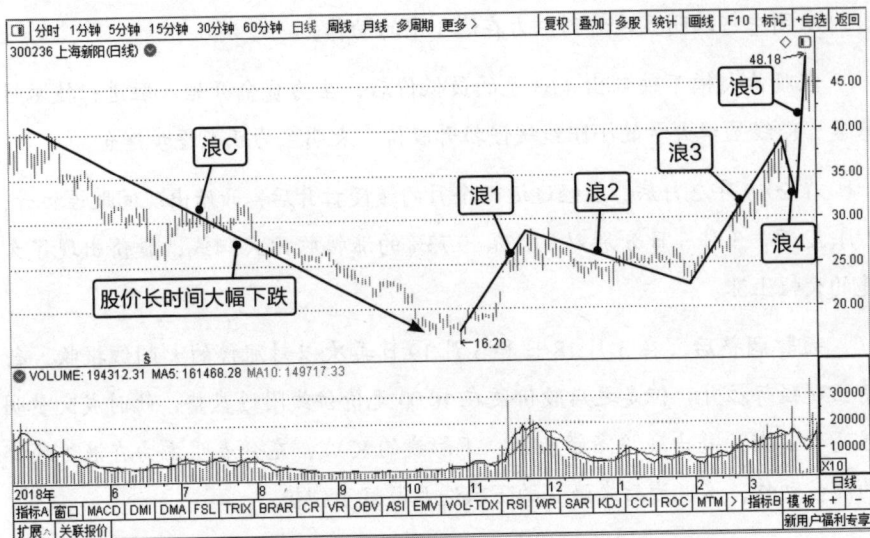

图 3-5　上海新阳 2018 年 4 月至 2019 年 3 月的 K 线走势

从图中可以看到，在经过前期的大幅下跌后，该股于 2018 年 10 月底运行到低位创出 16.20 元的低价，随后股价企稳回升，步入了一个五浪上涨的行情。下面放大浪 C 和浪 1 的行情来进行分析。

如图 3-6 所示为上海新阳 2018 年 7 月至 12 月的 K 线走势。

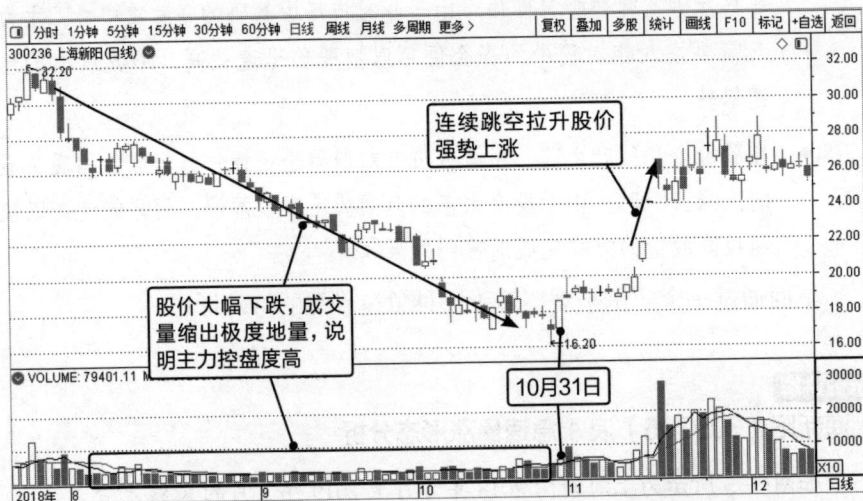

图 3-6　上海新阳 2018 年 7 月至 12 月的 K 线走势

从图中可以看到，在经过最后一浪的直线下跌后，股价在 10 月运行到低价位区并企稳，观察整个下跌过程，发现成交量不断缩小，最后缩小到季度地量，说明市场筹码高度集中。

在 2018 年 10 月 30 日创出 16.20 元的最低价后，次日该股以涨停光头光脚阳线报收强势拉升，但是当日的成交量相对于前期下跌的成交量来说，并没有明显放量。

如图 3-7 所示为上海新阳 2018 年 10 月 31 日的分时图走势。

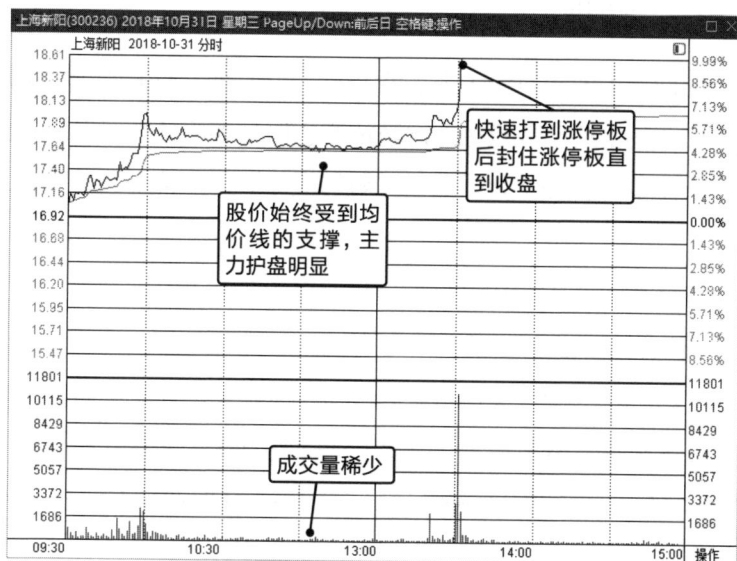

图 3-7　上海新阳 2018 年 10 月 31 日的分时图走势

从图中可以看到，当日该股高开后一路高走，之后有过一段时间的横盘，但是整个横盘期间成交量非常稀少，股价却始终受到均价线的支撑，在当日 13:30 左右，股价被快速拉升至涨停板后封住，更加证明当前主力控盘度极高。

该股当日最终以涨停板收出的光头光脚大阳线将股价强势拉高，使得该股摆脱了继续下跌的行情，至此浪 1 开启。

在短短几个交易日的调整后，上海新阳在浪 1 产生了爆发性的行情，连续三个交易日都呈现跳空高开拉高股价的走势，期间还出现阳线涨停和一字涨停的暴涨。就在这三个交易日内，股价从 20 元左右上涨到 26.46 元，涨幅达到 32%。

这主要是因为在前期的长时间大幅下跌过程中，主力已经开始了吸筹建仓。当股价企稳后，只需用少量资金即可快速拉高股价，那么接下来的浪 1 爆发也就在情理之中了。

3.1.2　浪 2：初期修复

浪 2 的回调主要是对浪 1 上涨的修复。由于浪 1 是出现在空头市场的末期，此时市场中的空头气氛还比较浓厚，而且大部分投资者的空头市场操盘手法还未改变，因此，在浪 1 之后的浪 2 调整，其下调幅度通常都比较大。

但是在下跌过程中，成交量会出现明显的逐渐萎缩、波幅逐渐变窄的特点，从而出现传统图形中的底部形态，如头肩底形态、双重底形态等。

在 A 股市场中，浪 2 的出现显得更加顺理成章，因为在浪 1 的上涨中，大量的套牢盘和短期获利盘在这一阶段会形成强大的抛压，主力为了获得更加丰富、廉价的筹码，减轻后市拉升压力，此时也会采取回调洗盘的手段，这种操作也为后续更广阔的发展空间做足了准备。

由于浪 2 是五浪中的第一个调整浪，面对前期的下跌，部分投资者容易对这种回调产生怀疑，尤其是在浪 1 涨幅不大的情况下，更容易让人猜测此时仍然处于下跌行情中。

那么，行情是仍然处于下跌之中，还是处于上涨行情中浪 2 的正常回调阶段呢？此时，对浪 2 回调位置的判断就显得尤为关键。

在五浪上涨模型中，浪 2 回调的一般位置有如下三个。

◆ 浪 2 回调至浪 1 的 38.2% 或 61.8%

浪 2 回调到浪 1 的 38.2% 和 61.8% 这两个位置是根据黄金分割率得出的。

通常，在这两个位置处，市场的人气往往会得到重新提振，股价通常会止跌企稳，行情会重新进入到下一阶段的上升趋势中，其浪长示意图如图 3-8 所示。

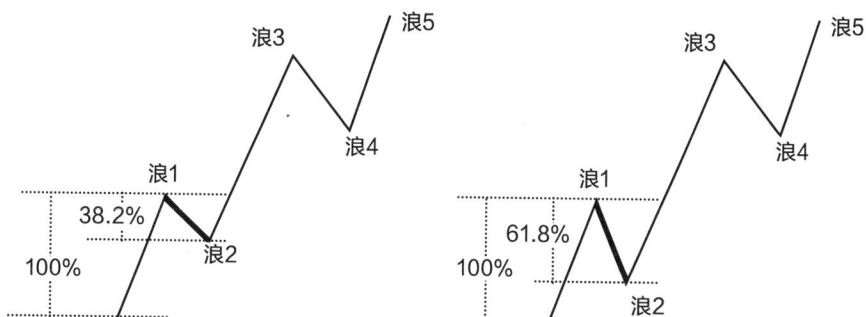

图 3-8　浪 2 回调至浪 1 的 38.2% 和 61.8% 的示意图

◆ 浪 2 可能回调到浪 1 内的小 4 浪处

如果浪 1 发生了延长，则浪 2 通常会调整到延长浪中的小 4 浪处就出现止跌的情况，其浪长示意图如图 3-9 所示。

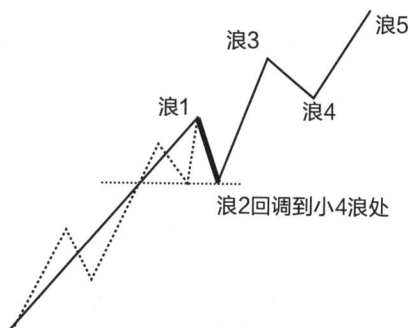

图 3-9　浪 2 回调到浪 1 内的小 4 浪处的示意图

◆ 浪 2 回调到接近浪 1 底部的位置

如果浪 2 回调至浪 1 接近 100% 的位置，说明此时的浪 2 就是一次相对深幅的调整浪，如第 2 章介绍黄金分割线应用的示例中，浪 2 回调到非常接近浪 1 底部的位置。

但是无论怎么回调，浪 2 通常不会跌破浪 1 的底部，其浪长示意图如图 3-10 所示。

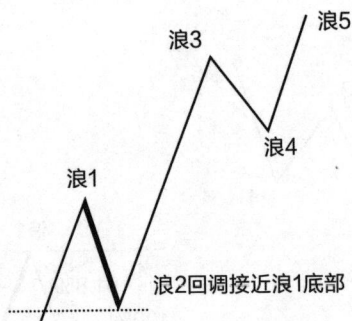

图 3-10　浪 2 回调接近浪 1 底部位置的示意图

这种情况也会出现在底部反转形态中，如双重底形态左底冲高回落阶段就可能是浪 2。下面就来看看浪 2 回调形成底部形态的实例分析。

示例讲解
冠昊生物（300238）浪 2 回调形态分析

如图 3-11 所示为冠昊生物 2018 年 7 月至 2019 年 5 月的 K 线走势。

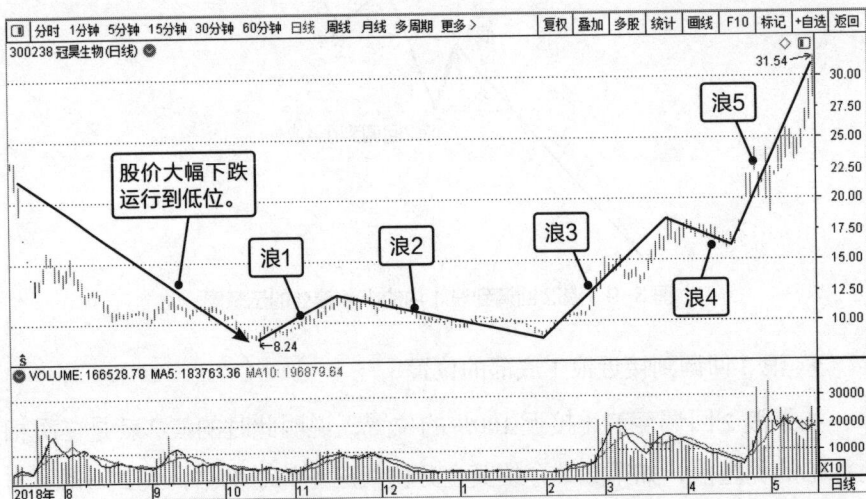

图 3-11　冠昊生物 2018 年 7 月至 2019 年 5 月的 K 线走势

从图中可以看到，在经过前期大幅下跌后，该股于 2018 年 10 月中旬运行到低位创出 8.24 元的低价，随后股价企稳回升，步入了一个五浪上涨的行情。下面放大浪 1 和浪 2 的行情来进行分析。

如图 3-12 所示为冠昊生物 2018 年 10 月至 2019 年 2 月的 K 线走势。

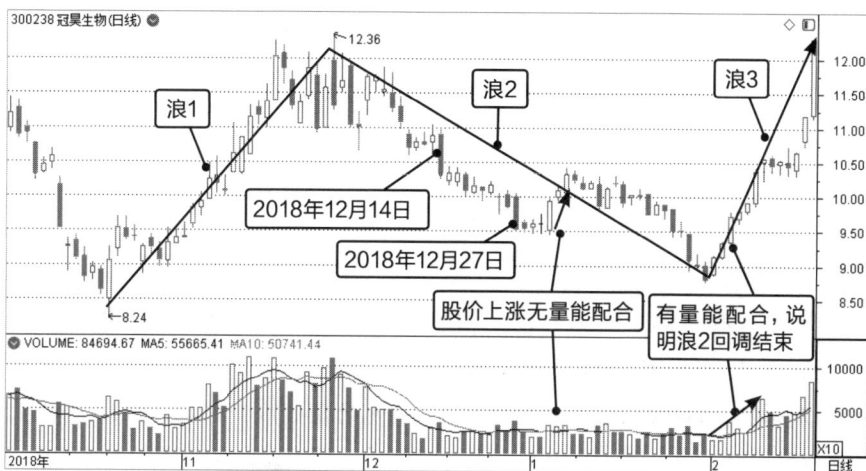

图 3-12　冠昊生物 2018 年 10 月至 2019 年 2 月的 K 线走势

从图中可以看到，浪 1 从 2018 年 10 月 19 日的 8.24 元开始启动，随着成交量的逐步放大，股价也被逐步推高开启上涨模式。但是在 11 月中旬运行到 11.50 元附近后，股价在 11.00 元至 12.00 元的价格区间横向波动，成交量集中放大，表明大量套牢盘和短期获利盘在此位置兑现，这一期间，股价创出最高 12.36 元的价格。

随后该股展开一轮回调走势，浪 2 开启。在浪 2 回调中，如何来判断其回调结束呢？

在这里，可以先根据波浪理论中浪 2 回调的一般位置计算出浪 2 的理论价位。

首先以 8.24 元为浪 1 起点，12.36 元为浪 1 终点计算出浪 1 的长度及浪 1 的 38.2% 和 61.8% 幅度，具体如下：

①浪 1 的长度 =12.36-8.24=4.12（元）

②浪 1 的 38.2%= 浪 1 的长度 ×38.2%=4.12×38.2%=1.57（元）

③浪 1 的 61.8%= 浪 1 的长度 ×61.8%=4.12×61.8%=2.55（元）

理论上，浪 2 回调结束位置的价格可能是以下几个：

①回调到浪 1 的 38.2% 的位置 = 浪 1 的终点 − 浪 1 的 38.2%=12.36−1.57=10.79（元）

②回调到浪 1 的 61.8% 的位置 = 浪 1 的终点 − 浪 1 的 61.8%=12.36−2.55=9.81（元）

③回调到接近浪 1 起点的位置，即在 8.24 元上方、9.81 元下方。

结合以上几个理论值，下面来具体分析浪 2 的结束。

首先来看当浪 2 回调到浪 1 的 38.2% 的位置时，如图中 2018 年 12 月 10 日至 13 日，股价在 10.70 元附近出现止跌，但是 10 月 14 日开盘后一路走低，当日以 5.42% 的跌幅报收，股价跌破 10.50 元的价位线，因此，可以预测浪 2 可能继续下跌。

当浪 2 继续下跌到 10.00 元价位线时跌势减缓，此时的价格非常接近浪 2 理论回调幅度 9.81 元的位置。那么，是否说明浪 2 的回调就结束了呢？此时还要继续观察之后的回升是否支撑浪 3 启动。

在 2018 年 12 月 27 日，虽然股价大幅高开，但是之后一路下跌，当日最终仍然以 3.25% 的跌幅收出大阴线，使得股价跌破 10.00 元价位线，在触及 9.50 元价位线受到明显支撑，此时股价仍然距离理论的 9.81 元很近。

之后股价出现连续三根阳线拉高的回升走势，但是成交量没有出现明显变化，股价最终在 10.50 元价位线受到明显的阻力，之后股价继续下跌。并跌破 9.50 元价位线，此时也说明浪 2 并未结束，回调仍然在继续，投资者不要盲目跟进抓浪 3。

在 2019 年 1 月 31 日，股价在创出 8.76 元的价格后，出现连续 7 根阳线的拉升，并且成交量也同步放大，此时的 8.76 元在接近浪 1 底部的 8.24 元上方，综合判断此时浪 2 已经完成调整，浪 3 开启，投资者可积极买入做多。

3.1.3　浪 3：涨势强劲

股市讲究顺势而为，"顺势"在上升五浪模式中的浪 3 阶段就得到了很好的体现。因为浪 3 的上涨幅度和持续时间往往都会超出投资者的分析预期，而且浪 3 在上升五浪模式中不是最短的一浪，是最具爆发力，也是最容易发生延长的一浪。如果投资者刚好抓住了这一浪，那么就可以获得不错的收益。

既然浪 3 这么具有诱惑力，那究竟浪 3 有多长呢？解决好了这个问题，投资者就更能掌握市场的主动权。

根据 A 股市场的特点，以浪 1 的长度作为参考，则浪 3 的可能长度有如下三种。

◆ 浪 3 是浪 1 的 161.8%。

◆ 浪 3 是浪 1 的 261.8%。

◆ 浪 3 是浪 1 的 423.6%。

浪 3 相对于浪 1 而言的浪长示意图如图 3−13 所示。

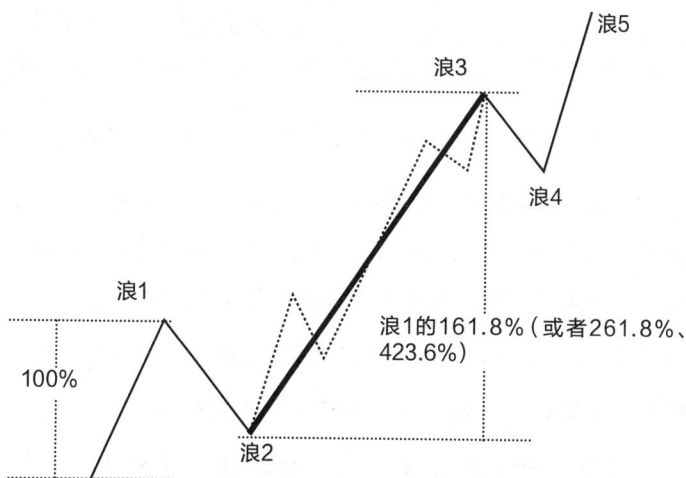

图 3-13　浪 3 相对于浪 1 而言的浪长示意图

从这个比例来看，浪 3 即是真正的牛市，抓住浪 3 是投资者在股市中获利的有力武器。在浪 3 的运行过程中，如果伴随成交量的放大更能确认牛市的到来。

下面来看一个浪 3 大幅拉升的实例。

示例讲解

瑞丰高材（300243）浪 3 大幅拉升形态分析

如图 3-14 所示为瑞丰高材 2020 年 1 月至 2021 年 3 月的 K 线走势。

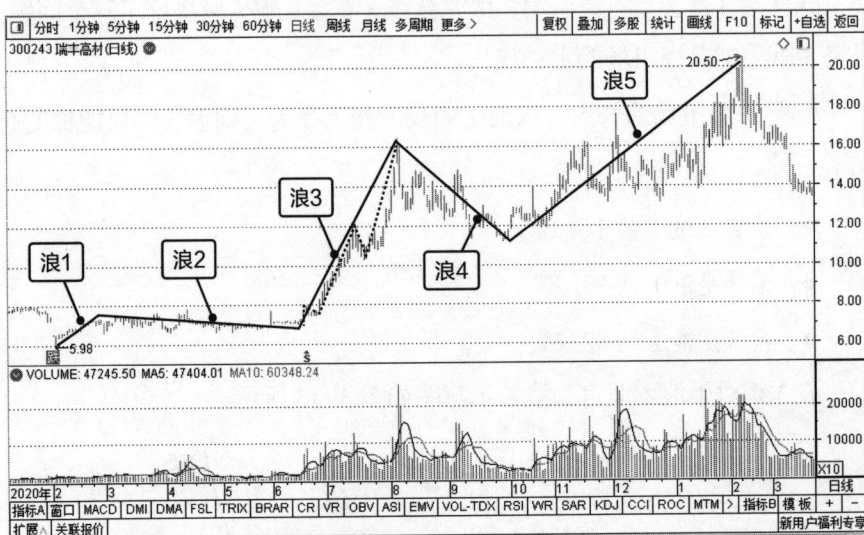

图 3-14　瑞丰高材 2020 年 1 月至 2021 年 3 月的 K 线走势

从图中可以看到，该股在 2020 年 2 月初创出 5.98 元的最低价后止跌回升，逐步拉抬股价步入上涨，开启浪 1 上涨行情，浪 1 在 3 月初上涨到 7.50 元价位线附近后，阶段高位震荡，之后开始回落，进入浪 2 回调。

浪 2 回调幅度不大，但是持续的时间比较长，经历了三个月左右的调整后，跌幅越来越窄，最终在 6 月受到 7.00 元价位线的支撑。

2020 年 6 月 16 日和 6 月 17 日，股价连续两日放出天量，拉升股价，标志着浪 2 结束，浪 3 开启。从整个浪 3 的走势来看，持续的时间不长，只有一个多月，但是却在次一级的上升五浪推动下出现了大幅拉升，从 7.15 元开始上涨，最高上涨到 16.45 元，上涨了 9.30 元。

下面将浪 3 放大来进行具体分析。

如图 3-15 所示为瑞丰高材 2020 年 6 月至 8 月的 K 线走势。

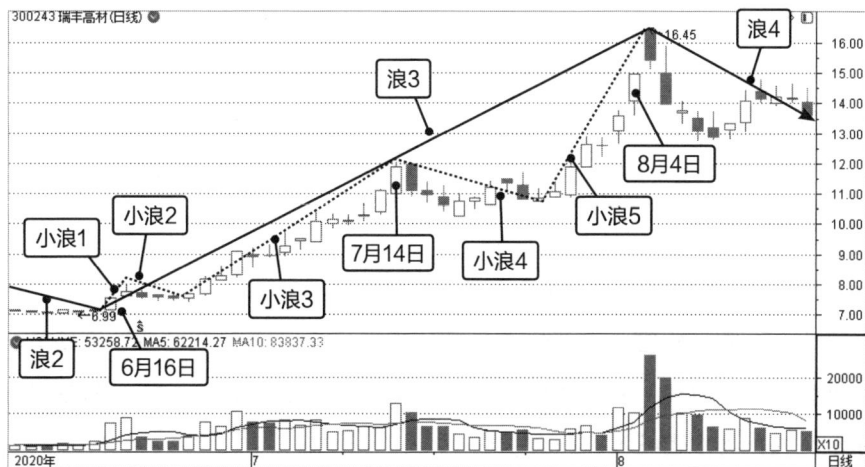

图 3-15　瑞丰高材 2020 年 6 月至 8 月的 K 线走势

从图中可以看到，该股在 2020 年 6 月 16 日和 17 日出现天量拉升，说明浪 2 结束。但是接着出现三根小阴线回落的走势，而对应的成交量却急速缩小到天量前的大小。结合前面浪 1 涨幅不大，浪 2 回调时间长来判断，浪 3 发生延长的概率较大，因此这里的回落可能是浪 3 延长浪的走势。

接着，股价再次出现放量拉升的走势，并且一步步推高股价进入到主升期。

下面以浪 1 的长度作为参考来计算一下浪 3 的理论浪长。

首先以 5.98 元为浪 1 起点，7.50 元为浪 1 终点计算出浪 1 的长度及浪 1 的 161.8%、261.8% 和 423.6% 的幅度，具体如下：

①浪 1 的长度 =7.50-5.98=1.52（元）

②浪 1 的 161.8%= 浪 1 的长度 ×161.8%=1.52×161.8%=2.46（元）

③浪 1 的 261.8%= 浪 1 的长度 ×261.8%=1.52×261.8%=3.98（元）

④浪 1 的 423.6%= 浪 1 的长度 ×423.6%=1.52×423.6%=6.44（元）

理论上，浪 3 的上涨顶部结束位置的价格可能是以下几个：

①上涨到浪 1 的 161.8% 的位置 = 浪 1 的终点 + 浪 1 的 161.8%=7.50+2.46=9.96（元）

②上涨到浪 1 的 261.8% 的位置 = 浪 1 的终点 + 浪 1 的 261.8%=7.50+3.98=11.48（元）

③上涨到浪 1 的 423.6% 的位置 = 浪 1 的终点 + 浪 1 的 423.6%=7.50+6.44=13.94（元）

结合以上几个理论值，下面来具体分析浪 3 的结束。

首先，浪 3 的理论最小结束位置的价格为 9.96 元，此时浪 3 启动后出现短暂 3 日的回调，更加确定浪 3 发生延长的走势，此时未进入的投资者可以积极在该位置买入，加仓跟进。

在 2020 年 7 月 14 日，该股放量拉升股价创出 12.05 元的价格，超过浪 3 理论的结束价格 11.48 元，之后股价快速回落到 10.5 元附近，是否意味着浪 3 结束了呢？我们从浪 3 延长的形态来看，此时正处于次一级上升五浪形态的小浪 4 的位置，因此，此轮浪 3 的涨幅很大可能会接近或者超过浪 3 理论的结束价格。此时小浪 4 的位置也是投资者跟进的一个时机。

但是需要注意的是，由于前期已经出现了大幅上涨行情，浪 3 随时可能结束，浪 5 的走势也不确定是否会超过浪 3 顶部（实际上，浪 5 涨不过浪 3 顶部也是很常见的），所以此时可在小浪 4 回调位置加仓，但一定不要重仓。

在 2020 年 7 月下旬，该股在 11.00 元位置附近止跌后出现了快速拉升的行情，但是观察成交量却发现成交量并没有较好配合，在上涨无量的配合下，小浪 5 会很快结束，因此已经获利的投资者在此阶段要逢高卖出，锁定利润，尤其在股价上涨到浪 3 理论的结束价格 13.94 元附近时，更要果断卖出，因为此时从形态和价格都可以判断浪 3 即将结束。

从后市走势来看，在短短几个交易日后，小浪 5 在 2020 年 8 月 4 日突破 14.00 元的价格后，次日放量将股价打到涨停板后快速回落，之后一路下跌，当日以 3.01% 的涨幅收出大阴线，主力出货明显，标志着浪 3 接近尾声。之后股价一路下跌，进入到浪 4 长时间的大幅震荡回落阶段。

3.1.4　浪 4：最后回调

浪 4 是股价大幅上涨后的调整浪。经过了浪 3 的急速、大幅度上涨后，获利丰厚的投资者为了锁定手中既得收益，此时会开始卖掉手中的筹码，以求将真实的利润落袋为安，而前期错过行情的投资者依旧看好后市，因此浪 4 通常都会以较复杂的形态出现，而且调整幅度也比浪 2 更难以捉摸。

浪 4 作为上升五浪基本模式中的最后一个回调，其回调结束位置的判断既可以以浪 3 作为参考、也可以以浪 2 作为参考，甚至可以以浪 3 的延长浪作为参考。理论上具体的回调位置有以下三个。

◆　浪 4 回调至浪 3 的 38.2% 处

浪 4 回调到浪 3 的 38.2% 处是根据黄金分割比例而得到的市场完美调整幅度。其示意图如图 3-16 所示。

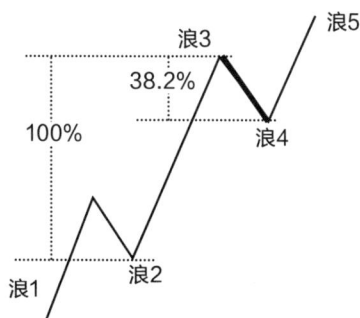

图 3-16　浪 4 回调至浪 3 的 38.2% 处的示意图

◆　浪 4 回调的幅度可能与浪 2 相同

对于浪 4 回调的幅度与浪 2 相同表达的则是市场心理因素的预期，它的形成是当股价回调至与浪 2 相同的幅度后，由于市场心理因素的作用，市场看好股价在此企稳，并在这种心理作用的驱使下大幅买入股票，推高股价，促使浪 4 回调的结束。

回调的幅度可能与浪 2 相同的示意图如图 3−17 所示。

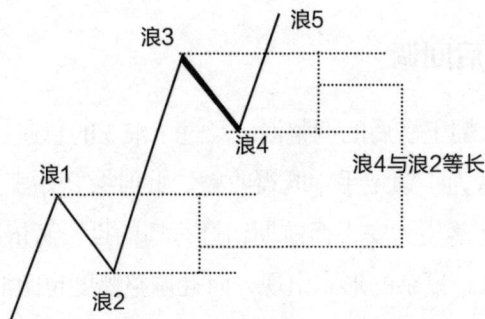

图 3−17　浪 4 回调的幅度可能与浪 2 相同的示意图

◆　浪 4 回调到浪 3 的小浪 4 处

如果浪 3 发生延长，浪 4 回调到小浪 4 的位置止跌，主要是此时的浪 4 底部与前期的小浪 4 的底部形成了一个小的双重底止跌形态，其示意图如图 3−18 所示。

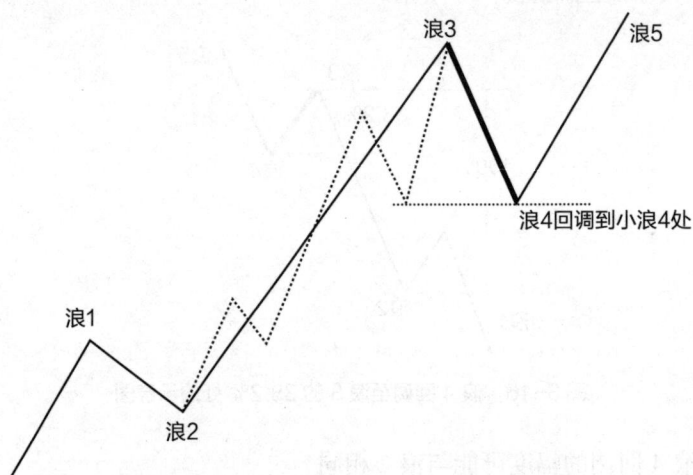

图 3−18　浪 4 回调到浪 3 的小浪 4 处的示意图

无论浪 4 回调的形态有多复杂，回调时间有多长，回调幅度有多大，其回调低点不能低于浪 1 顶部这个铁律不能破。

下面通过一个例子来分析浪 4 的回调。

示例讲解

巴安水务（300262）浪 4 最后回调形态分析

如图 3-19 所示为巴安水务 2018 年 9 月至 2019 年 8 月的 K 线走势。

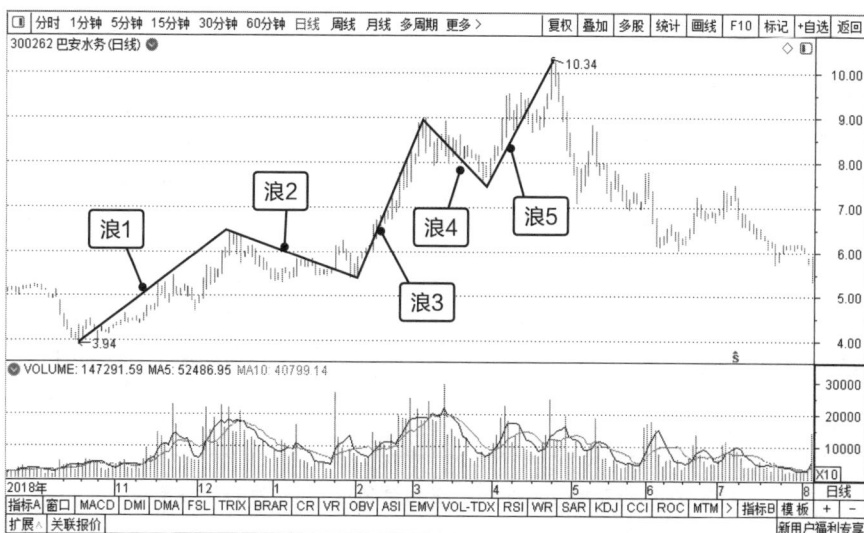

图 3-19 巴安水务 2018 年 9 月至 2019 年 8 月的 K 线走势

从图中可以看到，该股在 2018 年 10 月 18 日创出 3.94 元的最低价后反转上涨开启浪 1。整个浪 1 呈现震荡上涨行情，经过两个月左右的时间，在 6.50 元附近上涨受阻，此时涨幅达到 64%，之后股价反转向下进入到浪 2 的回调整理阶段。

整个浪 2 回调幅度不大，但是持续的时间比较长，持续了近两个月的时间。最终在 5.50 元价位线附近受到支撑，结束回调。

在 2019 年 2 月初，在连续阳线的作用下，该股放量拉升开启浪 3。整个浪 3 持续时间很短，只有一个月左右的时间，但是股价却出现了直线上涨的行情，从 5.46 元附近上涨到 8.99 元，涨幅达到 65%，与浪 1 涨幅相近，但相较于浪 1 经过两个月的时间才有的涨幅，浪 3 也算是比较强势的上涨了。也正是因为浪 3 的快速上涨，使得浪 4 也出现了迅速回调的走势。

下面将浪 4 放大来进行具体分析。

如图 3-20 所示为巴安水务 2018 年 12 月至 2019 年 4 月的 K 线走势。

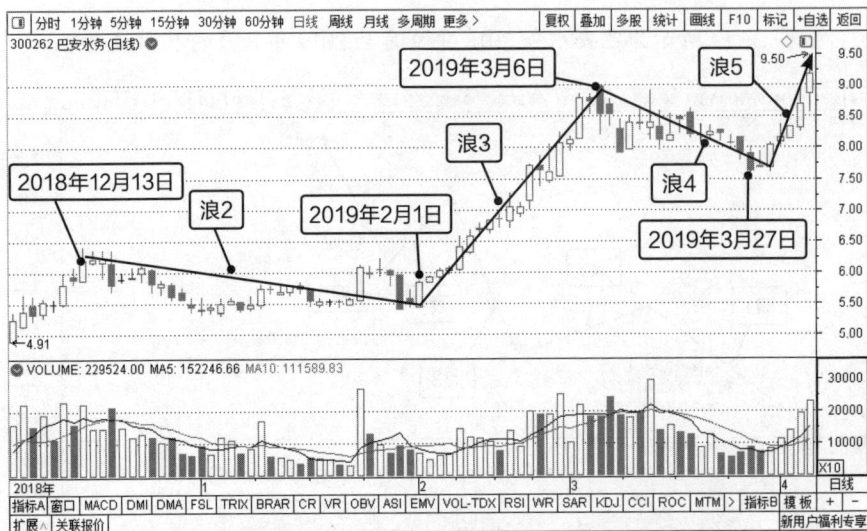

图 3-20　巴安水务 2018 年 12 月至 2019 年 4 月的 K 线走势

从图中可以看到，浪 3 没有发生延长，我们可以以"浪 4 回调至浪 3 的 38.2% 处"和"浪 4 回调的幅度可能与浪 2 相同"这两个位置来计算浪 4 回调的理论价位。

首先要分别计算出两个理论的参考数据。

①浪 2 的起点为 2018 年 12 月 13 日的最高价 6.43 元，终点为 2019 年 2 月 1 日的最低价 5.46 元，则：

浪 2 的长度 =6.43-5.46=0.97（元）

②浪 3 的起点为 2019 年 2 月 1 日的最低价 5.46 元，终点为 2019 年 3 月 6 日的最高价 8.99 元，则：

浪 3 的长度 =8.99-5.46=3.53（元）

浪 3 的 38.2%= 浪 3 的长度 ×38.2%=3.53×38.2%=1.35（元）

理论上，浪 4 的回调结束位置的价格可能是以下两个：

①回调到浪 3 的 38.2% 的位置 = 浪 3 的终点 – 浪 3 的 38.2%=8.99-1.35=7.64（元）

②回调位置与浪 2 的回调幅度相等，即浪 3 的终点 – 浪 2 的长度 =8.99-0.97=8.02（元）

结合以上两个理论值，下面来具体分析浪 4 的结束。

从图 3-20 可以知道，该股在浪 3 创出 8.99 元的最高价后，连续两个交易日拉低股价跌破 8.00 元价位线，因此可以预测浪 4 回调可能会在 7.64 元的价格附近。

之后股价在 8.00 元的价位线支撑了一段时间，最终在 2019 年 3 月 27 日创出 7.55 元的最低价后企稳，这个价格与浪 4 理论回调到浪 3 的 38.2% 的价格 7.64 元非常接近，股价此时企稳很大概率上是浪 4 回调结束的标志。从后市的走势来看，该股随后放量拉升股价重拾升势。

3.1.5　浪 5：涨势结束

浪 5 是上升五浪基本模式中的最后一个驱动浪，在这一浪中经常出现衰竭性的上涨，即股价与成交量出现背离情况，也正是因为上涨无量能配合，就注定了浪 5 的涨幅不会很大。

如果出现成交量放大，但是股价却滞涨，这是主力出货的明显表现，也是市场顶部到来的信号。一旦行情顶部形成，随之而来的就是下跌行情，因此，在浪 5 过后，涨势也就结束了。

通常而言，浪 5 的涨势不及浪 3。但是，在浪 3 涨幅与浪 1 涨幅等长的情况下，浪 5 也可能出现延长，在这种情况下，浪 5 就可能走出一波可观的上涨行情。

结合波浪理论，再根据 A 股市场的特点，可以得到浪 5 上升的理论目标位置，具体有以下几个位置。

◆ 浪 5 涨幅等于浪 1 的 61.8%

浪 5 涨幅等于浪 1 的 61.8% 是根据黄金分割比例而得到的上涨幅度，其示意图如图 3-21 所示。

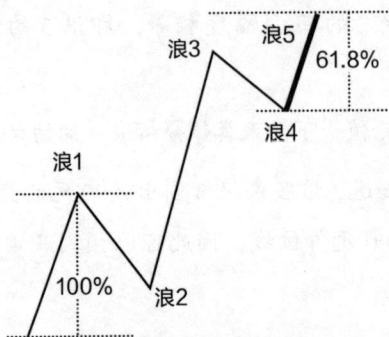

图 3-21　浪 5 涨幅等于浪 1 的 61.8% 的示意图

◆ 浪 5 涨幅与浪 1 涨幅等长

如果市场在浪 3 处发生延长，则浪 5 极有可能与浪 1 的长度一样，其示意图如图 3-22 所示。

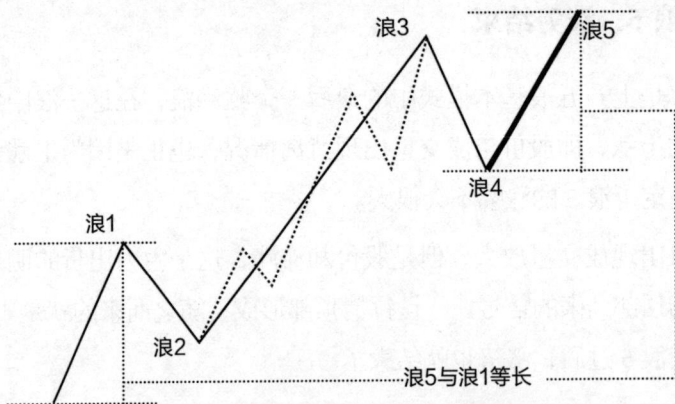

图 3-22　浪 5 涨幅与浪 1 涨幅等长的示意图

◆ 浪 5 涨幅为浪 1 和浪 3 总涨幅的 61.8%

浪 5 涨幅与浪 1 和浪 3 总长有着密切关系，通常，浪 5 涨幅是浪 1 底部至浪 3 顶部总长度的 61.8%，其示意图如图 3-23 所示。（如果浪 1 和浪 3 的长度比较接近，则浪 5 可能是浪 1 和浪 3 的总长）。

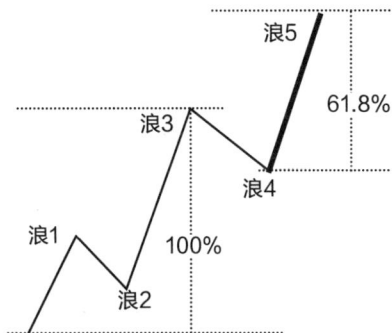

图 3-23 浪 5 涨幅为浪 1 和浪 3 总涨幅的 61.8% 的示意图

◆ 浪 5 涨幅为浪 1 和浪 3 总涨幅的 161.8%

如果浪 5 发生延长上升，此时浪 5 的浪长是浪 1 底部至浪 3 顶部总长度的 161.8%，其示意图如图 3-24 所示。

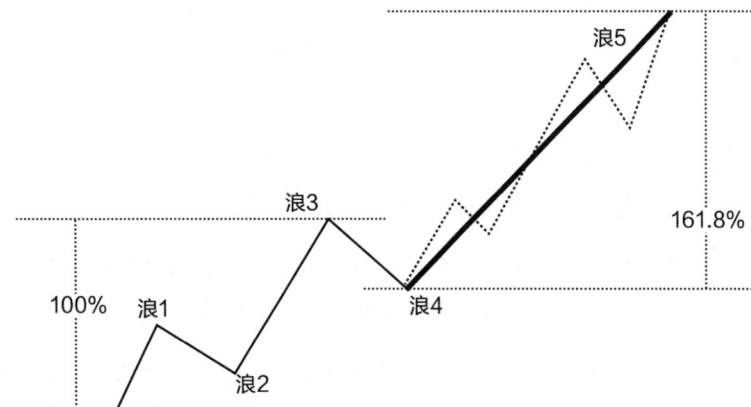

图 3-24 浪 5 涨幅为浪 1 和浪 3 总涨幅的 161.8% 的示意图

下面通过一个例子来分析浪 5 的上涨幅度。

示例讲解

赣能股份（000899）浪5最后上涨形态分析

如图3-25所示为赣能股份2018年10月至2019年5月的K线走势。

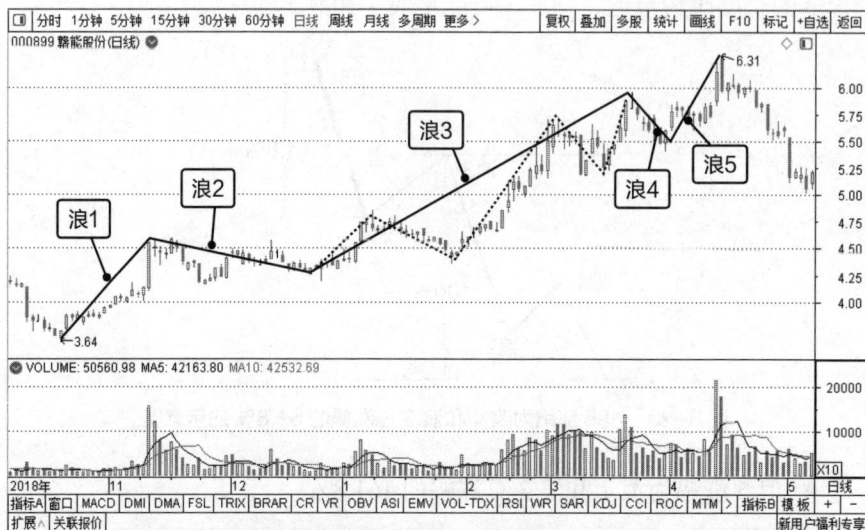

图3-25　赣能股份2018年10月至2019年5月的K线走势

从图中可以看到，该股在2018年10月中旬运行到行情的低价位区后跌势减缓，随后在10月19日创出3.64元的最低价后企稳回升步入震荡上涨行情中，浪1开启。

整个浪1在初期呈现震荡缓慢上涨走势，在11月12日巨量拉出涨停大阳线突破4.50元价位线，之后股价滞涨回落开启浪2。

整个浪2持续了近两个月的时间，最终在12月底回调结束。之后在放量拉升情况下，该股浪3走出一波延长上涨行情，涨幅达到41%。

相比于浪2来说，浪4回落的形态要简单得多，回落的时间也比较短。在浪4快速结束后，浪5就开启了。作为上涨行情中的最后一涨，如何判断浪5的结束呢？

从前面的走势来看，浪3发生了延长，在理论上，浪5涨幅等于浪1涨幅的概率比较大，此时可以以此作为参考来判断浪 5 的结束。

下面具体放大浪 1 的走势来看

如图 3-26 所示为赣能股份 2018 年 10 月至 12 月的 K 线走势。

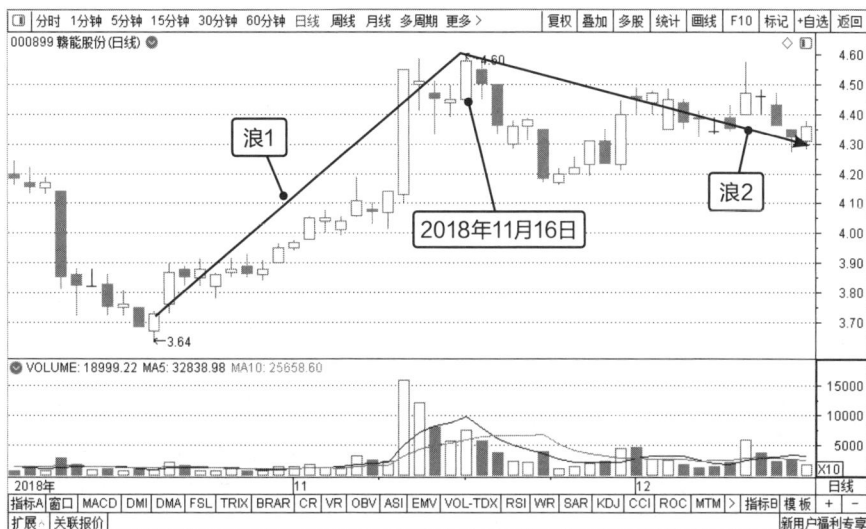

图 3-26　赣能股份 2018 年 10 月至 12 月的 K 线走势

从图中可以看到，浪 1 从 3.64 元开始，经过一轮上涨后在 2018 年 11 月 16 日创出 4.60 元的最高价后阶段见顶回落，步入浪 2 回调中。整个浪 1 上涨的长度为：

4.60-3.64=0.96（元）

由此可以推算，浪 5 上涨的长度大概率和 0.96 元接近。

如图 3-27 所示为赣能股份 2019 年 2 月至 4 月的 K 线走势。

从图中可以看到，浪 4 在连续 5 根阴线的作用下将股价拉低到 5.40 元上方止跌，在 2019 年 3 月 29 日，股价创出 5.40 元的最低价后企稳回升重拾升势，浪 5 开启，但是从浪 5 的上涨来看，涨势比较吃力，而且下方成交量也没有很好配合，就更加说明这一波浪 5 的涨幅不会很大。

按照浪 5 理论涨幅可能等于浪 1 涨幅来计算，此时浪 5 理论的顶部价格为：

5.40+0.96=6.36（元）

随着浪5的继续上行，在2019年4月12日放量拉升收出一根大阳线大幅拉高股价，看似股价有望大幅上涨，继续走出一波向好行情，但是次日股价高开回落收出一根大阴线，与上个交易日的大阳线形成明显的乌云盖顶顶部形态。

此时的最高价为6.31元，与理论的6.36元非常接近，综合这几个方面来分析，此时浪5已经见顶，行情即将逆转，投资者要积极抛售出局，锁定利润，落袋为安。

图3-27　赣能股份2019年2月至4月的K线走势

3.2　下跌三浪详解

下跌三浪模型是下跌行情中推动股价不断下跌的基本模型，是投资者重点规避的阶段。在这一阶段中，各浪有何特征呢？相互之间又有什么联系呢？下面就来具体讲解。

3.2.1　浪 A：下跌开启

浪 A 作为下跌三浪的第一浪，是下跌行情开启的第一步。在浪 A 启动时，大部分投资者盲目看好行情，认为市场并未逆转，此时的下跌只是一个调整。其实，浪 A 的下跌，在浪 5 中通常会发出一些警告信号，例如浪 5 涨势不足、量价背离、技术指标背离等。

正是因为在浪 A 阶段仍然有部分投资者对市场保持乐观态度，因此，浪 A 除了以单浪形态下跌以外，还经常以次一级的下跌三浪或是次一级的下跌五浪形态出现。

◆　浪 A 以次一级的下跌三浪出现

以次一级的下跌三浪组成的浪 A 通常跌势会比较明显，且每次下跌幅度也较大，但在次一级的下跌三浪中，小浪 b 有时候会出现较大的反弹，这一走势往往也是很值得投资者期待的阶段，其示意图如图 3-28 所示。

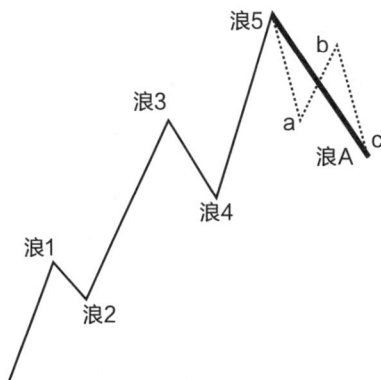

图 3-28　浪 A 以次一级的下跌三浪出现的示意图

◆　浪 A 以次一级的下跌五浪出现

以次一级的下跌五浪组成的浪 A 通常下跌的长度会更长，但是每一波的跌势不会那么剧烈，这种走势模式的浪 A 在 A 股市场中比较常见。它给投资者留出了充足的出逃时间，每一个反弹力度虽然不是特别大，但也不失为一个离场的较好时机，其示意图如图 3-29 所示。

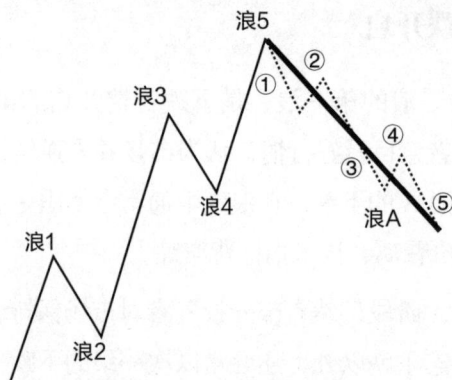

图 3-29　浪 A 以次一级的下跌五浪出现的示意图

伴随着浪 A 的真正形成，各种技术指标就会发出明显的看跌信号，如严重的背离现象、跳空下跌、连续阴线、大阴线、跌破重要支撑位等。之后，股价将顺势进入到下跌走势中，因此，重视浪 A，清楚浪 A 的特征，识别浪 A 可有效避免下跌带来的损失。下面来看一个浪 A 开启下跌的实例。

示例讲解

金字火腿（002515）浪 A 下跌形态分析

如图 3-30 所示为金字火腿 2020 年 2 月至 9 月的 K 线走势。

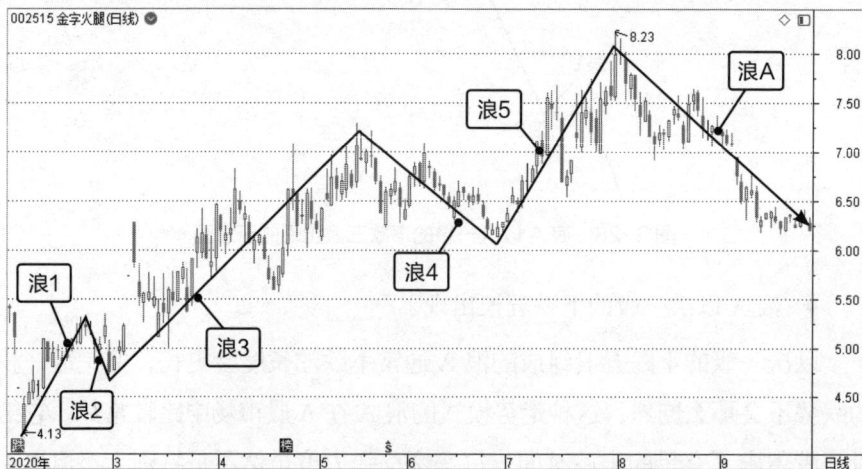

图 3-30　金字火腿 2020 年 2 月至 9 月的 K 线走势

从图中可以看到，在一轮上升五浪的推动下，股价从 4.13 元上涨到 8.23 元，涨幅超过 99%，之后股价见顶回落开启下跌。

下面放大浪 5 和浪 A 来进行分析。

如图 3-31 所示为金字火腿 2020 年 5 月至 2021 年 2 月的 K 线走势。

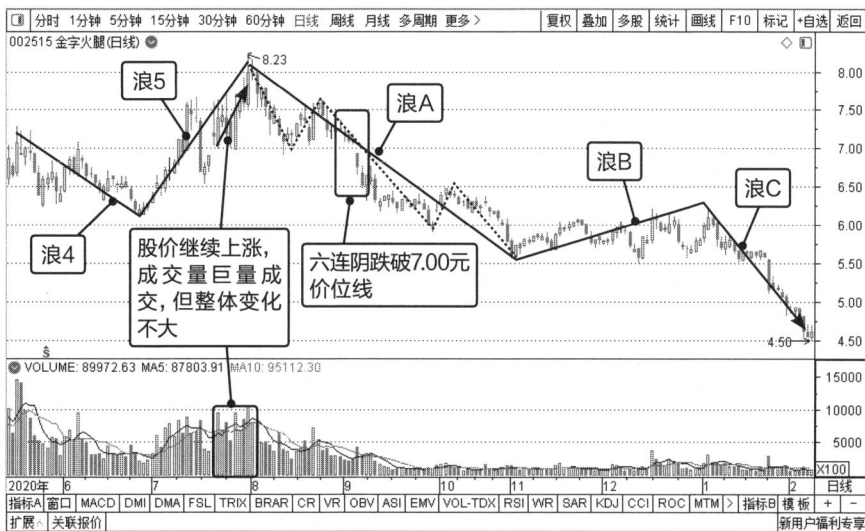

图 3-31　金字火腿 2020 年 5 月至 2021 年 2 月的 K 线走势

从图中可以看到，浪 5 启动时，成交量与股价配合良好，但是在后半部分，成交量虽然巨大，可随着股价不断推高，成交量整体变化却不大，主力出货明显，最终在创出 8.23 元的顶部价格后反转向下。

在浪 A 开启不久后，股价在 7.00 元价位线获得支撑止跌，随后股价出现缓慢上涨，成交量也有所放大，但是此时的量能相对于浪 5 阶段来说明显小很多。最终在量能支撑不足的情况下，反弹不及浪 5 顶部便快速下跌，尤其在 2020 年 9 月，更是在连续 6 根阴线的作用下，急速跌破 7.00 元价位线的支撑。

这一价位线是非常重要的支撑位，前期股价多次在这个位置获得支撑止跌，此时以连续阴线跌破支撑位，说明行情已经发生逆转，浪 A 已经开启，且很可能以五浪模式出现，因此投资者此时要积极逢高卖出。

从实际的走势来看，浪 A 以五浪下跌的形态（图中的虚线标识）出现，这一形态的出现使市场陷入疯狂的杀跌趋势。股价从 8.23 元下跌到 5.50 元左右，跌幅达到 33%。如果投资者没有分析出行情下跌，仅仅在浪 A 阶段就会损失惨重。

3.2.2　浪 B：抢反弹

浪 B 是下跌三浪中的第二浪，这一浪是对浪 A 的技术修复，一旦反弹结束后，后市将出现暴跌走势，因此，浪 B 常被称为"多头的逃命线"。

但是由于其本身为一段上涨走势，也会让很多人误认为这是另一波段的涨势，在盲目跟进后被套。因此，理性对待浪 B，是下跌趋势中最正确的操盘态度。

对于浪 B 的反弹幅度，会因为浪 A 下跌模式的不同而产生不同的反弹行情，具体如下。

◆ 浪 A 以单浪形态下跌的浪 B 反弹幅度

浪 A 只有一浪（此浪必须跌势凶狠），此时的浪 B 可能反弹到浪 A 的 50% 处，其示意图如图 3-32 所示，这个数据主要是因为投资者心理因素而产生的。

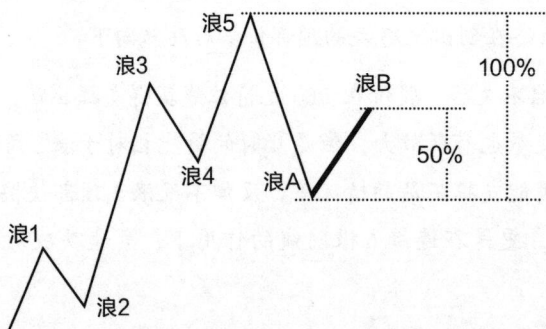

图 3-32　浪 A 以单浪形态下跌的浪 B 反弹幅度示意图

◆ 浪 A 以三浪形态下跌的浪 B 反弹幅度

如果浪 A 是以三浪下跌的形态出现，此时的浪 B 可能会反弹到浪 A 的 123.6% 或者是 138.2% 的位置处，其示意图如图 3-33 所示。

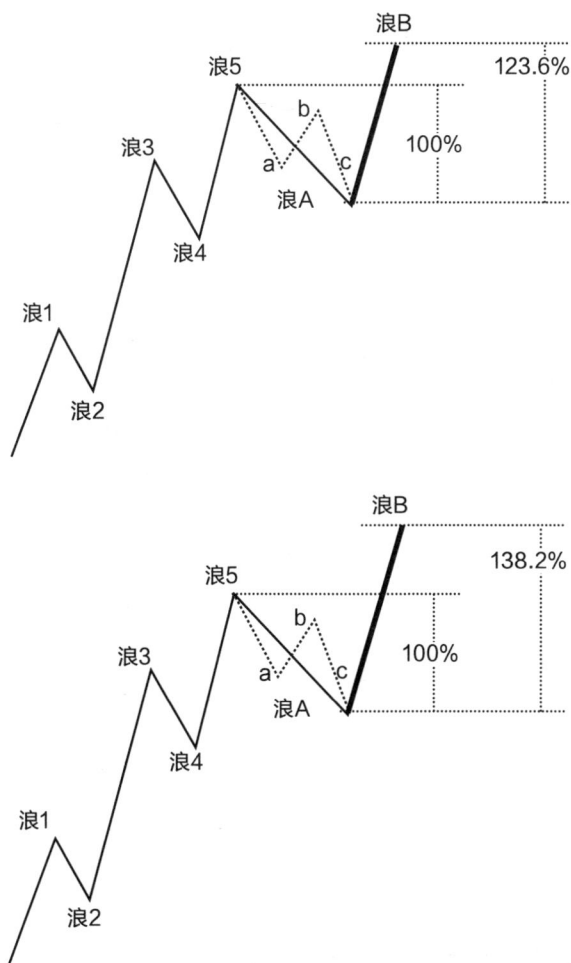

图 3-33 浪 A 以三浪形态下跌的浪 B 反弹幅度示意图

◆ 浪 A 以五浪形态下跌的浪 B 反弹幅度

如果浪 A 是以五浪下跌的形态出现，此时的浪 B 可能反弹到浪 A 的 38.2% 和 61.8% 处，其示意图如图 3-34 所示。

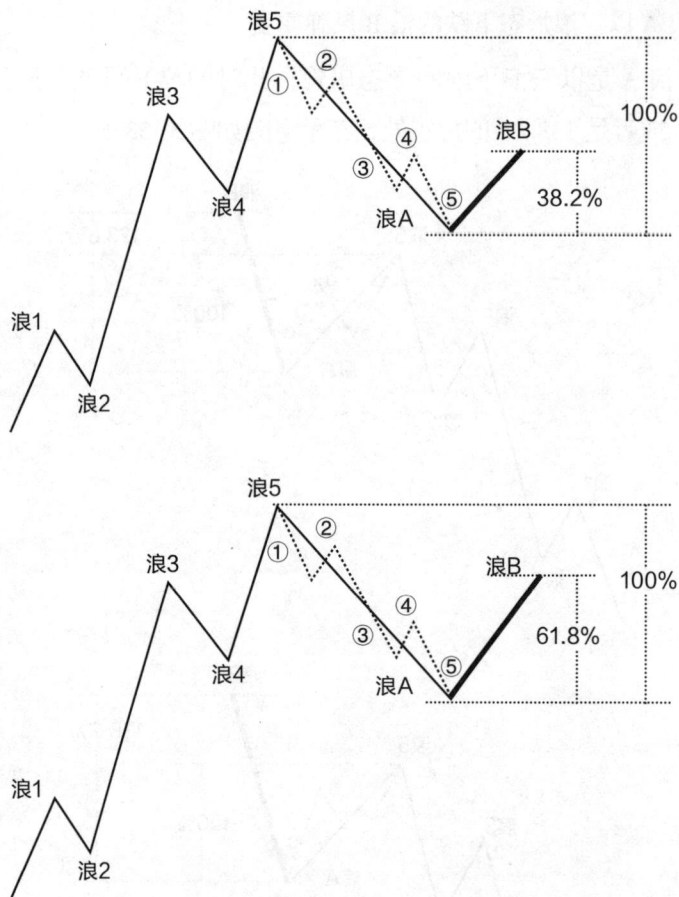

图 3-34 浪 A 以五浪形态下跌的浪 B 反弹幅度示意图

下面来看一个浪 B 反弹的实例。

示例讲解

尚荣医疗（002551）浪 B 反弹形态分析

如图 3-35 所示为尚荣医疗 2019 年 10 月至 2021 年 9 月的 K 线走势。

从图中可以看到，该股在 2019 年 12 月初创出 4.21 元的最低价后，在短短 3 个多月的时间走出了一波可观的上升五浪，股价最高上涨到 14.17 元，之后股价快速回落，步入长时间的大幅下跌行情中。

图 3-35　尚荣医疗 2019 年 10 月至 2021 年 9 月的 K 线走势

在这一波下跌中，浪 B 出现了较为强劲的反弹，这是投资者最后的出逃机会。下面放大浪 A 和浪 B 的走势来分析浪 B 的结束位置。

如图 3-36 所示为尚荣医疗 2020 年 2 月至 11 月的 K 线走势。

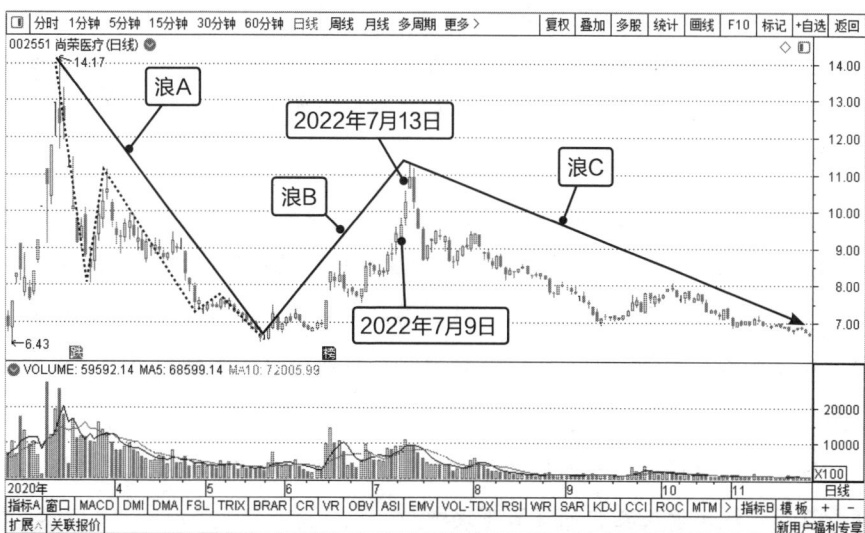

图 3-36　尚荣医疗 2020 年 2 月至 11 月的 K 线走势

从图中可以看到，浪 A 是以五浪下跌的形态出现的，理论上，此时的浪 B 可能反弹到浪 A 的 38.2% 或 61.8% 位置处，下面来计算理论上浪 B 的反弹结束价格。

首先计算浪 A 的浪长和浪 A 的 38.2% 和 61.8% 这几个参考数据。

①浪 A 的起点为 2020 年 3 月 13 日的最高价 14.17 元，终点为 2020 年 5 月 22 日的最低价 6.46 元，则：

浪 A 的长度 =14.17-6.46=7.71（元）

②浪 A 的 38.2%= 浪 A 的长度 ×38.2%=7.71×38.2%=2.95（元）

③浪 A 的 61.8%= 浪 A 的长度 ×61.8%=7.71×61.8%=4.76（元）

那么，浪 B 理论反弹的结束位置的价格有以下两个。

①浪 B 反弹到浪 A 的 38.2% 位置的价格 =6.46+2.95=9.41（元）

②浪 B 反弹到浪 A 的 61.8% 位置的价格 =6.46+4.76=11.22（元）

从浪 B 的实际走势来看，启动初期，浪 B 的上涨都有相对的放量，在股价运行到 2020 年 7 月左右时，成交量整体还是维持不变，但是股价继续上涨。在 2020 年 7 月 9 日，股价高开后一路震荡走高，当日以 2.45% 的涨幅阳线报收，股价突破理论的 9.41 元，股价反弹可能到浪 A 的 61.8% 位置处，对于稳健的投资者来说，此时最好抛售出局，毕竟整个行情处于下跌走势之中，且此时的量能也没有很好地支撑。

之后，股价连续出现两个交易日的上涨，将股价拉升到 2020 年 7 月 13 日的 11.30 元的最高价，这个价格与理论的浪 B 反弹结束价格 11.22 元很接近，并且此时明显收出带长上影线的 K 线，而且成交量也没有继续放大的迹象，综合多方面的判断和预测，此时浪 B 随时都可能结束反弹转为下跌，投资者要果断清仓。

事实上，该股这轮反弹最终也在 7 月 13 日就结束了，之后连续 3 根大阴线打压股价快速步入浪 C 的漫长下跌中。

3.2.3　浪 C：下跌尾声

浪 C 是下跌三浪中的最后一浪，其持续时间通常比较久，而且跌幅也比较深，是整个下跌三浪中破坏力极强的下跌浪。一旦行情进入到浪 C，股价就会出现全面性的下跌。

浪 C 的结束也是一轮八浪基本模式的完成。之后，股市将重新步入上涨。大多数情况下，浪 C 都会跌破浪 A 的底部，形成下一个八浪循环开始的买入信号。根据浪 A 下跌走势的力度不同，浪 C 的形态走势也有所不同，具体有如下两种情况。

◆　浪 A 平缓下跌形态下的浪 C 下跌幅度

在相对平坦的调整之中，浪 C 的长度和浪 A 的长度几乎相等。这不仅是市场心理因素的作用，而且也是技术分析中平台形调整走势的反映。

在整个调整过程中，浪 B 的反弹接近浪 A 的顶部，浪 A 和浪 C 沿着相互平行的两条直线逐步向下运动，而且浪 C 的长度不会小于浪 A 的长度，但也不会出现过于远离浪 A 底部的现象（即使浪 C 发生延长也不会远离浪 A 底部）。其示意图如图 3-37 所示。

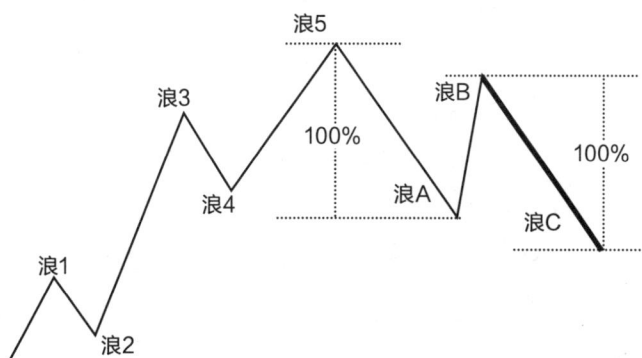

图 3-37　浪 A 平缓下跌形态下浪 C 下跌幅度示意图

◆　浪 A 凶猛下跌形态下的浪 C 下跌幅度

在浪 A 跌势迅猛，而浪 B 反弹不力的条件下，浪 C 发生延长的可能性极大，且延长的下跌五浪模式必然导致浪 C 的长度远远超过浪 A，一般能够达到浪 A 的 161.8%，这是市场极度弱势的表现。其示意图如图 3-38 所示。

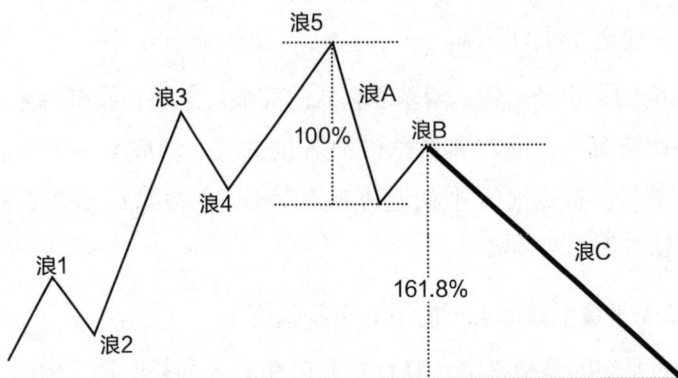

图 3-38　浪 A 凶猛下跌形态下浪 C 下跌幅度示意图

下面来看一个浪 C 下跌的实例。

示例讲解

史丹利（002588）浪 C 最后下跌形态分析

如图 3-39 所示为史丹利 2018 年 9 月至 2020 年 2 月的 K 线走势。

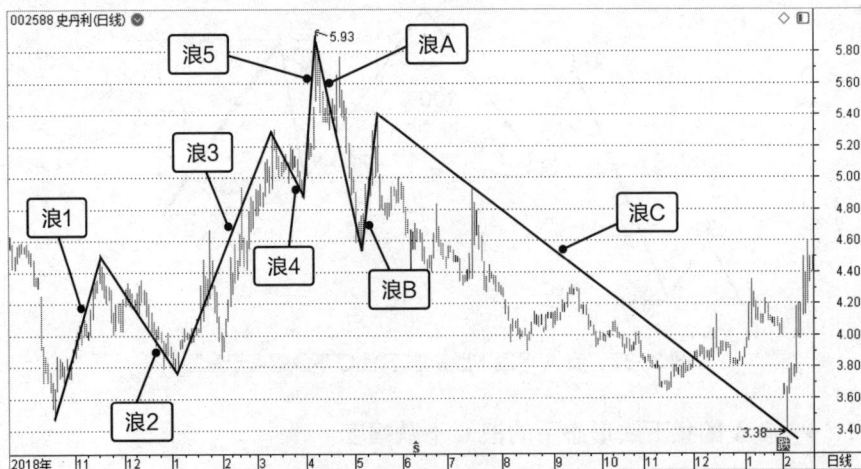

图 3-39　史丹利 2018 年 9 月至 2020 年 2 月的 K 线走势

从图中可以看到，该股在 2018 年 10 月 19 日创出 3.38 元的最低价后止跌回升步入上涨，整个上涨走出了一波完整的上升五浪模型，此轮上涨最高上涨到 5.93 元。之后股价快速见顶回落，步入长时间的大幅下跌行情中。

整个下跌持续了近 10 个月，最低价跌破了浪 A 的底部，跌幅巨大。下面放大下跌三浪来分析浪 C 的下跌形态。

如图 3-40 所示为史丹利 2019 年 4 月至 2020 年 2 月的 K 线走势。

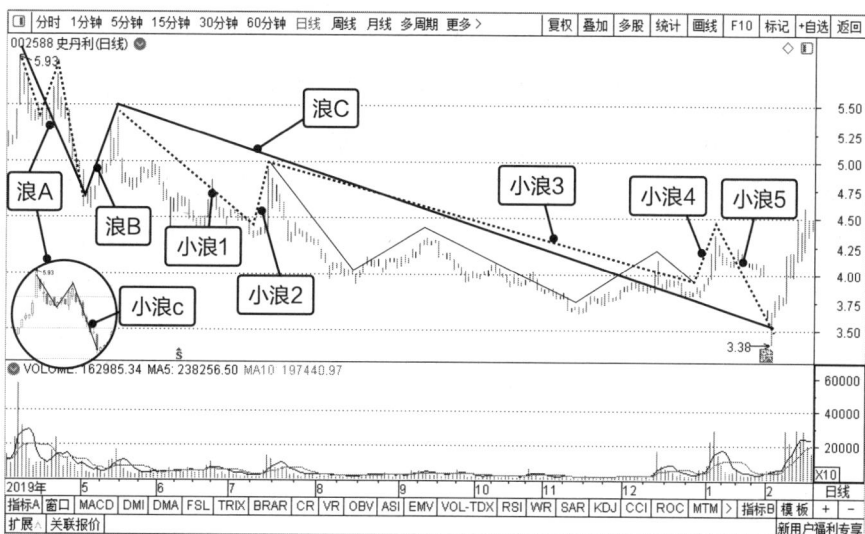

图 3-40 　 史丹利 2019 年 4 月至 2020 年 2 月的 K 线走势

从图中可以看到，浪 A 是以次一级的下跌三浪出现，整个下跌时间较短，下跌速度迅猛，尤其是在小浪 c 中，在连续出现的阴线打压下出现了直线下跌走势，之后的浪 B 反弹时间也不长，因此浪 C 发生延长的可能性极大，而且持续时间可能很长，投资者此时要积极抛售出局，降低损失。下面来具体预测一下浪 C 的下跌幅度。

首先计算浪 A 的浪长和浪 A 的 161.8% 这两个参考数据。

①浪 A 的起点为 2019 年 4 月 8 日的最高价 5.93 元，终点为 2019 年 5 月 6 日（小浪 c 的最后一根阴线）的最低价 4.58 元，则：

浪 A 的长度 =5.93−4.58=1.35（元）

②浪 A 的 161.8%= 浪 A 的长度 ×161.8%=1.35×161.8%=2.18（元）

浪 C 理论下跌的结束位置的价格为：浪 B 反弹结束位置的价格 − 浪 A 的 161.8%，其中，浪 B 反弹结束位置的价格为 2019 年 5 月 17 日的最高价 5.39 元。

浪 C 下跌到浪 A 的 161.8% 位置的价格为：

浪 C 下跌到浪 A 的 161.8% 位置的价格 =5.39−2.18=3.21（元）

从浪 C 的实际走势来看，浪 C 发生了延长，由次一级的下跌五浪构成，且次一级小浪 3 再次发生延长（见图中细实线走势），更加推动股价继续下跌，最终该股在 2020 年 2 月 4 日创出 3.38 元的最低价后止跌，这个价格与理论的 3.21 元非常接近，也进一步说明了研究各浪特性与浪长对预测股价支撑位和止跌位的重要意义。但是同样需要注意，股市千变万化，影响股价变化的因素有很多，计算的理论值只能作为参考，不能完全依赖于该理论值来指导实际操作。

第4章

上升五浪买卖点实战分析

五升三降是波浪理论的基础，在这八浪基本模式中，上升五浪是最值得投资者参与的阶段，因为在这一阶段行情主升。本章将具体讲解上升五浪中的各波浪在实际操盘中的应用实战，从而引导投资者利用波浪理论进行正确、有效操作。

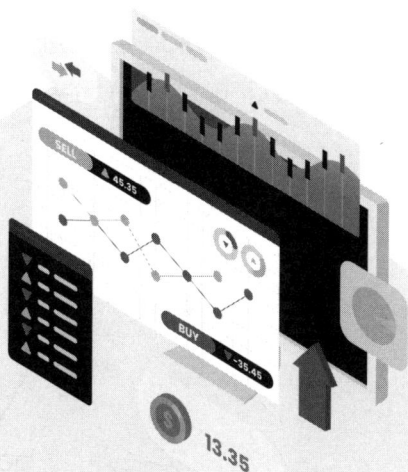

- 浪1启动：上涨开启积极抄底
- 浪2回调：正常修复调整
- 浪3勇进：抓住就能获利
- 浪4回调：冷静分析买卖时机
- 浪5上涨：如何抓住最后涨势

4.1 浪 1 启动：上涨开启积极抄底

浪 1 是整个上升五浪的第一浪，是一波上涨走势的起点，也是之前下跌趋势结束的标志。这一浪对于投资者来说，是低位建仓的一个机会。下面将具体介绍如何抓住浪 1，实现低位抄底。

4.1.1 怎么判断浪 1 开启

第 1 浪是股价上涨的起始阶段，也是波浪中的第 1 浪，也可以称之为垫底浪。但是，由于浪 1 发生在市场经历 A、B、C 这三个浪下跌的尽头，市场投资者对于之前经历的疯狂下跌还心有余悸，无形之中就给浪 1 的准确判断带来了困难。

那么，怎么判断浪 1 的开启呢？可以从位置和量能两个方面来进行。

◆ 从位置判断浪 1 开启

因为浪 C 结束后迎来的上升趋势就是浪 1 启动的，其示意图如图 4-1 所示。所以正确判断浪 C 的结束位置是发现浪 1 的先决条件。

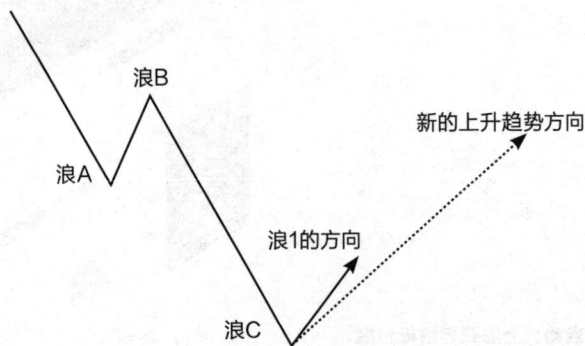

图 4-1 浪 1 出现在浪 C 结束后的位置

既然市场已经发展到浪 C 的尽头，那么顺理成章地就有浪 1 的启动，这是因果联系必然导致的结果。由此可知，抓住了浪 C 的下跌末端，也就抓住了浪 1。

需要注意的是，在图 4-1 中只是对浪 1 的出现位置进行了一个简单刻画。在实际的下跌行情走势中，浪 A、浪 B 和浪 C 通常不会以这么简单的三浪下跌模型展开，而是会以各种复杂的形态出现（有关各浪的特性和走势在第 3 章有详细的介绍），投资者在实际的浪 1 启动判断中，不能以图 4-1 中的简单三浪下跌形态来分析浪 A、浪 B 和浪 C 的下跌过程。

下面来看一个实例。

示例讲解

常山北明（000158）浪 C 末端的浪 1 开始分析

如图 4-2 所示为常山北明 2020 年 2 月至 2021 年 6 月的 K 线走势。

图 4-2　常山北明 2020 年 2 月至 2021 年 6 月的 K 线走势

从图中可以看到，该股在 2020 年 3 月 3 日创出 14.59 元的最高价后见顶回落，步入下跌走势中，浪 A 是以次一级的下跌五浪构成，整个下跌五浪的下跌速度很快，持续时间较短，仅一个月左右的时间，股价从 14.59 元的顶部价格下跌到 8.50 元价格附近止跌，跌幅达到 42% 左右。

由于浪 A 的快速下跌，因此接着发生的浪 B 也在情理之中了，并且浪 B 的反弹也比较激烈。在整个浪 B 的反弹中，股价是以大幅震荡的形式被逐步推高，每一次推高的顶部位置附近都伴随着成交量的巨大放量，这是主力借助反弹行情出货的表现，这也为后市浪 C 的继续下跌埋下了伏笔。

由于浪 B 本身就是下跌趋势中的一段反弹行情，因此投资者不能对其有太大的期望，最终浪 B 反弹到 13.00 元价位线附近后见顶回落，步入到浪 C 的下跌中。

由于浪 B 持续了三个多月的时间，在这一阶段，主力基本完成了筹码的派发，因此，接下来浪 C 的下跌从时间和幅度上来讲都是比较大的。整个浪 C 是以次一级的五浪下跌展开的，而且整个浪 C 持续了九个多月的时间，并且在整个股价的下跌过程中，成交量都是缩量状态，最终在 4.90 元价格附近止跌。

下面放大浪 C 末尾的走势继续分析。

如图 4-3 所示为常山北明 2021 年 1 月至 5 月的 K 线走势。

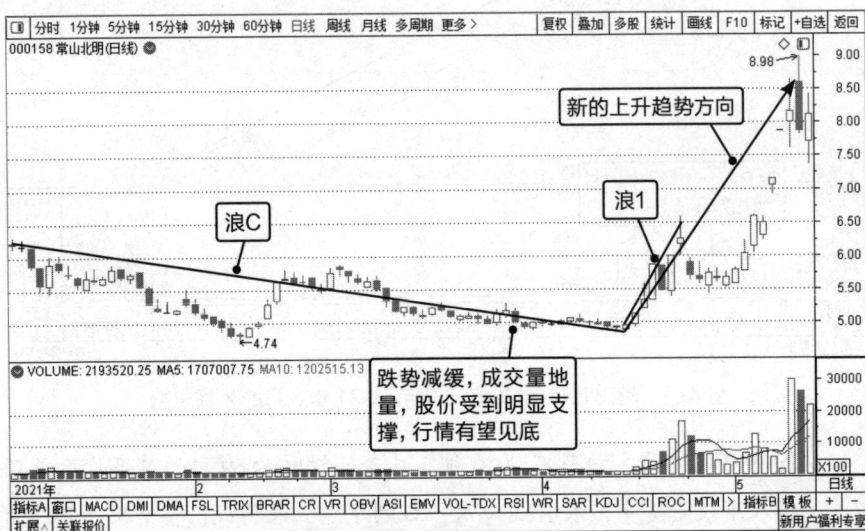

图 4-3　常山北明 2021 年 1 月至 5 月的 K 线走势

从图中可以看到，股价创出 4.74 元的最低价后有过一波明显的反弹行情，但是很快在 6.00 元价位线下方受阻回落，之后股价的跌势明显减缓，尤其在下跌末期，股价维持在 5.00 元价位线上下窄幅波动，且并未跌破 4.74 元的最低价，说明股价在该位置有明显支撑。

并且，此时成交量更是缩小到极度地量，这是市场见底的重要特征之一。

在经过前面浪 A、浪 B 和浪 C 这三浪下跌后，该股见底，之后的止跌回升就是新趋势的到来，浪 1 随之启动。

◆ 从量能判断浪 1 开启

股价在经过下跌三浪的推动后运行到行情的低价位区，此时如果行情要发生逆转，进入到上涨趋势中，那么股价的上涨必定要有成交量的有效配合。

如果在浪 C 尾部，股价逐渐摆脱前期的弱势状态，且成交量也伴随股价的上涨不断温和、有序放大，那么此时的上涨可能就是上升五浪模型中浪 1 的开启。

如果随着股价的不断上涨，成交量没有有效配合，那么这一波上涨极有可能是股价下跌过程中的一段反弹行情，此时如果操作不慎，容易被套从而导致投资亏损。

拓展贴士 *为什么要关注量能是否放大*

浪 1 是新一轮牛市的开始，也是新一轮上升行情的蓄势阶段。在浪 1 的运行过程中，市场转向上升，股价的上涨促使量能必然放大。同时，在 A 股市场中，主力机构在浪 1 处大规模建仓，这也必然导致成交量放大，因此考察成交量是十分重要的。

下面来看一个上涨无量配合的假浪 1 实例。

示例讲解

深振业 A（000006）上涨无量配合假浪 1 分析

如图 4-4 所示为深振业 A 2020 年 7 月至 2021 年 4 月的 K 线走势。

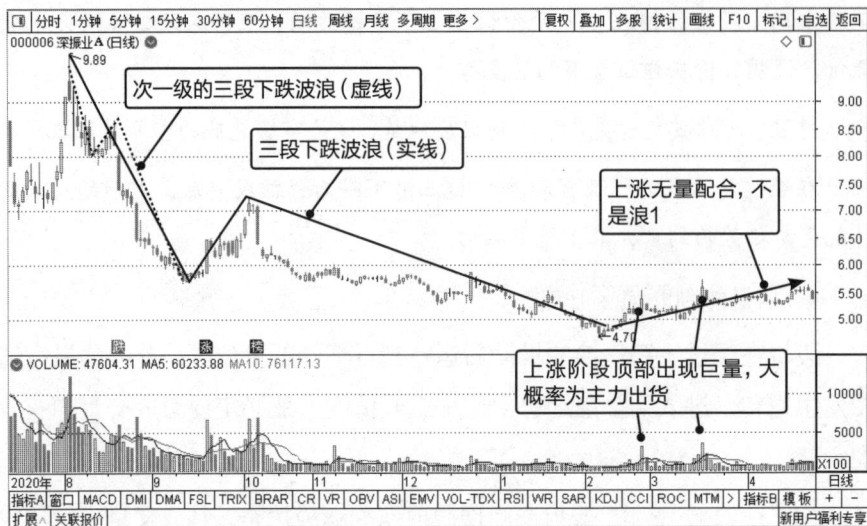

图4-4 深振业A 2020年7月至2021年4月的K线走势

从图中可以看到，该股在2020年8月4日创出9.89元的最高价后见顶回落，经历了一波疑似下跌三浪的走势。在2021年2月上旬创出4.70元的低价后止跌，其中疑似浪A是以次一级的三浪下跌开启。在整个下跌走势中，股价从9.89元下跌到4.70元，短短半年的时间，股价跌幅超过52%。

随后该股企稳出现上涨，其中有两波明显的拉升，但是观察对应的成交量发现，在每一次的上涨过程中，成交量变化不大，在每一波拉升的阶段顶部，有比较明显的大量柱，形成脉冲式的放量。

在这两波拉升后，成交量快速缩小并维持在一个相对低的水平，与此同时，股价也出现吃力的震荡小幅上扬，此时可以判定前期两波明显拉升顶部的大量柱，可能是主力的最后出货，虽然此时股价经过前面52%的跌幅运行到了股价的低位区，但是这里的上升不是我们所期待的浪1，只是一个短暂的反弹。

下面来看该股后市的走势。

如图4-5所示为深振业A 2020年7月至2022年3月的K线走势。

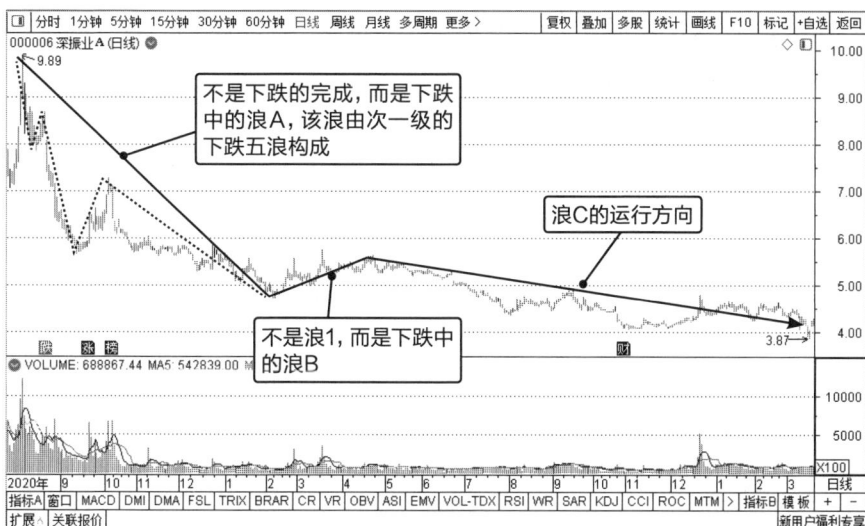

图 4-5　深振业 A 2020 年 7 月至 2022 年 3 月的 K 线走势

从图中可以看到，这一波上涨维持了两个多月的时间，最终在 5.60 元附近止涨重新回到长时间的下跌走势中，而前期的疑似下跌三浪实际上是浪 A 的五浪延长走势（图中虚线标注的走势）。在 2021 年 2 月止跌的反弹其实是这一轮下跌过程中的浪 B 反弹，最终浪 B 在 5.60 元价位线附近反弹受阻后继续进入到浪 C。

如果投资者在前面经过 52% 的跌幅后股价止跌回升就误判断是浪 1 开启，此后的操作思路按照上涨行情来进行，在浪 B 反弹结束时认为是浪 2 的开启而没有及时撤出，那么在后面的长时间下跌中将被深度套牢。

通过上面的实例可知，在浪 1 开启的位置，对量能判断的重要性。

在了解了浪 1 开启的判断后，下面将介绍几种实战中浪 1 运行的常见形态，让投资者在实战中学会发现浪 1 的启动，积极在低位买入抄底。

4.1.2　浪 1 温和上涨买进策略

浪 1 温和上涨是主力机构为达到建仓吸筹目的惯用的手段。在主力资金的持续关注下，股价自然地向上运动，不过这种运动是缓慢而有序的。

成交量的变化也只是小幅变动，或者出现一定程度的放大，并且成交量的变化表现出一种规律。

主力机构之所以这样做，主要有以下三个原因。

◆ 因为他们有足够的时间来完成建仓吸筹。

◆ 想用长时间的运动来尽可能多地掌握市场的流动筹码，减轻后续拉抬股价的压力。

◆ 主力机构在等待大盘指数的发展，希望等到大盘上扬时再拉升股价。

当浪 1 以温和上涨的方式启动，投资者可以在此过程中适量买入。

下面就来看看浪 1 温和上涨的实例。

示例讲解

东华科技（002140）浪 1 温和上涨买入分析

如图 4-6 所示为东华科技 2018 年 9 月至 2019 年 4 月的 K 线走势。

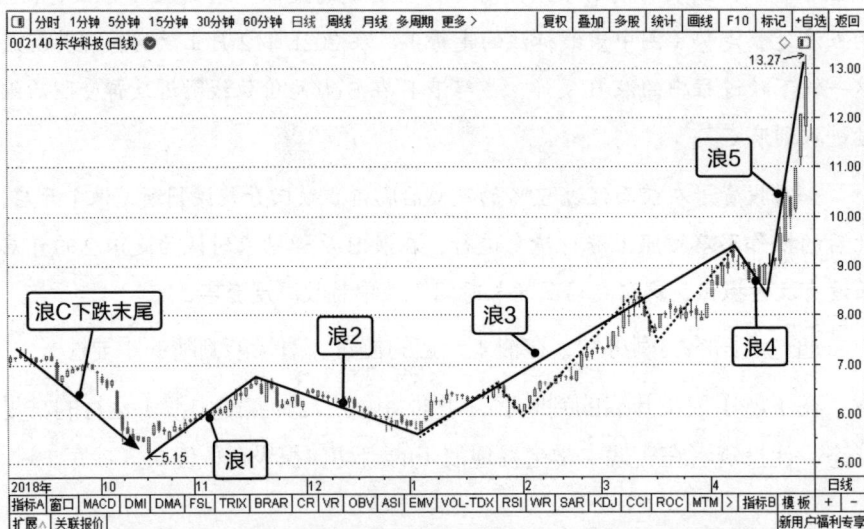

图 4-6　东华科技 2018 年 9 月至 2019 年 4 月的 K 线走势

从图中可以看到，股价经过连续下跌在 2018 年 10 月中旬创出 5.15 元新低。之后，股价止跌开始缓慢向上运动，在持续半年多的上涨过程中，股价经历了一波完整的上升五浪走势，而且浪 3 还发生了延长，从而拉长了浪 3 拉升的时间和幅度，最终浪 5 在创出 13.27 元的最高价后结束，这轮上涨最后涨幅近 158%。

下面放大浪 1 来分析浪 1 是如何开启的。

如图 4-7 所示为东华科技 2018 年 10 月至 2019 年 3 月的 K 线走势。

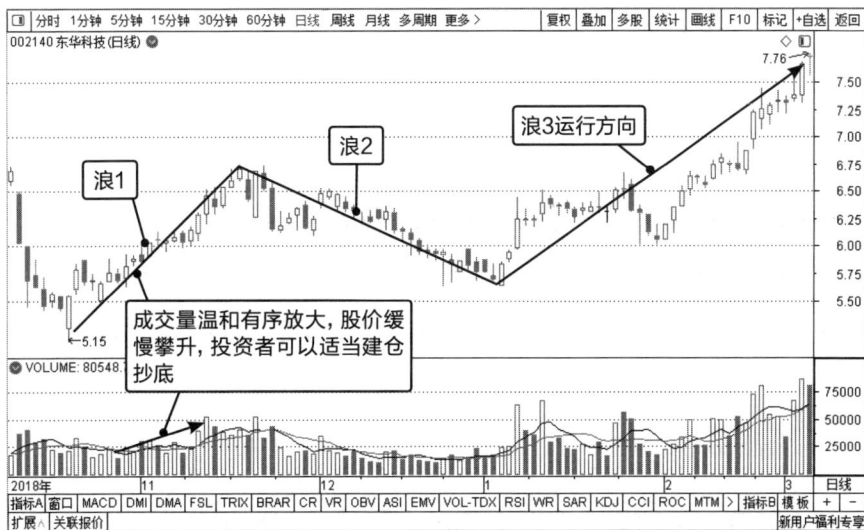

图 4-7　东华科技 2018 年 10 月至 2019 年 3 月的 K 线走势

从图中可以看到，该股从 5.15 元开始，在连续两日阳线的上涨助力下摆脱下跌，之后出现三个交易日的回调，但是回调幅度都很小，最终在 5.50 元价位线止跌。

回调结束后，该股随后出现连续的小阳线、小阴线，在这些小 K 线的作用下伴随着温和放大的成交量，股价被缓慢推高，最终在 11 月中旬运行到 6.75 元价位线附近后滞涨回落。

在整个浪 1 的温和上涨过程中，成交量呈现有序放大，是主力悄然建仓的表现，尤其是在股价大幅下跌的末尾出现这种走势，就可以初步判定浪 1 启动，此时投资者可以在浪 1 的温和上涨过程中适当买入参与。

4.1.3　浪 1 爆发上涨买进策略

股价在经过一轮下跌后以爆发式开启浪 1，这种情况通常是因为突然的利好消息公布，或者是股价超跌形成的爆发力。此时，股价多以快速上涨为主，甚至出现连续的涨停 K 线。

在这种情况下，后市的上涨幅度通常不会太小，投资者可以在涨停过后的休整中积极买入。

下面来看一个浪 1 爆发上涨的实例。

示例讲解

珠海中富（000659）浪 1 爆发上涨买入分析

如图 4-8 所示为珠海中富 2020 年 4 月至 2021 年 10 月的 K 线走势。

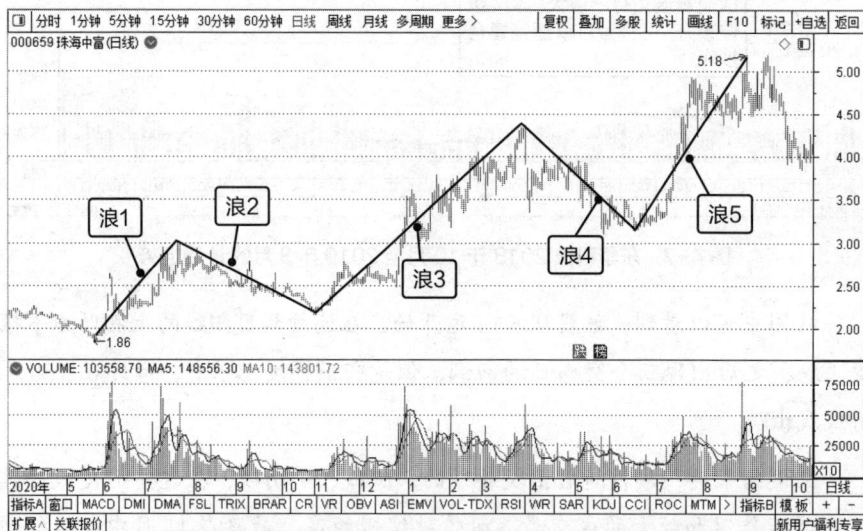

图 4-8　珠海中富 2020 年 4 月至 2021 年 10 月的 K 线走势

从图中可以看到，股价在 2020 年 5 月下旬创出 1.86 元的最低价后止跌，之后经历了一轮五浪上升，股价走出了一波大幅上涨行情，从最低的 1.86 元到最高的 5.18 元，涨幅超过 178%。

为什么这波上涨会使股价出现如此大的涨幅呢？因为浪1的走势为后面的大幅上涨埋下了伏笔。

下面放大浪1来分析浪1是如何开启的。

如图4-9所示为珠海中富2020年3月至8月的K线走势。

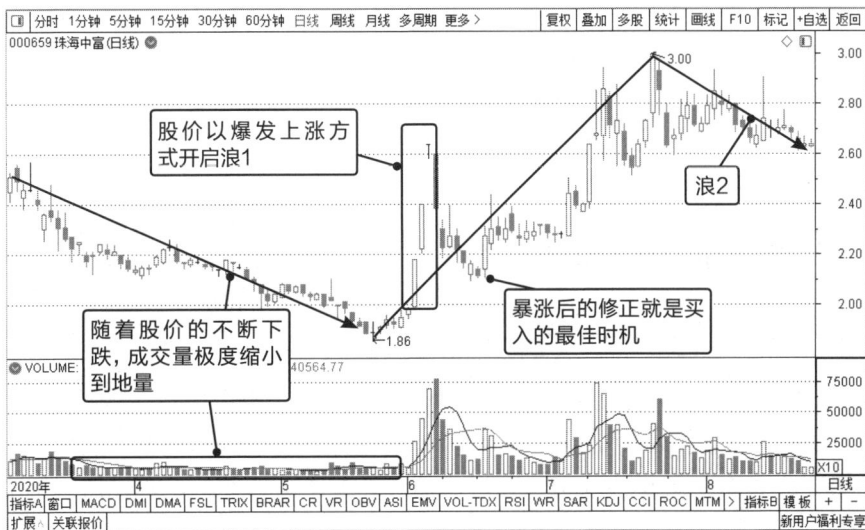

图4-9　珠海中富2020年3月至8月的K线走势

从图中可以看到，该股大幅下跌到股价低价位区后，成交量极度缩小到地量，在股价创出1.86元的最低价止跌回升时，成交量的变化也不大。

在6月2日、3日和4日，成交量突然放出巨量拉升，而且成交量一天比一天大，前两个交易日，股价放量高开后快速被打到涨停板后封板，直到收盘，这两个交易日均以涨停大阳线报收。

在6月4日，该股更是以涨停开盘即封板，在临近收盘时被短暂打开后也快速封板，直到收盘，当日以涨停的T字形报收。

这三个交易日的强势上涨，让整个行情出现强势的逆转。通过对这几天的成交量变化和股价走势的分析，就可以发现主力进驻的踪迹，也说明了浪1的爆发式开启。

在经过一轮暴涨后，为了减轻后市的拉升阻力，主力会对股价进行打压，毕竟此时还处于上升行情初期。

在之后的回落修正阶段，成交量急速下跌，更加说明了主力在清理市场浮筹，此时就是投资者跟进的时机。

从整个浪1的涨势来看，最低价位1.86元，浪1顶部为3.00元，仅这一浪，股价涨幅就超过61%。即使投资者在股价暴涨后的修正过程中以2.10元左右的价格买入，短期持有到浪1顶部，也可以获得43%左右的涨幅收益。如果持股时间更长，获得的收益将更大。

4.1.4 浪1串阳式上涨买进策略

串阳是指股价脱离底部盘整区域后碎步上行，拉出一连串的阳线，一般在3～5个交易日以上。

在行情底部出现串阳K线形态后，如果成交量没有明显放大，说明主力有一定控盘。如果成交量出现温和放大，说明主力在低位不动声色地吸筹，为后市酝酿更大的行情做准备。

如果浪1以串阳式上涨出现，不仅表明股价底部形成，同时在一定程度上也表明了股价在浪1上涨是有强动力支撑的。

当浪1出现串阳式上涨时，投资者可以进行的操作有以下两种。

◆ 利用短期的连续串阳上涨做短线。
◆ 利用浪1的良好走势进行长线建仓，为之后出现的大幅度上涨做好准备。

下面来看一个浪1以串阳式上涨的实例。

示例讲解
东方电子（000682）浪1串阳式上涨买入分析

如图4-10所示为东方电子2018年9月至2019年3月的K线走势。

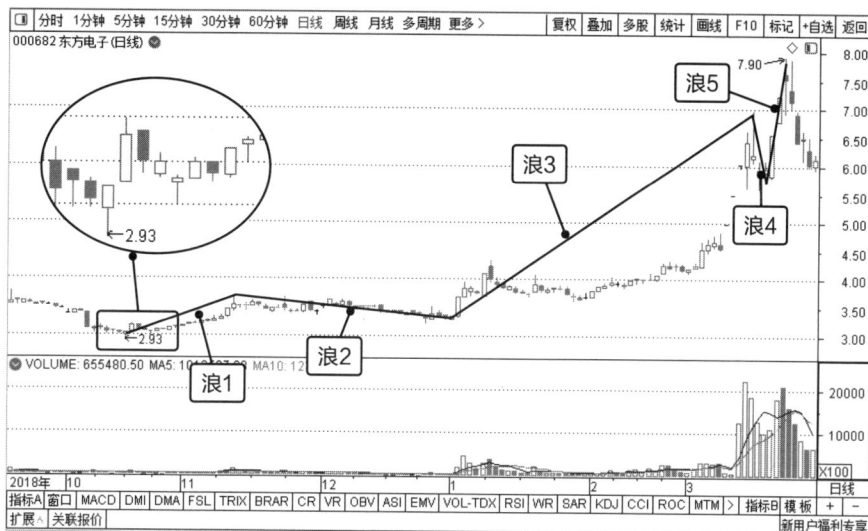

图4-10 东方电子2018年9月至2019年3月的K线走势

从图中可以看到，股价在大幅下跌后于2018年10月运行到低位区，在10月11日以一根跌幅为9.36%的大阴线报收后，该股跌势减缓，并在3.00元价位线附近企稳。

在创出2.93元的最低价后，该股企稳回升步入上涨行情中，在一轮五浪上升模式的推动下，该股从2.93元开始上涨，最高上涨到7.90元的顶部价格，涨幅近170%。

观察浪1的走势，发现在两根阳线急速拉升的作用下，股价摆脱了下跌的趋势，经过短短三个交易日的回调后在3.00元的价位线获得支撑止跌，随后出现串阳上涨走势特点，说明该股有主力参与。

在大幅下跌末期出现这种走势，大概率是浪1开启，行情迎来了转向走势，此时投资者可以抓住机会在行情底部建仓布局，为长线操盘做好准备。

在这里，投资者除了进行长线布局外，还可以进行短线操作。下面放大浪1的走势来进行分析。

如图4-11所示为东方电子2018年9月至12月的K线走势。

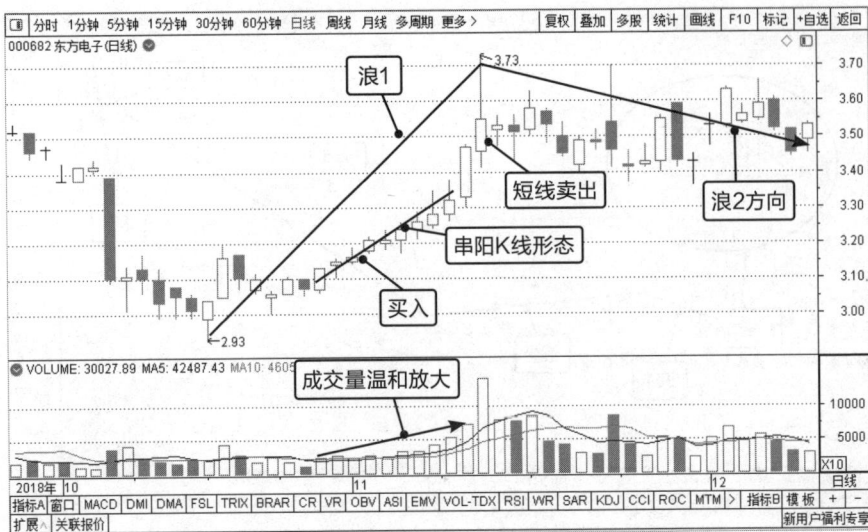

图 4-11　东方电子 2018 年 9 月至 12 月的 K 线走势

从图中可以看到，浪 1 的串阳是由连续的 9 根阳线构成的，且在串阳上涨期间，成交量呈现温和放大走势，说明主力正在悄悄建仓，更加坚定了行情反转，浪 1 已经开启。

此时对于短线投资者而言，连续的阳线上涨走势无疑是绝佳的短线买入机会，于是可以展开灵活的短线操作。

如果投资者在出现连续三个小阳线的 3.17 元附近买入，持股几个交易日，在 3.50 元附近卖出，也可以获得 10% 的收益。

4.2　浪 2 回调：正常修复调整

浪 1 作为上涨的第一波拉升，在这个过程中必定存在不少套牢盘和短期获利盘的抛压，因此在浪 1 之后，行情会出现下滑调整。

这个下滑调整就是浪 2，只有经历了浪 2 的调整，后市才能有更大的涨幅，因此，抓住浪 2 的末端，也是一个不错的买入位置。

4.2.1　浪 2 回调形态有哪几种

要想利用股价在浪 2 回调末端找到起涨点，就不得不掌握浪 2 回调的常见形态走势。在第 1 章我们了解到，浪 2 作为上升五浪的回调浪，必定具有回调浪的一般整理形态，如平台形回调、三角形回调、之字形回调、单浪下跌回调，下面分别进行介绍。

1. 浪 2 平台形回调形态

由于浪 1 上涨的幅度有限，说明市场中的抛压沉重，主力为了收集更多的筹码，减轻拉升阻力，通常浪 2 的回调便以相对温和的平台形回调展开，其示意图如图 4-12 所示。

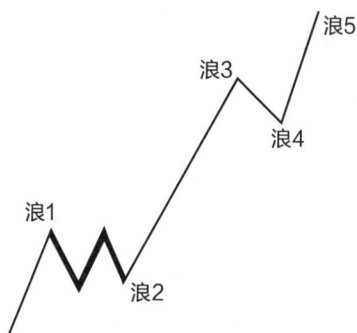

图 4-12　浪 2 平台形回调的一般形态

平台形回调有简单、有复杂，简单的平台形回调是以经典的下跌三浪组成，这种形态形成的原因主要是浪 2 欠缺足够的力量下行。

复杂的平台形回调是由多个简单的平台形回调组合形成的，这种长时间的复杂平台形回调形态是对前期股价充分整合的过程。许多投资者都经不起这种长时间平台形整理的考验，持股意志最终被主力消磨掉。

2. 浪 2 三角形回调形态

理论上，三角形回调也是对股价上升的修整，它也可能出现在浪 2 阶段，其示意图如图 4-13 所示。

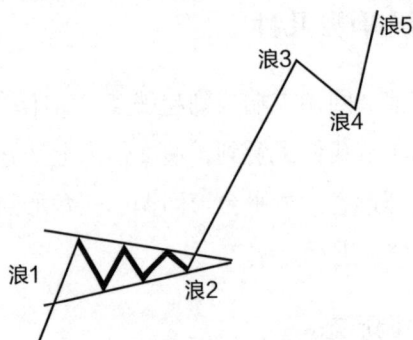

图 4-13　浪 2 三角形回调形态

由于浪 2 是浪 1 的疲惫休整，因此在 A 股中，浪 2 以三角形形态进行回调整理的情况相对来说比较少（这种调整形态在浪 4 阶段出现得比较多）。

3. 浪 2 之字形回调形态

之字形回调也称为曲折形回调或锯齿形回调。在上升五浪模式中，浪 2 之字形回调就是以简单的三浪下跌模式呈现，其示意图如图 4-14 所示。

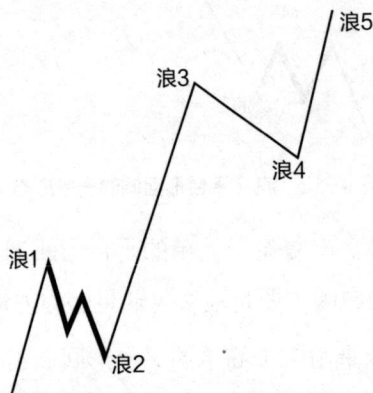

图 4-14　浪 2 之字形回调形态

通常情况下，之字形回调的调整幅度是前一波推进浪整个幅度的 50% ～ 61.8%。

但如果前一波推进浪是浪 1，主力在持有足够筹码的前提下，也会在浪2以之字形回调下跌走势进行跌幅不大的洗盘操作。

拓展贴士　*浪2复式之字形回调*

在实际的行情走势中，浪2的之字形回调也可能发生多次，特别是在第一个之字形回调没有达到正常目标的时候。在这种情况下，每个之字形回调浪都会被一个插入的三浪分开，从而产生双之字形回调形态或多之字形回调形态，这种模式被称为复式之字形回调，如图4-15所示为浪2为双之字形回调形态的示意图，

这种形式可以促使浪2更进一步调整，这样主力可以更好地清理浮筹，获得更多廉价筹码。

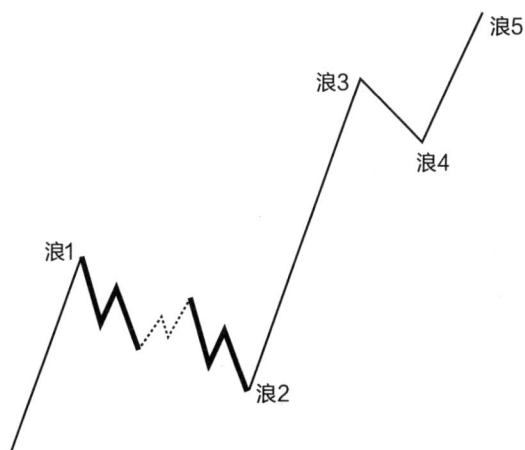

图4-15　浪2双之字形回调形态

4. 单浪下跌回调

虽然单浪下跌回调这种形态是最简单的，但是往往最凶险的下跌也出现在这种走势中，这主要是由于浪1上涨幅度比较大，主力才会采取这种单浪下跌的凶狠洗盘手法。

这里的单浪下跌幅度就是在第3章中介绍的浪2回调幅度的第三种情形，即回调接近浪1的底部位置，进一步确定浪1的底部，其示意图如图4-16所示。

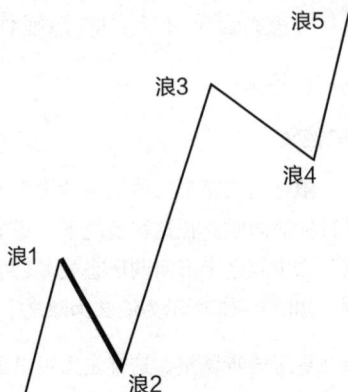

图 4-16 浪 2 单浪下跌回调形态

虽然浪 2 下跌的凶狠程度差不多接近浪 1 的底部位置，但它也能为后市打开一片更为广阔的天地。

4.2.2 浪 2 轻度回调操盘策略

浪 2 的轻度回调指的是股价在浪 2 出现了小幅回调的走势。投资者可以从以下三个方面来理解浪 2 的轻度回调。

◆ 浪 2 的下跌是对股价上升趋势的修正，虽然短期股价下行，但是整体上是在为股价的上升趋势做调整。

◆ 浪 2 的轻度回调也是对于前期股价上涨走势的肯定。

◆ 浪 2 的轻度回调显示的是股价拥有的上涨动力较为充足，股价不会出现较大幅度的下跌整理状况。

针对浪 2 做出的轻度回调，投资者可以进行如下操作。

◆ 由于浪 2 回调幅度小，在前面入场的长线投资者不必卖出股票回避下跌风险，应该继续持有股票待涨。

◆ 对于前期没有入场的投资者，在浪 2 出现轻度回调迹象后，应该买入股票。

下面来看一个浪 2 轻度回调的实例。

新能泰山（000720）浪 2 轻度回调买点分析

如图 4-17 所示为新能泰山 2018 年 10 月至 2019 年 4 月的 K 线走势。

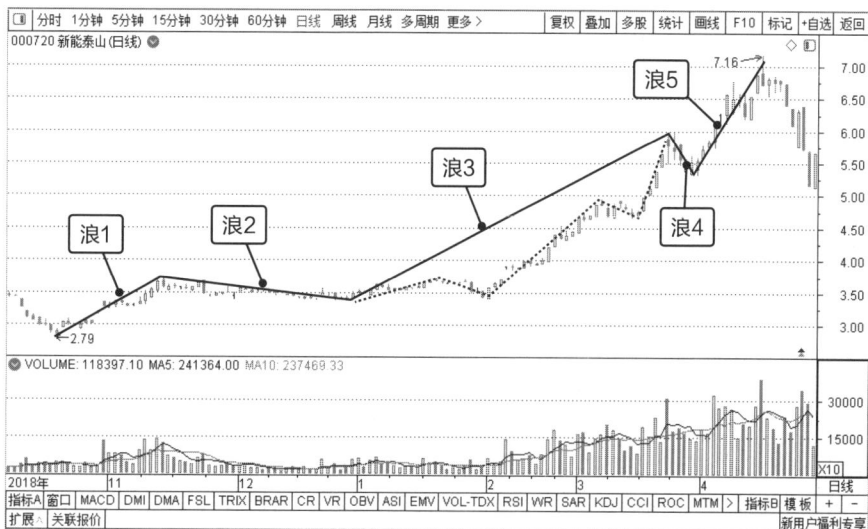

图 4-17　新能泰山 2018 年 10 月至 2019 年 4 月的 K 线走势

从图中可以看到，该股在 2018 年 10 月中旬下跌到股价的低位区，并在 10 月 19 日创出 2.79 元的最低价后企稳回升步入上涨行情，在浪 1 的步步推进作用下上涨到 3.72 元后运行到浪 1 顶部。

随后浪 2 回调展开，并且整个调整幅度较小，此时长线投资者要继续持有股票，没入场的投资者要积极买入股票。

浪 2 回调结束后迎来了这轮上涨的主升期浪 3，而且浪 3 是以次一级的五浪结构组成。在一轮完整的上升五浪模式后，该股最高上涨到 7.16 元。从浪 2 回调末尾的 3.41 元到最高的 7.16 元，涨幅近 110%。

那么，如何把握浪 2 回调，在回调的结束位置发现起涨点呢？下面放大浪 2 的走势来进行分析。

如图 4-18 所示为新能泰山 2018 年 11 月至 2019 年 1 月的 K 线走势。

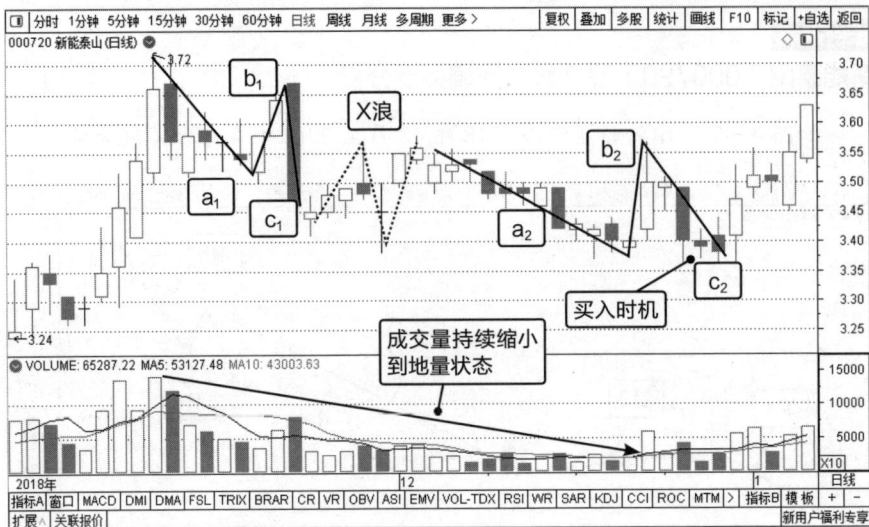

图 4-18　新能泰山 2018 年 11 月至 2019 年 1 月的 K 线走势

从图中可以看到，浪 2 由双重平台形调整形态构成（双重平台形调整形态在第 1 章有详细讲解）。其中，左侧 a_1—b_1—c_1 为第一重平台形调整形态，中间以 X 浪连接，右侧 a_2—b_2—c_2 为第二重平台形调整形态。

在整个平台形调整过程中，成交量持续缩小，尤其在 a_2 阶段，成交量更是缩小到地量状态，此时就要引起投资者的注意了，还未进入的投资者可以密切关注该股走势。

在 b_2 完成后，行情进入到 c_2 阶段，该股价下跌到 a_2 底部附近止跌时，就是一个不错的入场时机，此时投资者只要积极买入或者加仓，后市就可以获得不错的收益。

4.2.3　浪 2 重度回调操盘策略

浪 2 重度回调走势即股价在浪 2 阶段出现了较大幅度的下跌走势，通常以之字形回调和单浪下跌回调较常见。这个凶猛下跌的走势不仅是对股价上升趋势的修正，更是对浪 1 底部支撑的考验。

针对浪 2 的重度回调走势，投资者必须加以高度重视，具体的操盘策略如下。

◆　对于前期买入的投资者，在发现股价下跌趋势加剧后，要及时卖出股票或者是减仓以降低风险。

◆　对于没有买入的投资者不能盲目买入股票，必须要在确认股价下跌趋势结束后才能进行买入操作。一般在股价重启上涨行情并有效突破浪 1 顶部后，是较为安全的买入位置。

下面来看一个浪 2 重度回调的实例。

示例讲解

航发控制（000738）浪 2 重度回调买卖分析

如图 4-19 所示为航发控制 2020 年 2 月至 2021 年 1 月的 K 线走势。

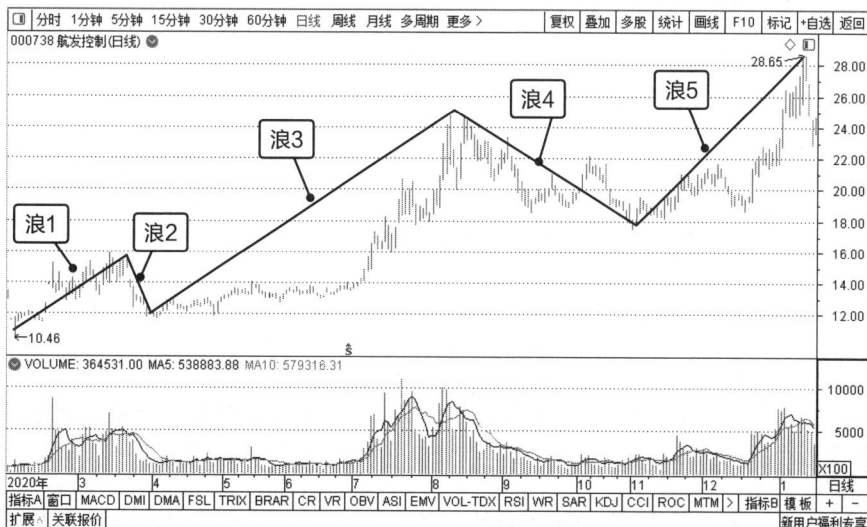

图 4-19　航发控制 2020 年 2 月至 2021 年 1 月的 K 线走势

从图中可以看到，该股在 2020 年 2 月初创出 10.46 元的最低价后企稳回升，开启浪 1 上涨，在浪 1 的步步推进下这一波涨势最终在 16.00 元价位线附近见顶。

随后该股步入了浪2的回调，从整个浪2的调整来看，持续时间比较短，而且是以单浪下跌的方式开启的，短短几个交易日，股价就从15.50元价格附近下跌到11.70元价格附近，跌幅在25%左右。

下面放大浪2的走势来具体分析如何规避这轮重度回调。

如图4-20所示为航发控制2020年2月至5月的K线走势。

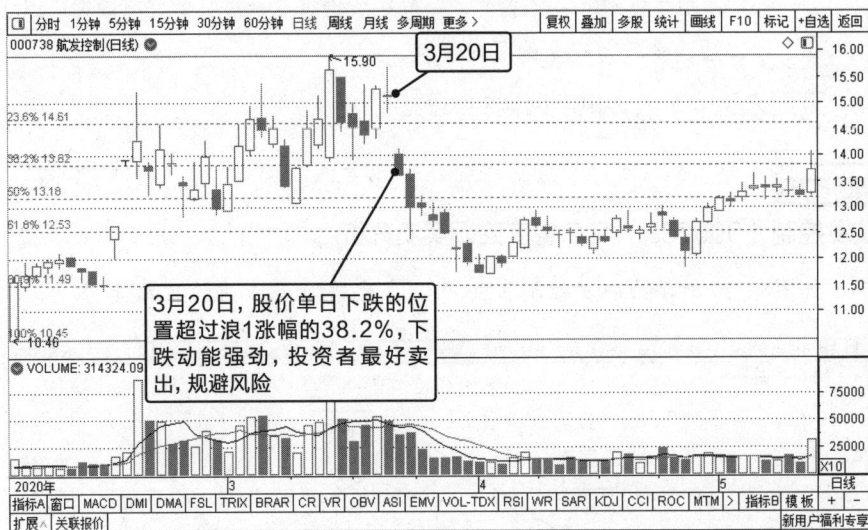

图4-20　航发控制2020年2月至5月的K线走势

从图中可以看到，浪1在3月13日以大阳线报收创出15.90元的最高价后见顶，之后股价在高位横盘震荡了几日。

3月20日，股价开盘后大幅震荡，当日以1.11%的跌幅收出带长上下影线的近似十字线的K线形态。

次日，股价大幅跳空低开后快速被打到跌停板，期间短暂打开又快速封板，直到收盘，当日以跌停板收出大阴线。

结合黄金分割线来看，仅这一天跌幅下跌到的位置，就超过了浪1涨幅的38.2%，在浪1见顶后出现破位大幅打压的走势，表明股价下跌动力十足，因此浪2大幅度下跌将会考验浪1底部的支撑，所以为了降低风险，投资者应该及时抛售手中持股，规避重度回调风险。

从浪 2 的整个回调走势来看，其是由 8 根连续下跌的阴线直线打压股价完成的，最终浪 2 没有跌破浪 1 的底部，下跌到浪 1 涨幅的 80.9% 上方止跌，之后股价重新上涨。

下面来分析后市出现的买入机会。

如图 4-21 所示为航发控制 2020 年 1 月至 8 月的 K 线走势。

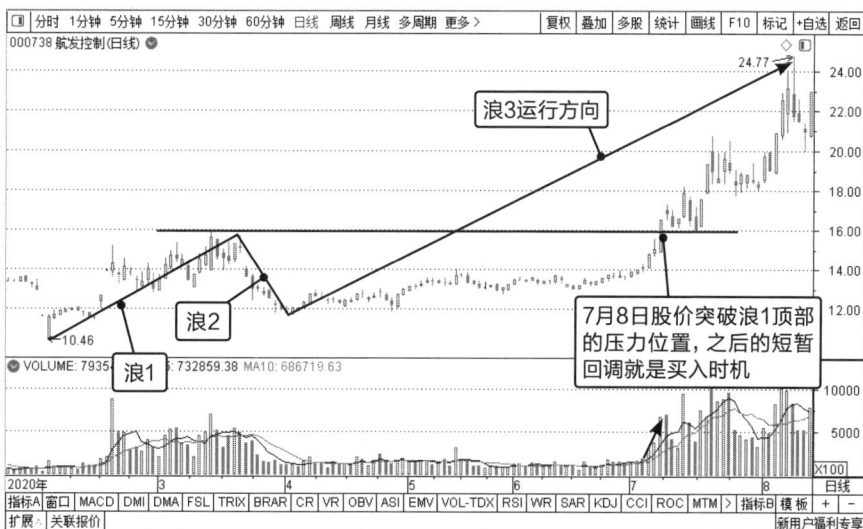

图 4-21　航发控制 2020 年 1 月至 8 月的 K 线走势

从图中可以看到，在浪 2 进行了重度回调下跌之后，浪 1 的底部得到了考验，浪 2 最终在 12.00 元价位线附近止跌，随后以温和上涨的方式摆脱下跌走势，从而证明五浪上升趋势的确定性。

虽然浪 2 结束后，行情重拾升势，但是从整个拉升来看，涨势缓慢，而且成交量也几乎保持在一定的缩小水平，对于激进型投资者来说，可以适当建仓或者加仓，对于稳健型投资者来说，最好还是再观望一下。

在 7 月初，成交量出现快速放大，股价涨势也出现了快速上扬，尤其在 7 月 8 日，股价虽然微微低开，但是之后一路高走，当日以 9.97% 的涨幅收出光头光脚大阳线，让股价强势突破之前浪 1 顶部的压力位置，其上涨空间进一步拓展，由此出现了较好的买入机会，此时稳健型投资者也可以放心买入，持股待涨。

4.3　浪 3 勇进：抓住就能获利

根据波浪理论中的铁律规定可知，浪 3 不是最短的一浪，而且往往是最长的波浪，因此，在上升五浪中，浪 3 的操作是重头戏，是投资者最值得期待的一个波段。

4.3.1　识别浪 3 上涨的一般形态

在浪 3 阶段，投资者只要抓住就能获利。因此，在操作浪 3 之前，首先要识别浪 3 的形态，从形态上来辅助指导操作，投资效果会更好。

通常，浪 3 上涨的一般形态有两种，一种是延长上涨，另一种是单浪上涨。

1. 浪 3 延长上涨形态

在 A 股中，浪 3 发生延长是较为普遍的现象。其产生原因有两个：

①主力不能高度地控制市场的筹码。

②在浪 3 的主升浪中，获利的筹码会不断产生。

基于以上两点原因，主力为了保证后市拉升压力的最小化，以及提高市场中其他投资者入市的成本价格，就会选择边拉边洗的方式拉升股价，从而导致浪 3 发生延长。

在第 3 章中介绍了，如果浪 3 发生延长，在这种情况下，浪 3 可能达到浪 1 的 1.618 或者 2.618 倍，有时甚至能达到浪 1 的 4.236 倍。因此，在识别浪 3 发生延长后，投资者更要积极买入。但是在浪 3 发生延长之后，投资者在操作过程中还需要了解以下两点内容。

①浪 3 发生延长后，浪 4 回调往往都比较剧烈，而且回调幅度也比较大，这是浪 3 暴涨见顶后，在市场的巨大出货压力下产生的。

②浪 3 发生延长后，浪 5 通常表现一般，因为浪 3 已经把上涨的幅度拉得很大了，浪 5 的上涨就不会持续太久，这时的浪 5 其实更多的是主力拉高出货的手段。

综合以上两个原因，投资者在浪 3 发生延长后，一定要在小浪 5 见顶之前及时出局，锁定利润。

2. 浪 3 单浪上涨形态

单浪上涨是指浪 3 呈单边一浪上涨形态，当股票满足以下四个条件时，浪 3 就有可能走出单浪上涨形态。

①浪 1 的拉高建仓完成得比较好。

②浪 2 的回调比较适当。

③浪 3 必须有成交量的配合。

④股价不破 5 日均线。

如果浪 3 出现这种单浪上涨形态向上运行，通常会让股价迅速走高，并且经常出现翻倍的行情，其示意图如图 4-22 所示。

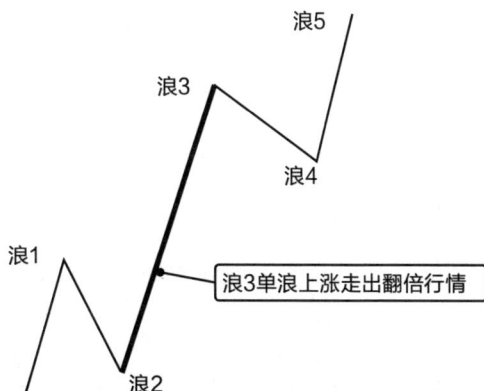

图 4-22　浪 3 单浪上涨形态

在实际行情中，呈直线单边上涨的浪 3 很少。大多数情况下，浪 3 在上涨途中都会出现一次或者多次的休整，其目的是后市更好拉升，其示意图如图 4-23 所示。

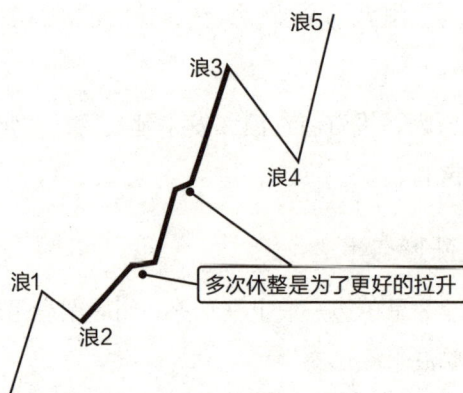

图 4-23　浪 3 单浪上涨过程中有短暂的休整

4.3.2　浪 3 初期的最佳进场时机

如果投资者错过了浪 2 末端的建仓机会，从安全的角度考虑，此时投资者可以在浪 3 成功突破浪 1 顶部压力位置后买入，如 4.2.3 中的实例讲解案例。

但是此时，股价已经上涨了一段时间，已经消耗掉了浪 3 的一段涨幅。那么如何在浪 3 初期寻找最佳买点呢？可以从成交量和浪 3 发生延长两个方面来分析。

1. 从成交量识别浪 3 初期的买点

浪 3 开始，股票的成交量必然出现放大现象，但是这个放大又分为不同的情况。

◆　如果浪 3 是以小量能拉升开启，并且股价也呈现温和上涨的形态，如4.2.3 中的案例。这个时候，投资者不能完全依赖于成交量的放大来

进行盲目操作,而是应该根据成交量的放大情况进行分批次入场操作,
降低入市后股价继续下跌带来的风险。

◆　如果浪 3 是以大量能拉升开启,尤其是以巨幅放量的形态拉升股价急
速上涨,此时投资者应该积极买入做多,持股待涨。

下面来看一个巨量拉升股价开启浪 3 的实例。

示例讲解

湖北广电（000665）浪 3 初期巨量拉升进场分析

如图 4-24 所示为湖北广电（000665）2021 年 10 月至 12 月的 K 线走势。

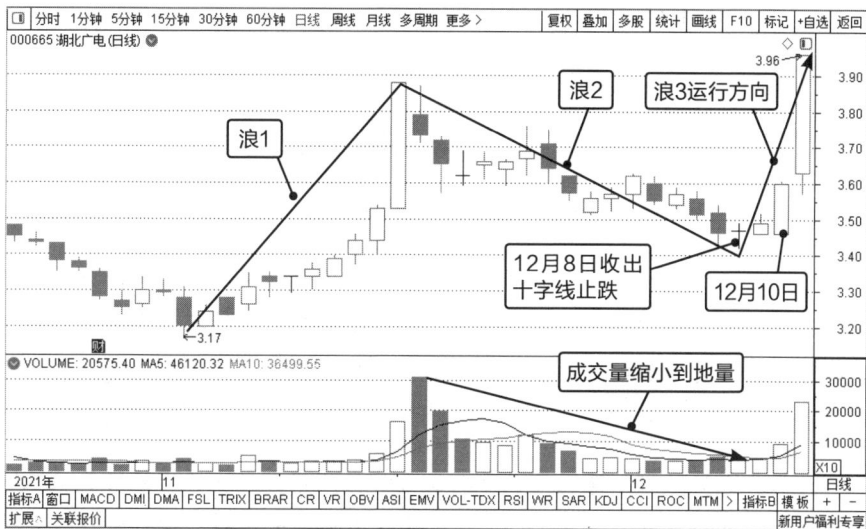

图 4-24　湖北广电（000665）2021 年 10 月至 12 月的 K 线走势

从图中可以看到,该股大幅下跌后在 2021 年 11 月初创出 3.17 元的最
低价后止跌,之后股价逐步拉升,最终以涨幅 9.92% 的大阳线拉升股价突破
3.80 元价位线后见顶回落,步入到浪 2 回调中。

浪 2 回调的过程中,成交量极度缩量,最终在 12 月 8 日于 3.40 元价位线
上方收出一根十字线止跌,次日以一根小阳线报收出现横盘走势。下面来看
止跌后第三个交易日的分时走势。

如图 4-25 所示湖北广电 2021 年 12 月 10 日的分时走势。

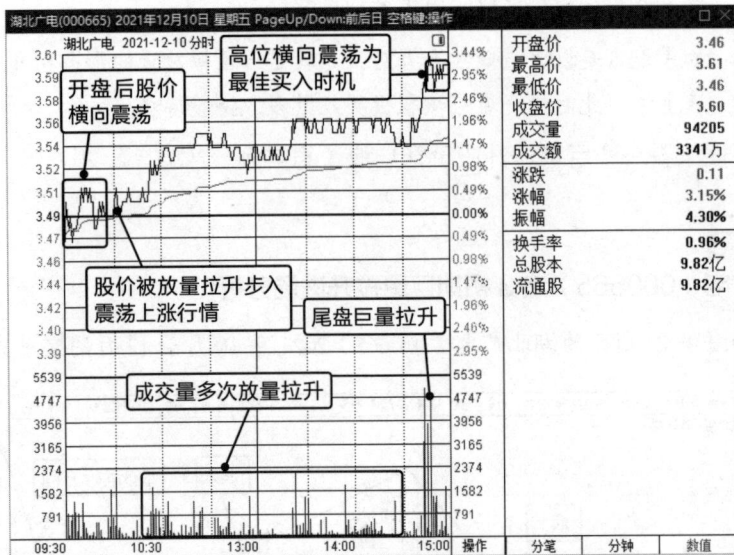

图 4-25　湖北广电 2021 年 12 月 10 日的分时走势

从图中可以看到，该股当日以稍稍低于上个交易日的收盘价开盘后，开始围绕在上个交易日收盘价附近波动。最后在两笔大单的推动下该股打破横盘走势，开始震荡上扬，之后，不断有大量能出现将股价步步推高，说明市场逐步向好。

在尾盘被巨大的量能急速拉升到当日的最高价，之后股价维持在高位震荡，直到收盘，当日以 3.15% 的涨幅拉升股价收出大阳线。在股价巨量拉升后的短暂高位震荡，就是最佳的入场时机。

下面继续看后面浪 3 的走势。

如图 4-26 所示为湖北广电 2021 年 10 月至 12 月的 K 线走势。

从图中可以看到，在 12 月 10 日没有来得及入场的投资者，可以在次日成交量放出更大量能拉升的过程中入场，但是需要操作及时，因为当日股价开盘后不到 20 分钟的时间就被打到涨停板并封板直到收盘，当日以涨停大阳线报收。

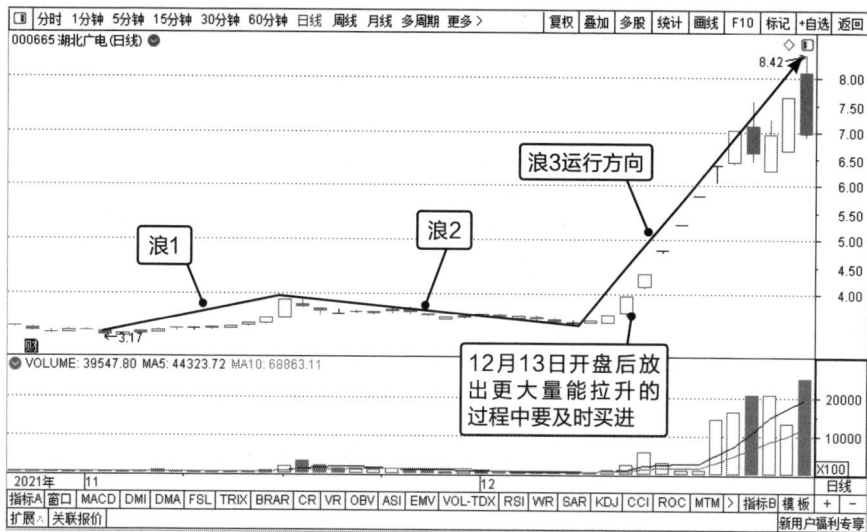

图 4-26　湖北广电 2021 年 10 月至 12 月的 K 线走势

接下来的走势更是强劲，连续出现涨停板拉升股价，甚至出现多个一字涨停 K 线，在这种走势下，投资者几乎没有入场机会了。

如果投资者未在 12 月 10 日尾盘巨幅放量拉升股价，以及 12 月 13 日早盘放出更大量能拉升股价的浪 3 初期及时入场，将错失这一波涨势。

2. 从浪 3 发生延长分析浪 3 初期的买点

如果浪 3 发生了延长，在次一级的小浪 1 和小浪 2 完成之后，股价回升到了小浪 1 的顶部位置，就是一个不错的买入时机。

如果股价是以跳空缺口的形式上涨突破小浪 1 的顶部位置，或者是放量突破，则证明了浪 3 的涨势非常强劲，之后的涨幅必定不小，投资者要果断买入。

下面来看一个实例。

示例讲解
双环科技（000707）浪 3 发生延长后的初期进场分析

如图 4-27 所示为双环科技 2020 年 12 月至 2022 年 3 月的 K 线走势。

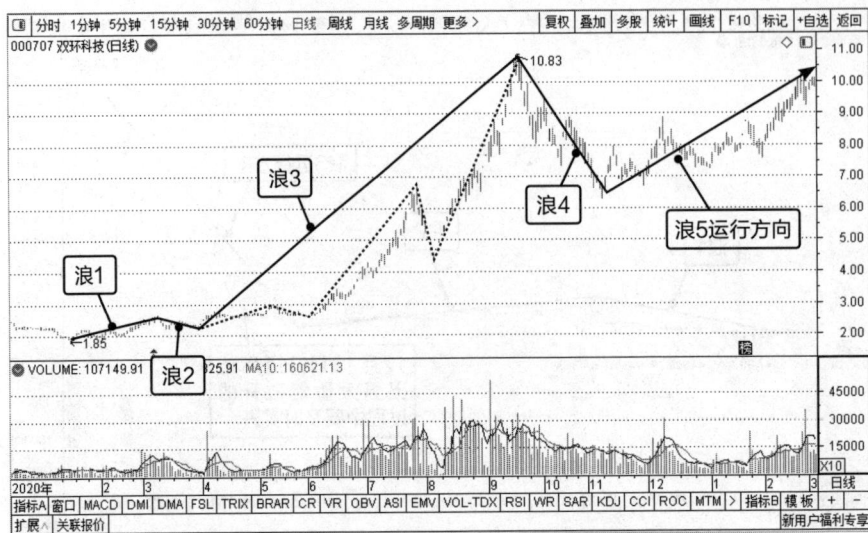

图 4-27 双环科技 2020 年 12 月至 2022 年 3 月的 K 线走势

从图中可以看到，该股在 2021 年 1 月中旬创出 1.85 元的最低价后企稳回升，步入上涨行情。

浪 1 走势比较缓慢，在上涨到 2.60 元价位线附近时受阻结束，之后便进入了浪 2 的缩量回调，从整个浪 2 的走势来看，跌幅不大，最终在 2.20 元价位线附近止跌。

随后该股出现了两波脉冲式的放量拉升，股价开启浪 3，但是在股价拉升到 3.00 元价位线附近时出现了明显的回落。

从目前浪 3 的涨幅来看，从最低的 2.20 元附近上涨到 3.00 元左右，涨幅只有 36%。而浪 1 从 1.85 元上涨到 2.60 元左右，也有 40% 左右的涨幅。很明显，此处的回落不是浪 3 结束的位置，浪 3 大概率发生了延长。

从实际的走势来看，浪 3 从 2.20 元附近开始，在延长浪的推动下，最高上涨到 10.83 元的阶段高价，仅这一波上涨，涨幅超过 392%。如此巨大的涨幅，投资者如何分析买入时机，把握住这波上涨呢？

下面放大浪 3，对次一级的五浪上升结构进行分析。

如图 4-28 所示为双环科技 2021 年 3 月至 7 月的 K 线走势。

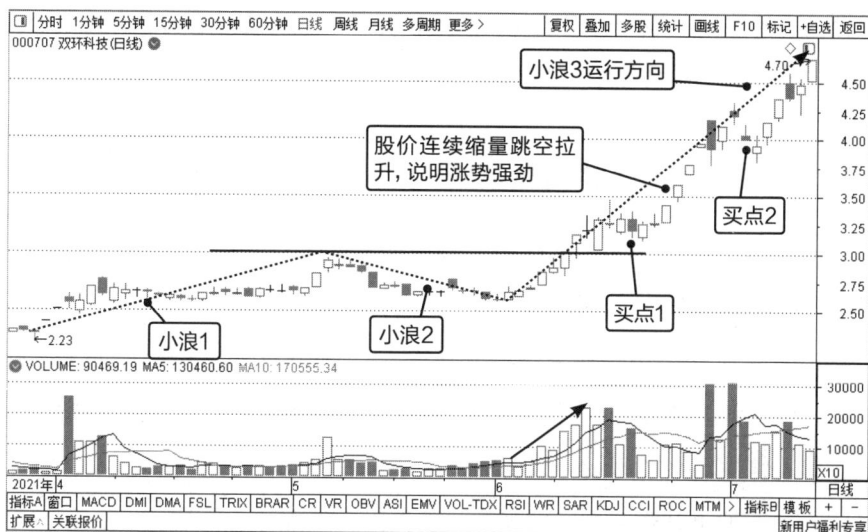

图4-28 双环科技2021年3月至7月的K线走势

从图中可以看到，小浪2回调到2.60元附近后止跌，之后以串阳方式开启小浪3，观察此时的成交量，成交量出现快速放大，并最终在6月中旬放量拉高股价突破前期小浪1的高点。

很快股价出现了一个回踩，但是此次回踩在小浪1顶部获得支撑横向波动，这更加说明了小浪3的突破是有效的，而且放量突破也表现了浪3涨势的强劲，此时的回踩就是一个绝佳的买点（即图中标注的买点1），投资者要积极逢低吸纳买入。

之后，该股更是以连续跳空的方式缩量拉高股价暴涨，K线图上出现多个缺口，说明了浪3涨势强劲，在之后4.00元价位线附近短暂休整时就是另一个买点（即图中标注的买点2）。即使投资者在此位置买入，也可以获得非常不错的收益。

在投资者根据延长浪的分析买进后就可以果断持有了。但是一定要注意，当股价运行到小浪5阶段后，发现涨势变弱，即在9月运行到9.00元价位线附近，股价无量上涨时，就要谨慎追涨了。

从前面浪2的调整幅度来看，其持续时间和调整幅度都不大，根据波浪理论的交替原则，浪4回调幅度可能比较大，而且持续的时间也会比较长，因此，为了锁定既得利润，此处最好抛售出局，落袋为安。

4.3.3　浪3单浪劲升的进场策略

在股市中，浪3始终都是令人期待的一浪，只要投资者能抓住浪3，顺着浪3的轨迹操作定能获得不菲的投资回报。

浪3是在前面浪1和浪2的基础上产生的主推浪，只要前面的基础扎实，浪3的走势完全有可能出现连续的暴涨行情，因此，遇到这种情况，就要毫不犹豫地马上跟进，勇敢追涨。

有的单浪上升走势会比较强劲，直接以连续涨停板开启。

如图4-29所示为沈阳化工（000698）2020年4月至8月的K线走势，从图中可以看到，该股以涨停大阳线开启浪3，之后连续出现一字涨停K线和T字形K线，短短十几个交易日就完成了浪3的拉升，并且浪3走出了单浪上涨的暴涨行情。

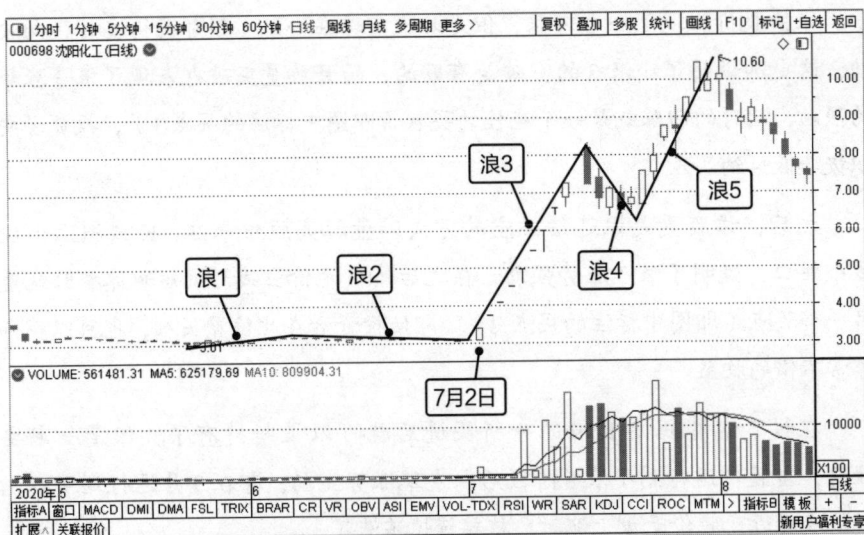

图4-29　浪3单浪连续涨停板拉升

这种走势可以在浪 3 启动初期通过分析成交量的变化来抓浪 3。

如图 4-30 所示为在浪 3 启动初期的 7 月 2 日的分时走势。

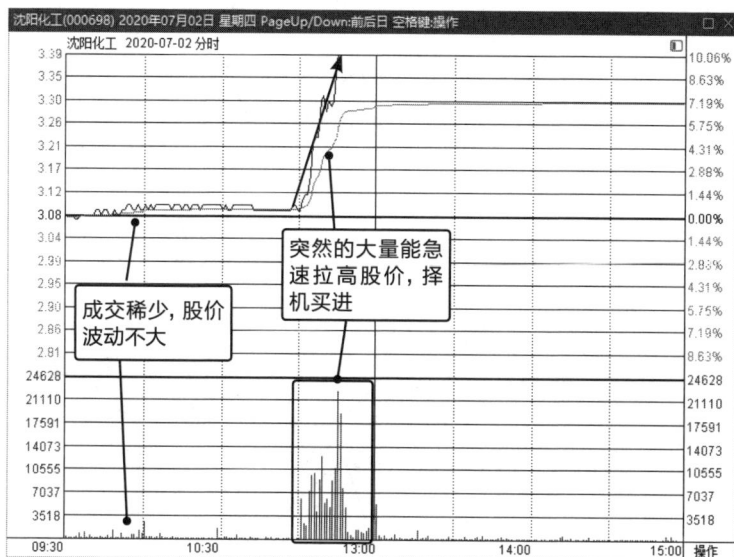

图 4-30　沈阳化工 2020 年 7 月 2 日的分时走势

从图中可以看到，在 11:00 之前，成交稀少，股价走势平淡，基本维持在很小的一个范围内窄幅波动，但是在 11:00 之后，成交量突然放出大量，股价也被急速拉升，短短半小时之内被打到涨停板后封板，因此，要想抓住这波浪 3，放量拉升的半小时就是买进的时机。

如果错失了这半小时的进场时机，散户很难在后市的连续涨停拉升中找到其他合适的机会进入。因此，对于这种强劲的单浪走势，散户投资者是不容易把握的。

在实际的行情中，也有很大一部分的浪 3 单浪劲升还是会给散户留下足够的进驻时间。

因为在一些浪 3 前期的走势中，面对前面浪 1 的高点并没有选择回避，而是比较强势的突破，这就给了后市一个坚定的信心。

但是在浪 3 强势突破浪 1 顶部后，市场会回踩巩固。通常，股价在回踩时不跌破浪 1 顶部就受到了支撑重拾升势，即使股价回踩跌破了浪 1 顶部，也会被很快拉起，其示意图如图 4-31 所示。

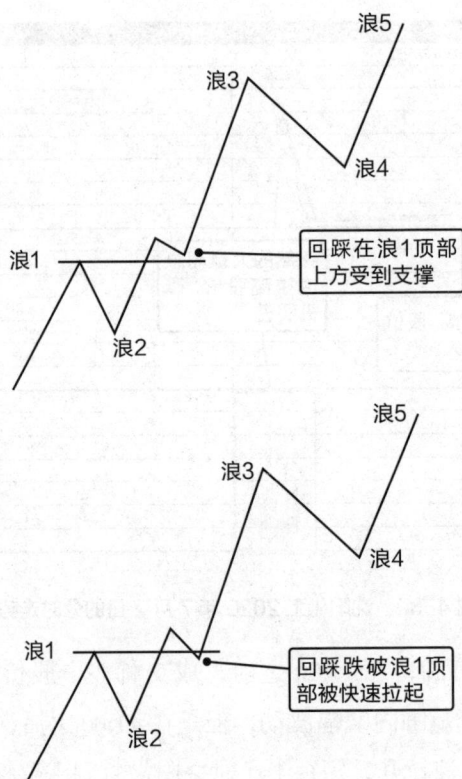

图 4-31　突破浪 1 顶部区域，利用回调入场

这一回调的展开是为了后面走出更大的行情。也正是因为这一回调，才给足了投资者买进的时间，投资者此时就要积极追进。

这里需要特别注意，浪 3 突破浪 1 顶部是对前面套牢盘的有效消化，那么在突破的过程中，股票的成交量一定会放大，这不仅是市场交易换手频繁的结果，同时也告诉我们大量套牢盘的解套，这样后市的走势压力就会被有力地稀释。因此投资者要切记，突破必须要有量能的有力支持，否则没有效果。

另外，由于在浪 3 出现强劲的单浪暴涨行情后就会见顶回落步入浪 4

回调，此时投资者要在劲升走势减弱时卖出股票，以此回避浪 4 的不确定性下跌风险。

下面来看一个实例。

示例讲解

奥特佳（002239）浪 3 单浪劲升回踩进场分析

如图 4-32 所示为奥特佳 2019 年 6 月至 2020 年 8 月的 K 线走势。

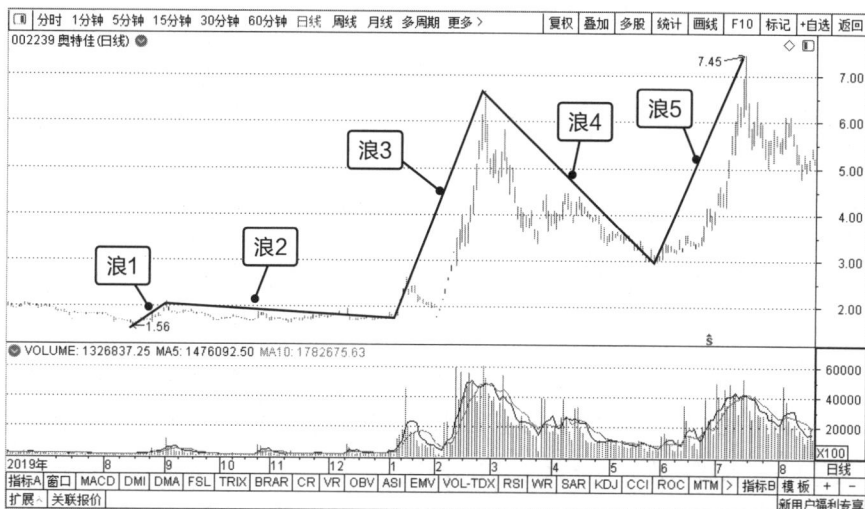

图 4-32　奥特佳 2019 年 6 月至 2020 年 8 月的 K 线走势

从图中可以看到，该股在 2019 年 8 月中旬创出 1.56 元的最低价后企稳回升步入上涨，在一轮上升五浪的推动下，股价最高上涨到 7.45 元，涨幅达到 378%。

在整个上升五浪走势中，浪 3 出现劲升走势的特点，股价从 1.80 元附近开始，最高上涨到 6.68 元，涨幅惊人，达到了 271%。

对于这波劲升浪 3，投资者应该如何抓住呢？下面放大浪 2 和浪 3 的走势来进行分析。

如图 4-33 所示为奥特佳 2019 年 8 月至 2020 年 2 月的 K 线走势。

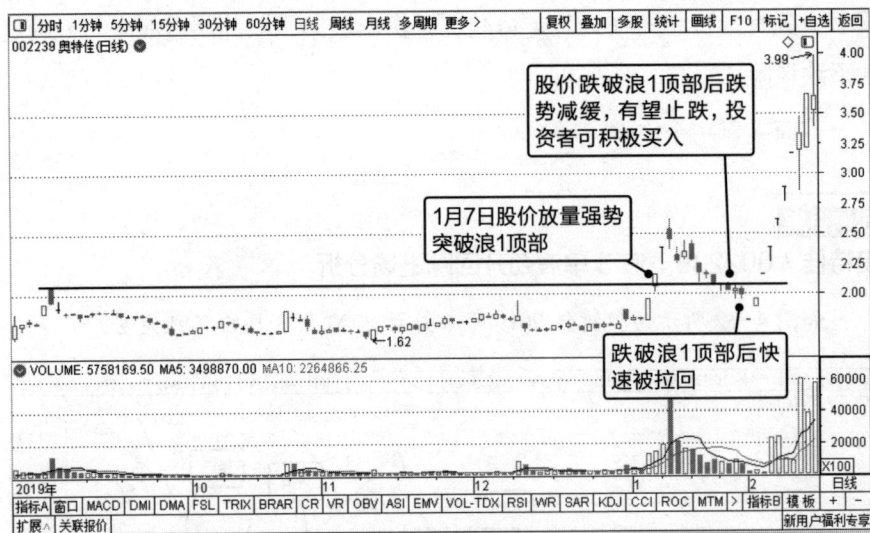

图 4-33　奥特佳 2019 年 8 月至 2020 年 2 月的 K 线走势

从图中可以看到，浪 1 在突破 2.00 元价位线后结束上涨，之后就步入了浪 2 的调整中。从浪 2 的调整幅度来看，不算太大，股价在回调到 1.70 元价位线附近后在该价格附近窄幅横向波动，整个横向整理时间持续了近 4 个月。在整个调整过程中，成交量几乎呈现地量状态，说明主力这一波洗盘比较彻底，这就为浪 3 的大幅上涨做足了准备。

在 2021 年 1 月初，股价波动幅度越来越小，成交量也越来越小，说明浪 2 有望结束。1 月 6 日，股价放出相对巨量，当日以涨停大阳线报收拉高股价，次日继续跳空高开放量以涨停大阳线拉高股价强势突破浪 1 顶部。

接下来再以更大的成交量收出 T 字形 K 线将股价拉高。股价的放量强势拉升突破浪 1 顶部价格，说明浪 2 结束，浪 3 开启。

但是这几日的走势都比较凌厉，尤其是突破浪 1 顶部价格的那两个交易日，几乎开盘就打到涨停板并封板，投资者几乎没有操作机会。

1 月 9 日，股价开盘也是快速被打到涨停板，但是之后出现了一路下跌的走势，之后股价连续出现回落调整。

从这个位置的回落来看，可以判断不是浪 3 见顶回落，有可能是浪 3 单浪上涨突破浪 1 顶部后的正常回抽，也极有可能是浪 3 会发生延长。通过前面的强势拉升可知该股的后市涨势强劲，而且有可能发生延长，更加扩大涨势的幅度。因此无论是何种走势，这个地方的回落调整都是投资者不错的买入时机。

之后股价回落到 2.00 元价位线附近止跌，相对于浪 1 顶部有小幅的跌破。但是此时股价有明显的企稳走势，调整随时都可能结束，此时投资者就可以大胆跟进。之后股价在两三个交易日的拉升下快速重新回到浪 1 顶部价格之上，说明此次的回抽有效，更加确定了后市可能出现大行情。

下面来看整个浪 3 的走势，如图 4-34 所示。

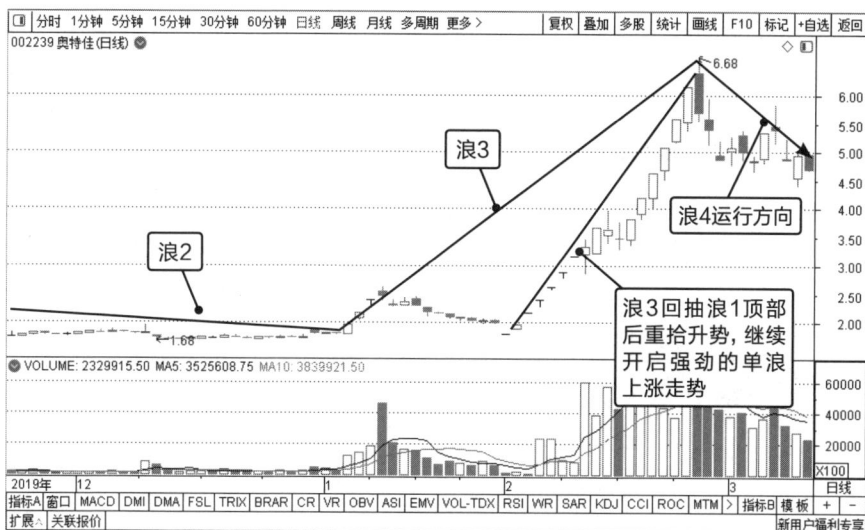

图 4-34　奥特佳 2019 年 11 月至 2020 年 3 月的 K 线走势

从图中可以看到，股价在多个一字涨停 K 线和 T 字形涨停 K 线的作用下被强势拉起，短暂停留之后，股价进一步拉升，期间多次出现涨停大阳线的拉升。

这是典型的浪 3 单浪强劲上涨走势，前期突破浪 1 顶部后的回抽确认就是最佳的买入时机，之后该股一路上涨，在短时间内就走出了翻倍上涨行情，如果投资者在回抽时果断买入，将获得非常可观的收益。

4.4 浪 4 回调：冷静分析买卖时机

在上升五浪模式中，浪 4 是浪 3 大幅上涨后的调整，是五浪上涨中的第 2 个调整浪，投资者在这一浪中要冷静分析，卖在浪 4 的开启位置，锁定浪 3 的收益，买在浪 4 结束位置，进场做浪 5。

4.4.1 浪 4 回调形态有哪些

由于浪 4 也是调整浪，因此浪 2 的一些基本形态也适用于浪 4，即其常见形式也有单浪下跌回调、之字形回调、平台形回调和三角形回调，其对应的示意图如图 4-35 所示。

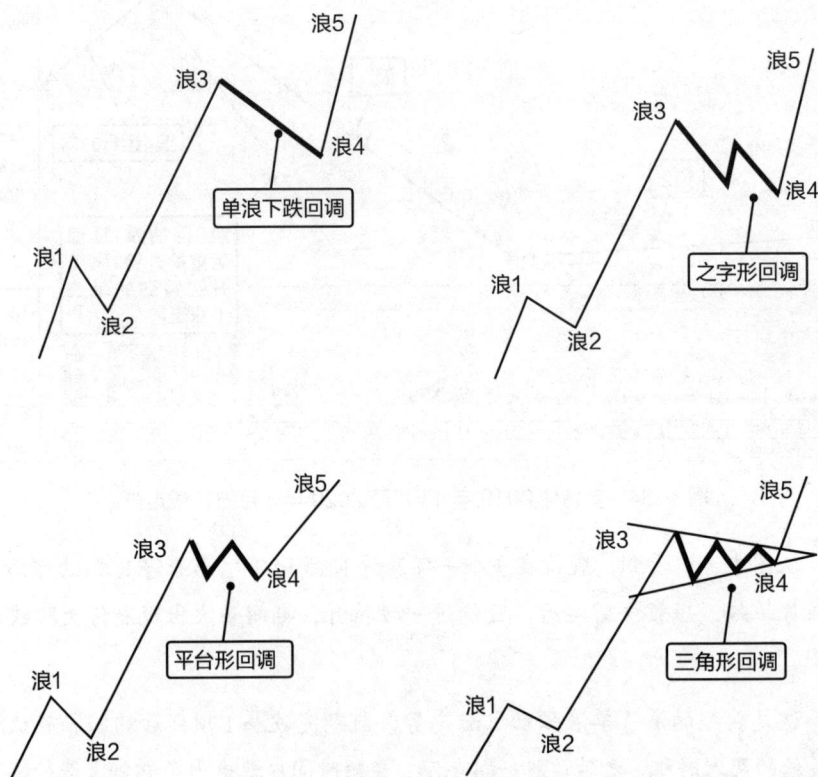

图 4-35 浪 4 回调示意图

4.4.2　浪 4 初期寻找卖点

当浪 3 经过大幅上涨后会运行到浪 3 的顶部价格附近，此时浪 4 随时都可能开启。浪 4 作为行情大幅劲升后的调整浪，其持续时间通常会比较长，止损位设置在浪 4 的初期，可以最大程度锁定前期的投资收益。

对于浪 4 初期的卖点寻找，可以结合各种技术指标进行综合判断。这里介绍一个相对简单的方法，即浪 3 顶部价格跌破上升趋势线后，浪 4 大概率开启，此时投资者最好立即止损。

那什么是上升趋势线呢？在一个行情的变动过程中，如果其包含的顶部和底部都相应地高于前一个顶部和底部，该趋势就称为上涨趋势。此时，将两个或两个以上的波段低点进行连接，形成上升趋势线。

上升趋势线为股价的每一次下跌回调提供了强有力的支撑，由此保证股价不断上涨，不断创出新高。同时上升趋势线对于股价的运行也具有引导作用，这种引导作用会延续股价的上涨趋势。

因此，一旦确认了上升趋势线，在每次股价回落到上升趋势线附近时，都是投资者跟进的买点，而且回落到上升趋势线受到支撑的低点越多，上升趋势线的可靠性就越强，其示意图如图 4-36 所示。

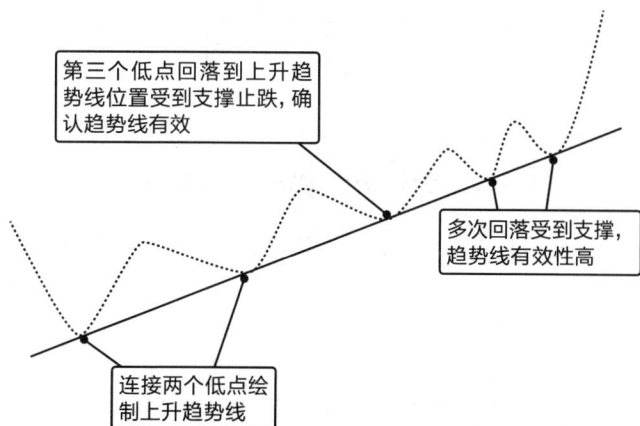

第三个低点回落到上升趋势线位置受到支撑止跌，确认趋势线有效

多次回落受到支撑，趋势线有效性高

连接两个低点绘制上升趋势线

图 4-36　上升趋势线示意图

　　有时候股价回落到趋势线只是短暂跌破，只要快速被拉回，并重新站到上升趋势线上方，上升趋势线的支撑作用仍然有效，其示意图如图 4-37 所示。

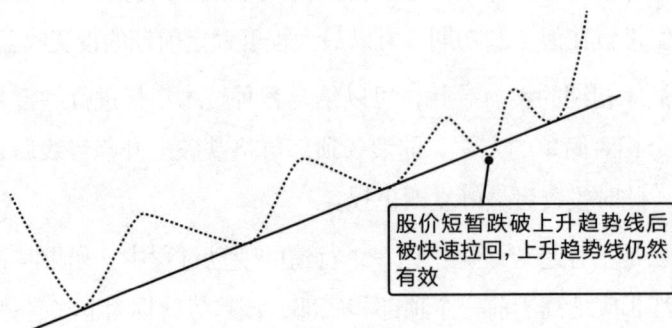

股价短暂跌破上升趋势线后被快速拉回，上升趋势线仍然有效

图 4-37　上升趋势线短暂跌破后被快速拉起示意图

　　但是，如果股价跌破上升趋势线后没有被快速拉回，可能上升行情会发生转变，该上升趋势线的支撑作用可能转为压力作用，即后市股价反弹上涨到该趋势线位置时会受阻拐头向下，其示意图如图 4-38 所示。

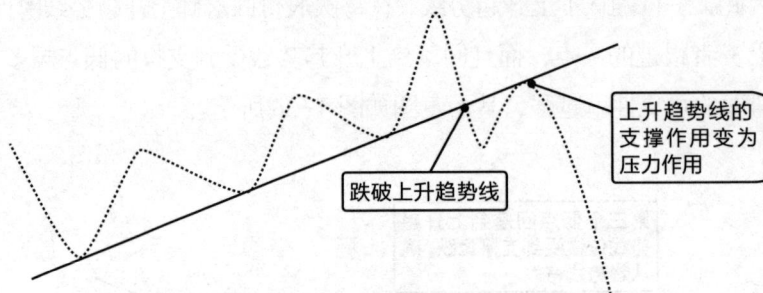

跌破上升趋势线

上升趋势线的支撑作用变为压力作用

图 4-38　跌破上升趋势线后行情转变示意图

　　下面通过一个具体的实例来了解如何结合上升趋势线在浪 4 初期寻找卖点止损。

深南电 A（000037）浪 4 初期卖点分析

如图 4-39 所示为深南电 A 2018 年 9 月至 2021 年 3 月的 K 线走势。

图 4-39　深南电 A 2018 年 9 月至 2021 年 3 月的 K 线走势

从图中可以看到，该股在 2018 年 10 月 19 日创出 4.23 元的最低价后企稳回升步入上涨，在一轮上升五浪的推动下，股价最高上涨到 22.42 元，涨幅达到惊人的 430%。

但是，观察五浪结构，可以看到浪 4 是以复杂的对称三角形调整形态出现的，而且整个调整时间持续了一年多。因此，面对这种走势，投资者最好回避，不仅可以提高资金的利用率，而且可以有效锁定前期的投资收益，落袋为安。

那么如何发现浪 4 开启，从而在下跌初期就及时止损出局呢？下面放大前面两浪和浪 3 初期的走势，从趋势线的角度来分析。

如图 4-40 所示为深南电 A 2018 年 10 月至 2019 年 3 月的 K 线走势。

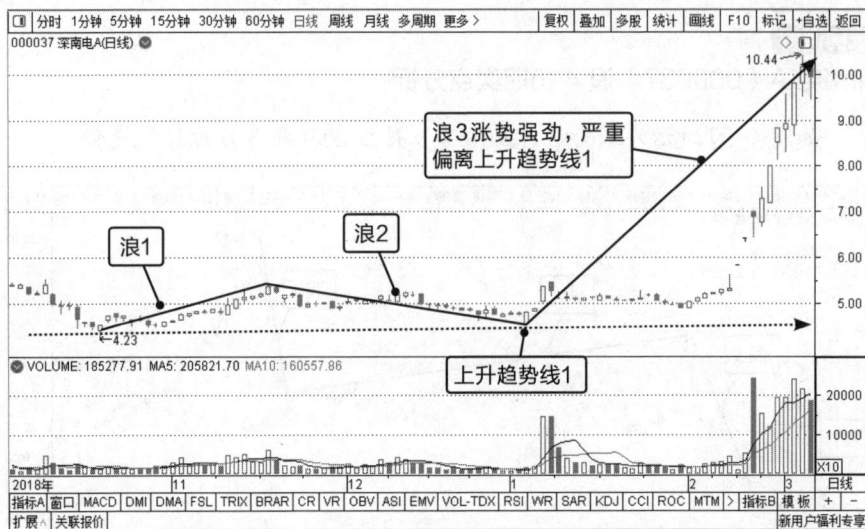

图 4-40　深南电 A 2018 年 10 月至 2019 年 3 月的 K 线走势

从图中可以看到，首先以浪 1 低点和浪 2 低点为两个低位绘制了一条上升趋势线（即图中的上升趋势线 1），但是在浪 3 上涨过程中，由于涨势过于强烈，严重偏离了绘制的这条趋势线，进入到另一个更为急速的上升趋势中，此时的上升趋势线 1 对这段急速上涨行情的走势来说就失去了引导意义。此时就需要重新绘制出新的趋势线来刻画急速上涨的浪 3。

拓展贴士 *上升趋势线的修正*

在一波上升行情中，股价在上升速度上是存在着差别的。因此刻画上升趋势的趋势线也有不同，引导股价缓慢上升的趋势线称为慢速上升趋势线，引导股价快速上升的趋势线称为快速上升趋势线。

当股价从缓慢上涨快速变为急速拉升时，原来的缓慢趋势线就不能很好地反映急速的上涨趋势，为了更准确地刻画当前行情的趋势变化，就需要对上升趋势线进行修正。这个修正既可以是从缓慢上升趋势线到快速上升趋势线，如本例，也可以是从快速上升趋势线到缓慢上升趋势线。

如图 4-41 所示为深南电 A 2018 年 11 月至 2019 年 5 月的 K 线走势。

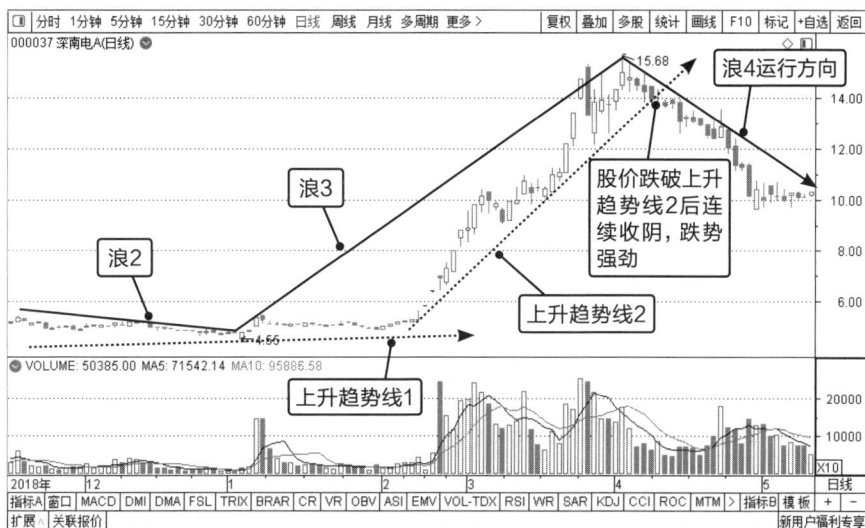

图 4-41　深南电 A 2018 年 11 月至 2019 年 5 月的 K 线走势

从图中可以看到，在浪 3 偏离了上升趋势线 1 后，重新根据浪 3 走势绘制了新的上升趋势线 2，可以看到此时大部分时间，股价都在该趋势线上方步步上移。

在股价上涨到 14.00 元价位线附近后涨势减缓，之后创出 15.68 元的阶段高价后出现连续阴线报收的走势，此时股价回落至上升趋势线 2 附近，但是随着跌势不断，股价连续收阴强势跌破上升趋势线 2 后一路向下。

从浪 3 的涨幅来看，浪 3 从 4.55 元启动，最高上涨到 15.68 元，此时已经出现 244% 的涨幅，再加上股价连续收阴强势跌破上升趋势线 2，可以判断上升趋势线 2 已经失去了支撑作用，行情进入到浪 4 回调阶段，此时投资者就可以积极逢高卖出，落袋为安。

需要说明的是，本例只是简单地从趋势线技术的角度来分析。为了更加确定浪 4 开启，找准浪 4 初期的卖点，在实际的投资过程中，还需要结合其他技术进行综合判断，提高研判的准确度。对于波浪理论与其他技术的结合使用，将在本书的后面章节进行具体介绍。

4.4.3　浪 4 末期寻找买点

前面介绍了浪 4 回调的常见形态有 4 种，但是无论浪 4 的下跌形态如何，从下跌幅度来讲，浪 4 只会出现两种走势，即轻度下跌走势和重度下跌走势。

1. 轻度下跌回调走势分析

浪 4 轻度下跌指的是浪 4 下跌幅度较小，该下跌走势透露出以下两个重要信息。

◆ 浪 3 急速上涨或者是延长走势，使得股价上涨的动力得到了有效保留，如此一来浪 4 就容易出现小幅度下跌走势。

◆ 浪 4 的小幅度下跌走势对整个五浪上升趋势同样具有较好的修正作用，之后的波浪还会走出股价的新高。

针对小幅度下跌的回调浪，之前买入的投资者不必进行卖出股票的操作。由于小幅度下跌后，股价会保留较强上涨势头，之后股价会走出新高，因此投资者应该在浪 4 小幅度下跌之后买入股票。

2. 浪 4 重度回调走势分析

浪 4 重度回调指的是股价在浪 4 阶段大幅度下跌的走势，其走势形态是对五浪上升趋势的大修正。对于这种下跌走势，其反映了以下两个方面的内容。

◆ 前期上涨幅度过大，容易使浪 4 出现大幅度下跌。虽然浪 4 的大幅度下跌也是对整个五浪上升趋势的修正，但是股价经过大幅度下跌后，上涨的势头会减弱，因此之后出现的浪 5 的顶部一般不会超过浪 3 的顶部，即使超过，一般也不会太大。因此，对于在浪 4 重度回调之后追涨的投资者来说，要谨慎操作，最好短线持有，规避浪 5 随时见顶回落的风险。

◆ 为了确保之前获得的利润不缩减、流失，当面对较大幅度的回调走势时，投资者一定要在适当的时候果断卖出股票，尽量回避大跌的浪 4。

那么，如何判断浪 4 是轻度回调还是重度回调呢？可以从浪 4 和浪 2 在调整形态和调整时间上存在的交替原则来进行判断（这在本书的第 1 章已经介绍了）。在辨别出浪 4 的调整幅度和调整时间后，对浪 4 的操作就显得相对容易了。

下面来看一个实例。

示例讲解

中金岭南（000060）浪 4 重度回调操作分析

如图 4-42 所示为中金岭南 2020 年 3 月至 2021 年 10 月的 K 线走势。

图 4-42　中金岭南 2020 年 3 月至 2021 年 10 月的 K 线走势

从图中可以看到，该股在 2020 年 4 月 28 日创出 3.38 元的最低价后企稳回升步入上涨，在一轮上升五浪的推动下，股价最高上涨到 6.96 元，涨幅近 106%。

但是从整个上升五浪持续的时间来看，持续了接近 18 个月的时间，在这么长的时间内，出现翻倍上涨行情，也不算特别优异。导致这种结果的主要原因还是在于浪 4 阶段持续的时间比较长。

而且，虽然在浪 3 阶段，股价发生了延长，但是次一级的小浪 4 也是持续了比较长的时间，这就更加延长了整个上升五浪的持续时间。

投资者如何规避这么大的调整呢？又如何在浪 4 末期寻找买点呢？下面分别对小浪 4 和浪 4 进行分析。

首先放大延长的浪 3 来分析延长浪中小浪 4 的走势。

如图 4-43 所示为中金岭南 2020 年 5 月至 12 月的 K 线走势。

图 4-43　中金岭南 2020 年 5 月至 12 月的 K 线走势

从图中可以看到，该股在 2020 年 5 月 27 日创出 3.46 元的最低价后结束浪 2，之后股价稳步上涨步入浪 3 阶段。

从浪 3 的上涨来看，在运行到 3.80 元价位线附近时出现了明显的滞涨，之后该股走出一个横向窄幅波动的整理形态，但是整个波动幅度不大，而且持续时间不长，因此可以判断浪 3 是以延长浪的形式展开的。

之后出现直线拉升，快速将股价拉到 5.00 元价位线附近后横盘，从小浪 3 的涨幅来看，已经是比较大的了，因此此时的横盘可能是小浪 3 见顶，根据波浪理论的交替规则，小浪 2 是小幅度短时间调整，那么小浪 4 可能跌幅较大，而且时间较长，因此可以考虑减仓。

从小浪 4 的实际走势来看，其是一个双之字形回调形态，在两个之字回调的促进下，小浪 4 持续了 4 个月左右的时间，而且基本上跌去了小浪 3 涨幅的一半多。

如果投资者在前期股价触及 5.00 元价位线附近时，没有分析出小浪 4 会出现大幅、长时间的回落调整而建仓或者未清仓，不仅会损失投资收益，还会降低资金的利用率。

在第一个之字形回调之后，成交量出现了地量形态，此时投资者就可以密切关注该股了，在第二个之字形回调的末端，成交量更是缩小到极致，并且此时小浪 4 的回调幅度已经接近小浪 1 的顶部，此时大概率小浪 4 见底，投资者可以继续加仓或积极建仓。

但是这里最好短线持有，因为小浪 4 的重度回调，这里的小浪 5 的上涨幅度一般不会太大，再加上后面有浪 4 的回调，所以以更要短线持有。

如图 4-44 所示为中金岭南 2020 年 5 月至 2021 年 9 月的 K 线走势。

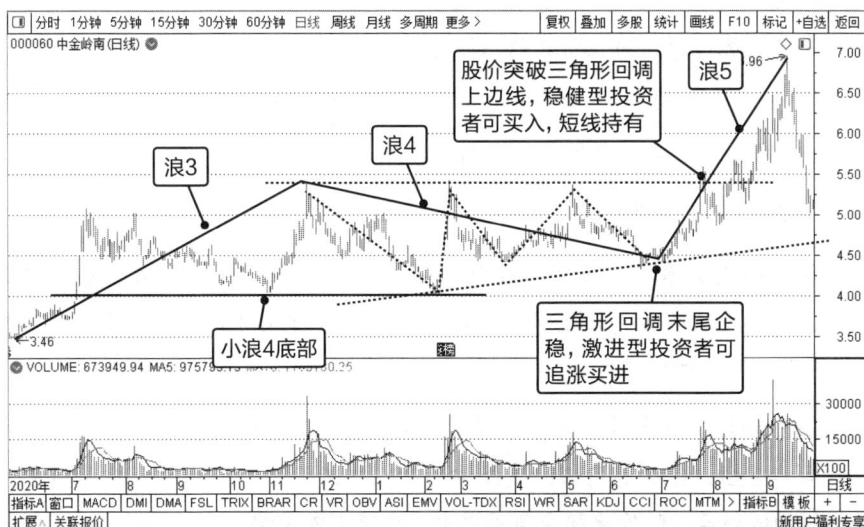

图 4-44　中金岭南 2020 年 5 月至 2021 年 9 月的 K 线走势

从图中可以看到，小浪 5 在上涨到 5.50 元价位线下方时受阻回落，说明浪 3 结束，浪 4 回调开启。同样，由于浪 2 的涨幅不大，持续时间也不长，根据交替规则，这里浪 4 大概率会出现比较大的跌幅，而且持续时间也不会太短。

为了锁定利润，提高资金的利用率，这里投资者可以逢高卖出，从而规避浪 4 的深幅回调，对于在小浪 4 末端或者小浪 5 初期追进的投资者来说，这里更应该离场。

由于浪 3 发生了延长，因此浪 4 的回调大概率会在小浪 4 回调位置止跌，因此投资者可以密切关注这个回调位置，即浪 4 最低回调点是否在 4.00 元价位线附近止跌。

从该股的实际走势来看，浪 4 回调第一波下跌在运行到 4.00 元价位线附近时止跌，因此可以判定 4.00 元价位线是一个可靠的支撑位。随着股价的不断震荡，每次股价的震荡高点都在浪 3 顶部附近，震荡低点逐步抬高，形成典型的三角形回调走势。

在三角形回调末端股价企稳时，即在 4.50 元的价位线附近，激进的投资者可以适当建仓，稳健的投资者还是在股价冲破三角形回调的上边线，即在 2021 年 8 月运行到 5.50 元价位线附近时再介入。

由于浪 3 发生延长，浪 4 出现 7 个月左右的重度回调，浪 5 也不能抱有太大的希望，一定要短线操作，否则非常危险。

如图 4-45 所示为中金岭南 2021 年 6 月至 11 月的 K 线走势。

从实际走势来看，股价在冲破 5.50 元价位线后，很快创出 6.96 元的最高价，随后见顶回落，且是以多根大阴线的强势打压将股价直线压低到 5.00 元价位线附近，跌势比较凶猛。

在 5.00 元价位线附近短暂停留几天后，股价有过一波反弹，但是这个反弹时间非常短，在没有足够的量能推动下，只持续了四个交易日就见顶了。在短暂的休整后，股价反弹受阻再次出现快速下跌走势。

短短两个月左右的时间，股价就从 6.96 元下跌到 4.60 元价格附近，跌幅近 34%。

如果投资者在面对浪 4 长时间的重度回调后，不是以短线方式操作浪 5 的上涨，不仅可能遭受重大损失，还有可能被套，损失更多。

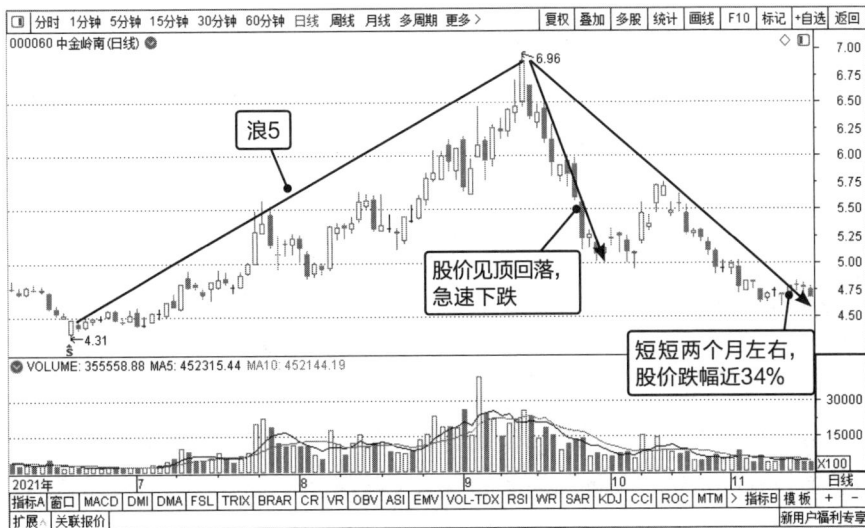

图 4-45　中金岭南 2021 年 6 月至 11 月的 K 线走势

4.5　浪 5 上涨：如何抓住最后涨势

浪 5 是八浪循环中的最后一个上涨推动浪，一般来说，主力出货都会在这个阶段进行，因此，浪 5 结束后就是下跌行情。也正是因为这个特点，很多投资者不敢追涨浪 5。

其实，有些浪 5 也可能走出不错的行情，给投资者带来意想不到的惊喜。但是在这一个阶段操作时切忌盲目追涨。

下面先来看看浪 5 具有投资价值的形态和条件是什么，只有基于这两个前提，才能安全抓住浪 5 最后的涨势。

4.5.1 浪5最具投资价值的形态

浪5是五浪上升趋势的最后阶段，也是整个趋势最终的定格阶段。虽然此时已经接近上涨的尾声了，但是依据A股的特征，在经历前面4浪的操作后，主力完全有可能在此阶段展开强势拉升，借机派发筹码。因此，只要操作得好，浪5也是具有投资价值的。

那么，什么样的浪5走势才是投资者可以操作的呢？这就要来认识一下具有投资价值的浪5的常见形态。

在浪5的走势之中，市场主力常常借助这一波浪走势拉高出货。其一般的形态走势有两种情况，一种是以单个推动浪上升，另一种是发生延长，下面分别介绍。

1. 浪5单浪推动上涨形态

如果前期浪4的下跌较为急速，且跌幅也比较大，此时浪5也可能走出急速拉升的走势，从而与浪4的急速下跌形成V形底形态，其示意图如图4-46所示。

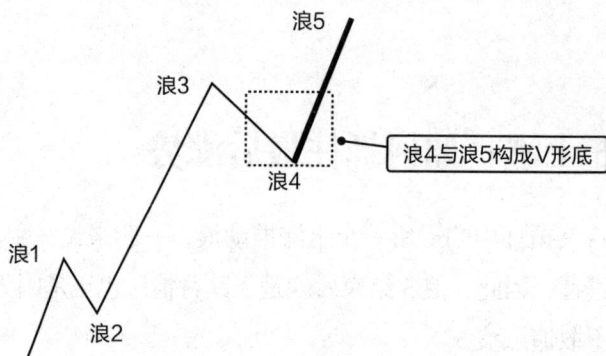

图4-46　浪5单浪推动与浪4形成V形底

这种形态下浪5的上涨幅度比较大，而且相对来讲上涨的力度也会比较大，是一种比较值得投资的形态。

下面来看一个实例。

特发信息（000070）浪 5 单浪推动股价上涨投资分析

如图 4-47 所示为特发信息 2018 年 9 月至 2019 年 4 月的 K 线走势。

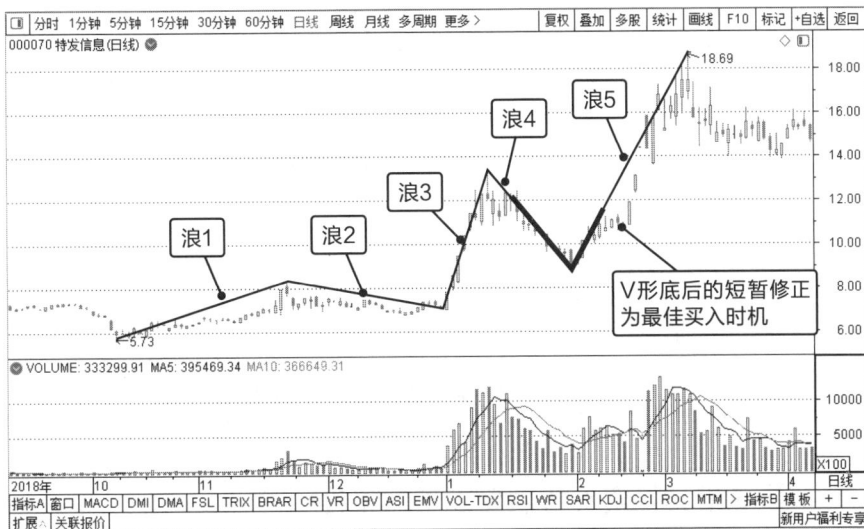

图 4-47　特发信息 2018 年 9 月至 2019 年 4 月的 K 线走势

从图中可以看到，该股经历了一波五浪上涨走势后，将股价从 5.73 元的价格拉抬到 18.69 元的高价，涨幅超过 226%。

从整个上涨浪来看，浪 3 出现暴涨 90% 的涨幅。随后在九连阴的大幅急速下跌之后，股价快速以串阳方式被拉起，浪 4 与浪 5 在 K 线形态上出现了 V 形底形态，并且浪 5 以单浪上涨的走势推动股价创出新高，整个浪 5 涨幅达到 114%，比浪 3 的涨幅还大。

在这波单浪推动的浪 5 中，投资者的最佳买点就是在 V 形底形成后的短暂修正阶段，即 11.00 元价格附近，即使在此处买入，持股几个交易日后，在 16.00 元价位附近卖出，也可以获得 45% 的收益。

2. 浪 5 延长形态

当浪 1 和浪 3 大致相等时，浪 5 比较容易出现延长的情况，这是一种最具投资价值的形态，如果此时的浪 4 回调幅度很小，浪 5 在延长浪的作用下，可能超过浪 3 的长度，其示意图如图 4-48 所示。这种情况下，投资者可以考虑加重仓位操作。

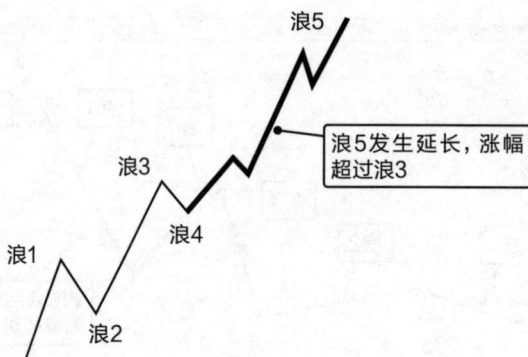

图 4-48　浪 5 发生延长涨势超过浪 3

4.5.2　浪 5 最具投资价值需要满足的条件

不是所有的浪 5 都会给投资者带来意外的惊喜，也不是每一个浪 5 都值得投资者关注和投资。

要判断浪 5 是否具有投资价值，除了了解其具有投资价值的形态外，还要考察浪 3 和浪 4 的运行情况，这是浪 5 具有投资价值必须要满足的条件。

1. 考察浪 3 的上涨情况

浪 3 的上涨情况直接关系到浪 5 上涨空间的大小，如果浪 3 已经经过了大幅度拉升，那么浪 5 发生大幅度上涨的可能性不大；如果浪 3 上涨空间有限，那么浪 5 就有期待的价值。

2. 考察浪 4 的运行情况

由于浪 5 是在浪 4 后发生的，那么浪 4 的发展情况对浪 5 就有直接的影响。这里浪 4 的两种表现又起到了关键作用，具体介绍如下。

◆　浪 4 的温和下跌

如果浪 4 是以平台形或者三角形这样温和的调整方式进行小幅回落，这种整理没有打破股价上涨的技术形态，锁住了市场人气，为浪 5 的发展提供了机会，同时也可以理解为是主力机构在等待大盘企稳回升或者公司的利好消息的出台。因此，其后的浪 5 是值得期待的。

◆　浪 4 的大幅下跌

如果浪 4 出现了较大幅度的下跌，这之后的浪 5 也会出现大幅上涨的情况。这种上涨是由于浪 4 大幅下跌跌出来的行情，更确切地说有一种超跌反弹的意味在里面。

需要注意的是，这种情况的前提是在浪 3 涨幅不够的情况下，如果浪 3 已经发生大幅上涨，此时的浪 4 深幅下跌就属于前面讲解的浪 4 重度回调，其后的浪 5 上涨缺乏动力，甚至涨不过浪 3 的顶部。

在了解了浪 5 最具投资价值的形态和条件后，下面就来具体看看，实战中如何来操作浪 5。

4.5.3　通过不规则放大的量能研判浪 5 买点

浪 5 作为上涨行情中的最后一段涨势，其最终会演化为见顶回落的下跌行情。因此，在浪 5 阶段的上涨，成交量的放大就要受到限制，虽然股价的上涨要有成交量的放大推动，但是它不可能一直持续放大，而是呈现出不规则放大的特点。当股价无法再推动股价创出新高时，浪 5 见顶回落就在眼前了。

那么，哪里是最佳买点呢？

从成交量的变化来看，如果浪 5 具有可操作的价值，那么在浪 4 回调阶段，成交量一般不会萎缩到地量水平，而是缩小到接近前期缩量状态的水平。

如果此时回调企稳，那么浪 5 上涨就来临了。在成交量不规则放量拉升的时候，就是投资者买进的时机。

下面来看一个实例。

示例讲解
盐津铺子（002847）浪 5 延长的买点分析

如图 4-49 所示为盐津铺子 2019 年 1 月至 2020 年 12 月的 K 线走势。

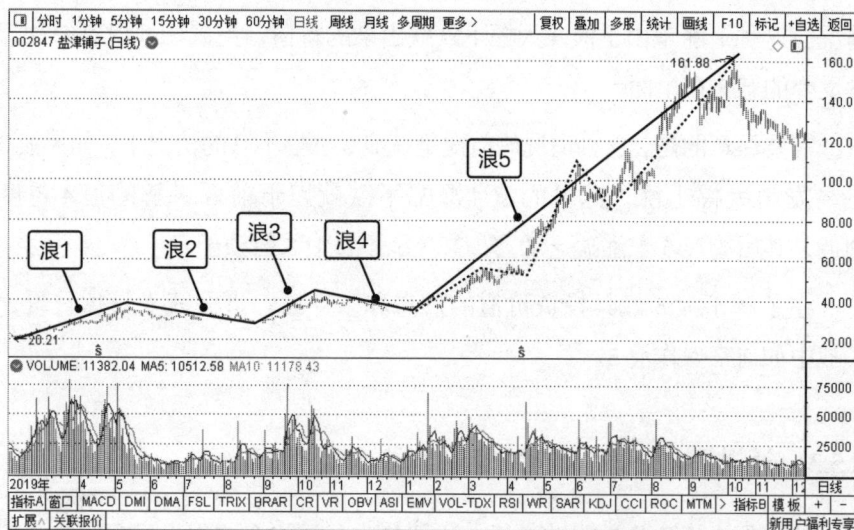

图 4-49　盐津铺子 2019 年 1 月至 2020 年 12 月的 K 线走势

从图中可以看到，该股在 2019 年 1 月 31 日创出 20.21 元的最低价后企稳回升步入上涨。经历了一波五浪上涨走势后，将股价从 20.21 元推高到 161.88 元，涨幅达到 700%，可谓非常惊人。而在这一波上涨走势中，最具投资价值的是在浪 5 阶段，该阶段发生了延长，扩大了上涨行情的涨幅与上涨时间。

如何才能抓住这波浪 5 呢？

下面首先放大前 3 浪和浪 4 初期的走势来分析浪 5 可能的走势。

如图 4-50 所示为盐津铺子 2019 年 1 月至 2020 年 1 月的 K 线走势。

图 4-50　盐津铺子 2019 年 1 月至 2020 年 1 月的 K 线走势

从图中可以看到，该股从 20.21 元开始上涨，在运行到 35.00 元价位线附近时上涨受阻结束浪 1，股价上涨了 14.79 元。

之后股价进行了三个多月的回调，最终在 27.95 元价格附近止跌，随后展开浪 3 上涨。但是在股价上涨创出 43.47 元的高价后，该股出现了明显的回落走势，此时浪 3 上涨了 15.52 元，其浪长与浪 1 非常接近。因此大概率可以判断行情回落进入到浪 4 阶段，且浪 5 可能出现延长走势。

下面放大浪 2 后期至浪 5 前期的走势来具体分析浪 5 的买点。

如图 4-51 所示为盐津铺子 2019 年 7 月至 2020 年 4 月的 K 线走势。

从图中可以看到，在浪 4 回调阶段，成交量不断缩小，但是整体缩小的最小量保持在浪 2 回调阶段的成交量水平，并且股价多次在 35.00 元价位线获得支撑止跌，因此可以判定浪 4 即将完成回调，投资者可以密切关注后市成交量的变化。

在 2020 年 1 月初，股价有明显的企稳走势，之后缓慢上涨，期间多次出现成交量突然放大拉升股价的走势。在股价突破 40.00 元价位线时有一个短暂的回抽，但是短短两三个交易日就在 35.00 元价位线上方获得支撑止跌，更加证实了 35.00 元价位线的支撑作用。通过前面的分析，浪 5 可能发生延长，激进的投资者可以在这个位置适当建仓。

之后股价的每一次拉升，都伴随着量能的放大，并且呈现出不规则的状态，说明这不是主力在浪 5 集中出货，而是主动拉升。在股价逐步拉升进入到 3 月的调整阶段时，可以判断出浪 5 发生延长进入到小浪 2 回调。

4 月 16 日，股价放出天量以涨停大阳线拉升股价进入到小浪 3 阶段，并且在 K 线图上形成一个大大的缺口，由此可见主力大幅拉升的实力。此时稳健的投资者也可以在后面积极买入做多。

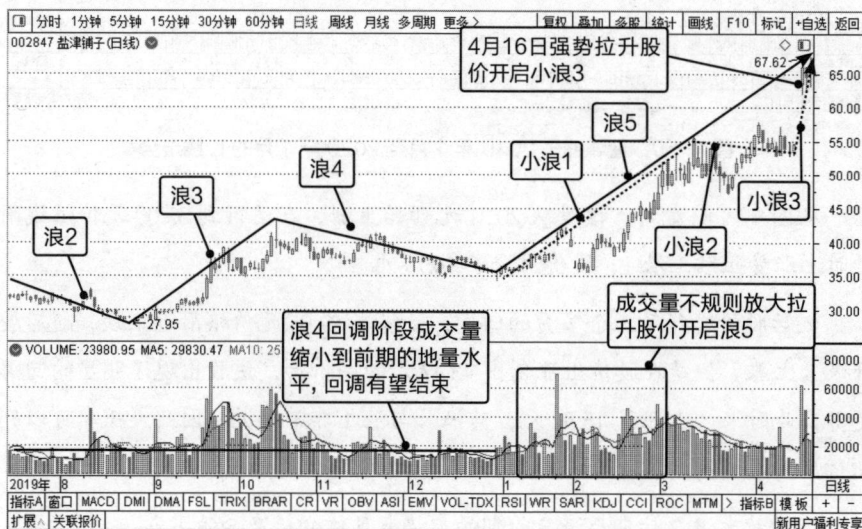

图 4-51 盐津铺子 2019 年 7 月至 2020 年 4 月的 K 线走势

由于是在浪 5 阶段追涨，虽然实际走势中浪 5 的涨幅很惊人，但是从投资安全的角度考虑，投资者最好还是短期持有，切忌贪婪。

第5章

下跌三浪买卖点实战分析

下跌三浪是八浪基本模式中的后半段，虽然这一阶段中股价整体以下跌为主，但是在各个波段中也有其操作价值，如卖在浪A初期逃顶、在浪B短线抢反弹、买在浪C末期抄底等。本章就来具体介绍下跌三浪中的买卖点实战。

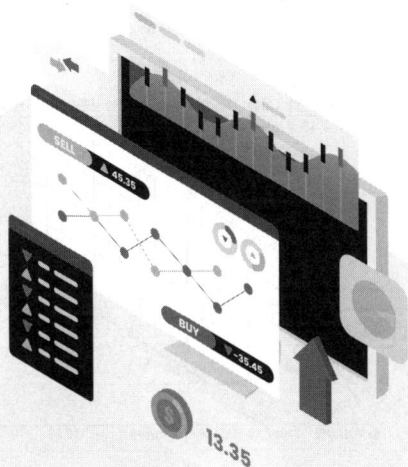

13.35

- 浪A开启：行情逆转早退为妙
- 浪B反弹：谨慎操作避风险
- 浪C尾部：辨别跌势结束早布局

5.1 浪A开启：行情逆转早退为妙

一个上升五浪形态之后，股价的上涨趋势就会发生改变，下降趋势顺势展开。浪A作为下降趋势的开端，投资者在这一阶段要尽早规避，锁定前期的投资收益。

5.1.1 从下跌的速度来看浪A

在第3章我们了解了浪A有单浪下跌、次一级的三浪下跌和次一级的五浪下跌，这是从形态来分析浪A。除此之外，还可以从下跌速度的快慢来分析浪A，具体有浪A快速下跌和浪A慢速下跌。

1.浪A快速下跌

浪A快速下跌指的是股价在浪A阶段出现持续时间较短、下跌幅度较大的走势，不给投资者任何反应的机会。如图5-1所示的浪A走势就是快速下跌的实例。

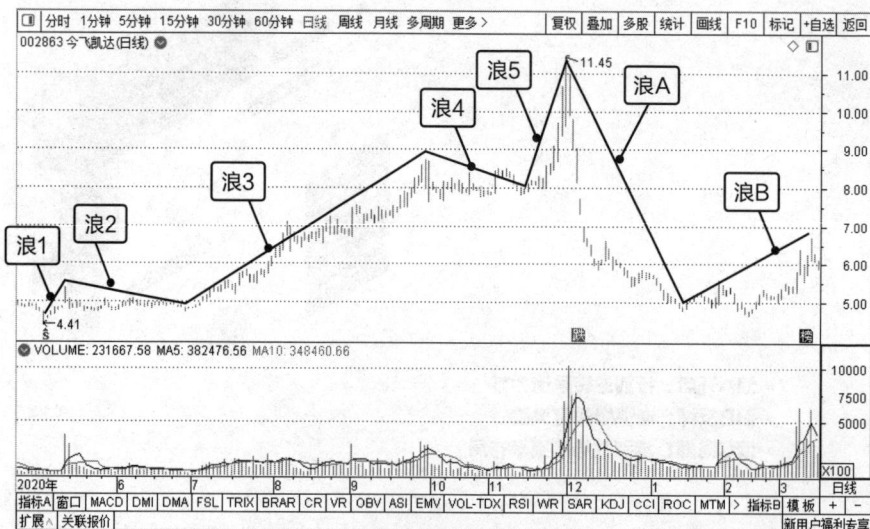

图5-1 浪A快速下跌

从图中可以看到，今飞凯达（002863）经过一轮上升五浪，在创出11.45 元的最高价后浪 5 结束，之后股价快速下跌开启浪 A，尤其在浪 A 初期，连续的阴线、跌停大阴线和跳空跌停缺口，在短短几个交易日就将股价打到了 6.00 元价格附近。整个浪 A 持续的时间为一个月多一点儿，股价从11.45 元快速下跌到 5.00 元附近，跌幅超过 56%。

浪 A 快速下跌可以以单浪下跌形态出现，如图 5-1 所示，也可以以次一级的下跌三浪或次一级的下跌五浪形态出现。

如图 5-2 所示为浪 A 以下跌五浪结构快速下跌的实例。

图 5-2　浪 A 以下跌五浪结构快速下跌

从图中可以看到，浪 A 由次一级的下跌五浪构成，短短两个月左右的时间，股价从 36.99 元下跌到 20.00 元附近，跌幅近 46%，也是跌速比较快的下跌。

当浪 A 出现快速下跌走势时，投资者可以得到以下几点信息。

◆　下降趋势已经形成，行情进入熊市。

◆　在见顶之后，股价随即转换趋势，此时市场中的抛盘压力逐步加大，由此形成了股价的大幅度、短时间下跌走势，预示形成了浪A前半部分的快速下跌阶段。

◆ 在浪A前半部分的快速下跌出现时，更是引起了市场投资者的恐慌心理，随后抛盘继续增加，股价继续快速下跌。

◆ 浪A下跌的最后阶段，想卖出的投资者已经低价出售，不想卖出的投资者仍然被套其中，这时的下跌更多的是在下跌惯性的作用下形成的。

2.浪A慢速下跌

浪A慢速下跌是相对于快速下跌而言的，其下跌特点是下跌持续时间长，下跌幅度相对温和，多以下跌五浪形态出现。如图5-3所示的浪A走势就是慢速下跌的实例。

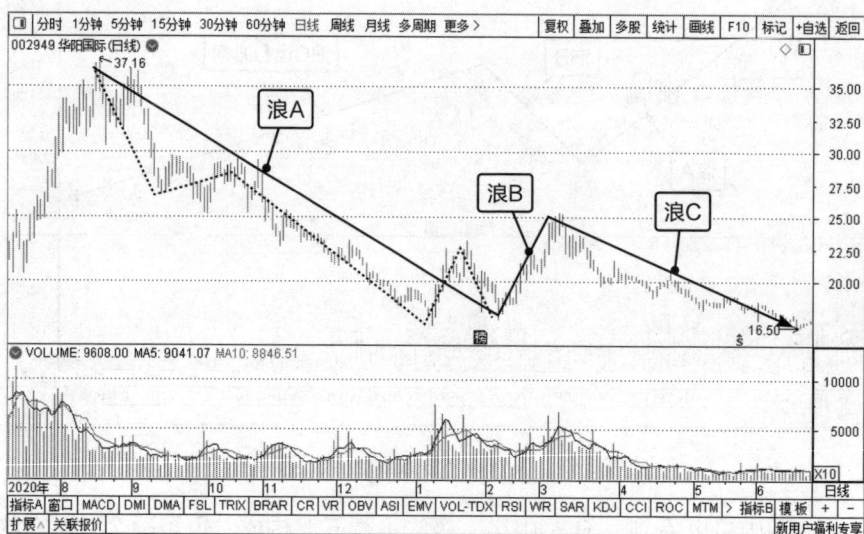

图5-3 浪A慢速下跌

从图中可以看到，华阳国际（002949）在创出37.16元的最高价后见顶回落开启浪A，浪A是以下跌五浪的结构展开的，整个时间持续了6个月左右，最终该股在18.00元的价格附近止跌，结束浪A，这一轮跌幅接近52%。

相较于前面哈三联（002900）两个月创出 46% 的跌幅来说，华阳国际这波浪 A 的下跌算是比较慢速的了。

当浪 A 出现慢速下跌走势时，投资者可以得到以下几点信息。

◆ 同样是股价趋势转变的开始，开启了股价的下降趋势。

◆ 相较于浪 A 的快速下跌走势而言，浪 A 的慢速下跌走势是在主力的作用下出现的。

◆ 在股价见顶之后，便开始了下降趋势。但是此时主力还没有出货完毕。因此在浪 A 的下跌走势中，主力在出货的时候不断托住股价，不让其出现大幅度的下跌，以便尽快出货。

◆ 对于没来得及卖出的投资者来说，浪 A 的慢速下跌提供了卖出机会。

◆ 尽管浪 A 下跌速度减缓，但是并不能改变浪 A 下跌的性质，及其开启下降趋势的特点。

5.1.2 浪 A 下跌开启的卖出策略

浪 A 从位置上来看是出现在整个上升五浪之后，它是下降趋势开始的第一浪，即浪 A 的出现预示了股价趋势的转变，此时行情由上升趋势转变为下降趋势。

我们知道浪 A 可能走出大幅度和快速的下跌走势，因此，投资者应该在浪 A 形成初期执行减仓或者清仓操作，锁定前期投资收益，从而规避浪 A 的下跌。

下面来看一个实例。

示例讲解

深振业 A（000006）浪 A 初期卖出分析

如图 5-4 所示为深振业 A 2020 年 1 月至 2021 年 1 月的 K 线走势。

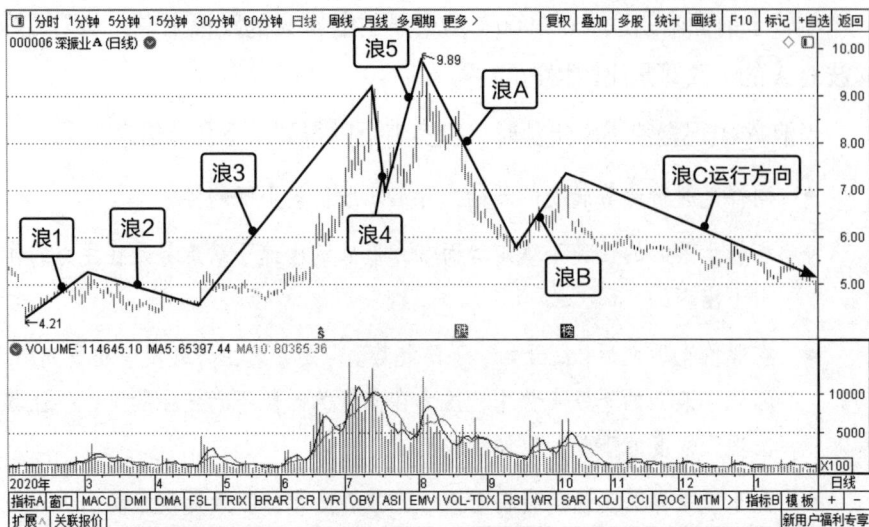

图 5-4　深振业 A 2020 年 1 月至 2021 年 1 月的 K 线走势

从图中可以看到，该股在 2020 年 2 月初创出 4.21 元的最低价后企稳回升，在一轮上升五浪的推动下最高上涨到 2020 年 8 月 4 日的 9.89 元，涨幅近 135%。

之后该股见顶回落步入下跌，其中仅浪 A 一段走势，在一个多月的时间里，跌幅就接近 43%。

这种大幅度的下跌走势也是对前期股价大幅度上涨的合理修正。但是投资者要回避这样的大幅度下跌，那么在浪 A 的起步阶段就是最好的卖出时机，因此投资者应该尽量抓住这一机会。

投资者如何分析浪 A 初期的卖出机会呢？下面放大浪 A 的走势进行具体分析。

如图 5-5 所示为深振业 A 在 2020 年 5 月至 9 月的 K 线走势。

从图中可以看到，该股在 7 月 13 日突破 9.00 元价位线后滞涨，次日以 4.71% 的跌幅阴线报收，接着在一根跌停大阴线和跌幅为 8.86% 大阴线的带动下，快速开启浪 4。这波浪 4 来得快去得也快，最终在 7.00 元价位线止跌。

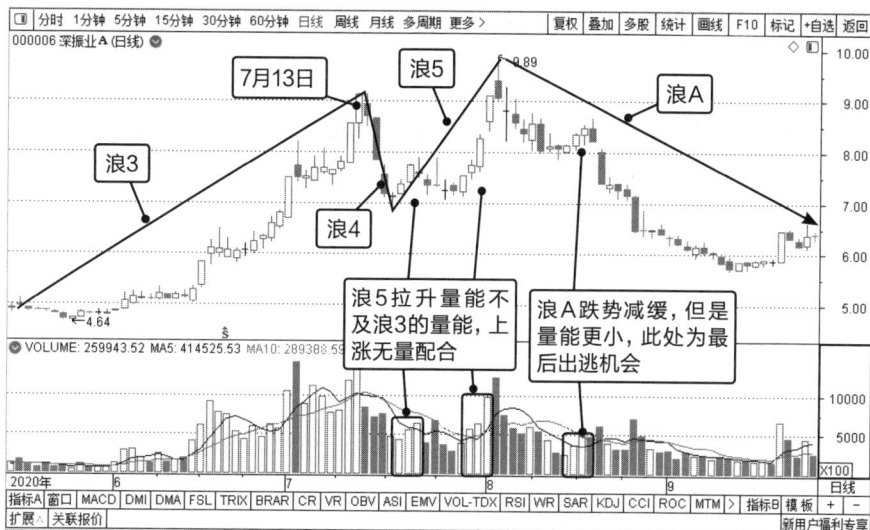

图 5-5　深振业 A 在 2020 年 5 月至 9 月的 K 线走势

之后该股出现温和放量拉升，但是仅仅持续了三四个交易日便回落调整，接着股价继续出现放量拉升，在 8 月 3 日突破 9.00 元价位线，运行到浪 3 顶部附近。

观察这两波拉升走势，成交量虽然出现放量，但是整体的量能大小不及前期浪 3 拉升的量能，说明此时市场中上涨无力，这是主力诱多的一种常见手法。下面来看股价放量突破 9.00 元价位线后次日的分时走势，分析主力的出货行为。

如图 5-6 所示为深振业 A 2020 年 8 月 4 日的分时走势。

从图中可以看到，该股当日放巨量以稍高于上个交易日的收盘价开盘，股价被快速打到 8.34% 的涨幅价位，但是成交量却不断缩小，从当日开盘后一分钟的分笔交易来看，大部分都是大卖单，主力出货明显。

当日该股以带长上影线的阴线报收，结合前面浪 5 两波无量上涨的走势，可以判断浪 5 见顶，浪 A 开启。

之后股价连续出现下跌，更加说明了浪 A 开启，此时投资者要积极逢高卖出，锁定投资收益。虽然很快股价在 8.00 元价位线有企稳迹象，但是观察此时的成交量可以发现，量能还不及浪5的拉升上涨，进一步确定跌势形成，浪A开启了，此时如果不及时抛售，将遭受更多的损失。

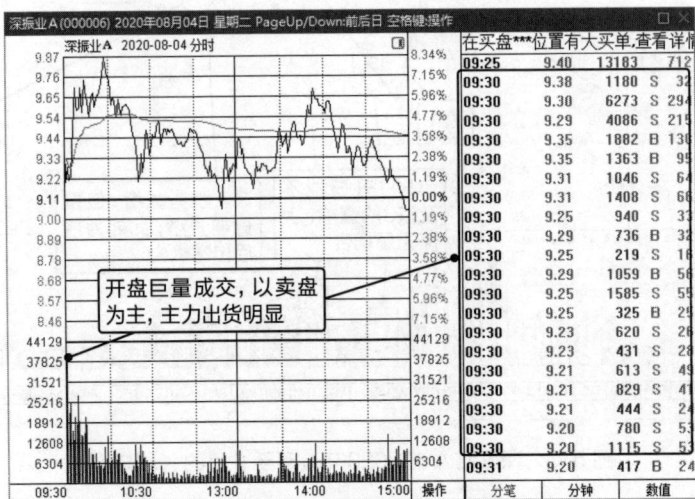

图 5-6　深振业 A 2020 年 8 月 4 日的分时走势

如图 5-7 所示为深振业 A 在 2020 年 7 月至 2021 年 11 月的 K 线走势。

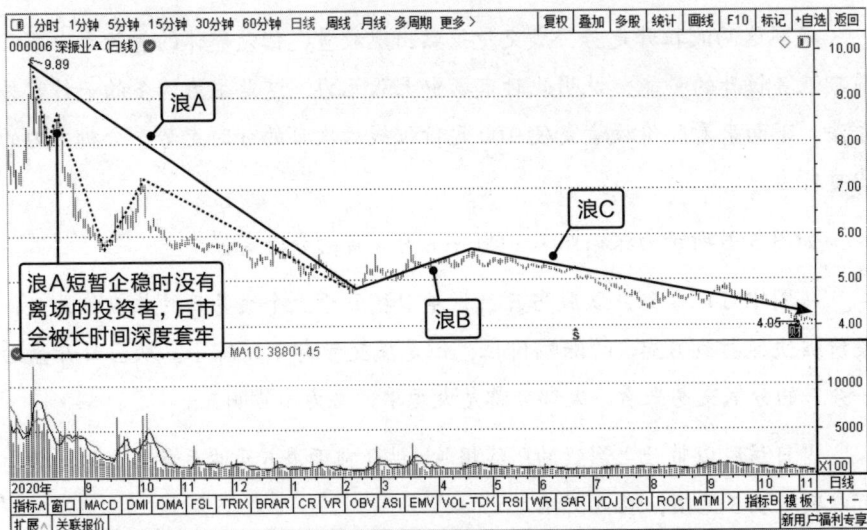

图 5-7　深振业 A 在 2020 年 7 月至 2021 年 11 月的 K 线走势

从图中可以看到，该股短暂企稳后快速拐头向下，最终浪 A 是以次一级的延长五浪开启，后市经历了一波长时间的下跌行情，如果投资者不抓住浪 A 初期（即次一级下跌五浪的小浪 2）的最后出逃机会，将被长时间深度套牢，损失更大。

5.2　浪 B 反弹：谨慎操作避风险

在浪 A 开启下跌行情后，随之就会迎来浪 B，它是下跌三浪的调整浪，是一段上升行情，因此，浪 B 也是具有可操作性的，而且在有些浪 B 中，如果投资者操作得好，还是会有不错的收益。

5.2.1　浪 B 具有操作价值应具备的条件

浪 B 毕竟处于下跌行情中，因此，不是所有的浪 B 走势都具有可操作性，投资者要慎重操作浪 B。那么，什么样的浪 B 才具有可操作性呢？可以从其反弹幅度来确认。

根据浪 B 的反弹幅度，可以把浪 B 的反弹分成小幅度反弹和大幅度反弹。

1. 浪 B 小幅度反弹

浪 B 小幅度反弹指的是股价在浪 B 的作用下，小幅度上涨。对于浪 B 小幅度反弹需要注意下面两点内容。

◆　反弹走势是对前期股价下跌的修正。

◆　反弹的幅度有限，没有较强的上涨势头。

所以，针对浪 B 的小幅度反弹走势的特点，投资者应该持观望态度，不要轻易参与，否则会被套其中。

下面来看一个实例。

中金岭南（000060）浪 B 小幅反弹不宜操作分析

如图 5-8 所示为中金岭南 2019 年 3 月至 11 月的 K 线走势。

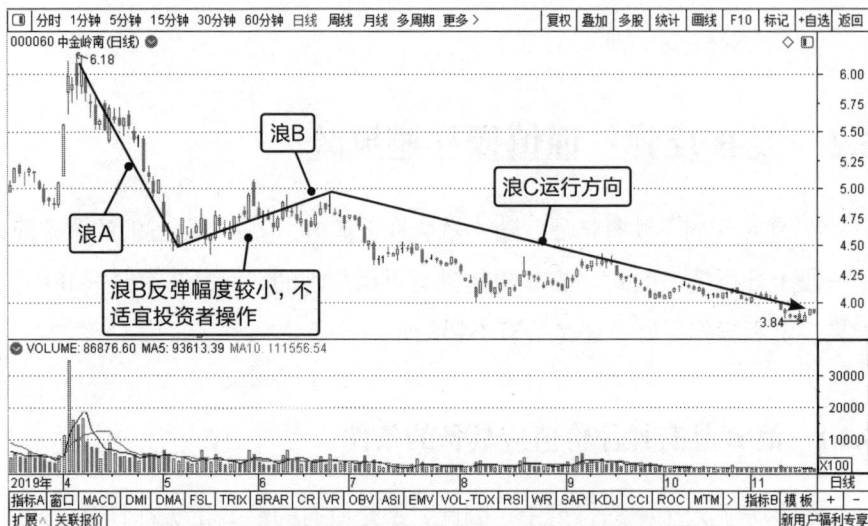

图 5-8　中金岭南 2019 年 3 月至 11 月的 K 线走势

从图中可以看到，该股在创出 6.18 元的顶部价格后快速下跌，开启浪 A。之后股价迎来了浪 B 的反弹走势，这里的整个浪 B 反弹时间虽然比较长，有两个月左右的时间，可以让投资者有足够的时间操作，但是整个反弹期间，股价在 4.50 元至 5.00 元的价格区间内波动，上涨幅度非常小。

如果投资者要操作这样的浪 B，获利非常小，而且风险较大，容易被套，同时也会降低资金的使用效率。

从整个下跌走势来看，后市继续下跌且幅度深，持续时间长。虽然浪 B 的小幅度反弹不适宜进行买入操作，但是在浪 A 阶段没来得及出逃的投资者可以在此阶段逢高卖出，以规避后市行情继续下跌所带来的风险和损失。

2. 浪 B 大幅度反弹

不是所有浪 B 的反弹都是处于弱势的，有的浪 B 会展现出较大幅度的反弹走势行情，如浪 B 可能会反弹到浪 A 的 123.6% 或者是 138.2% 的位置处（浪 B 的反弹高度在本书第 3 章中已经介绍过了）。

由于浪 B 大幅度反弹的上涨势头较猛，因此投资者可以进行以下两种操作。

◆ 在浪 B 的较大幅度反弹中利用反弹走势中的较高位置进行出逃，能够尽量减少之前的损失。

◆ 利用较大幅度的反弹进行短线买入操作，在浪 B 反弹结束之前卖出，赚取差价。

下面来看一个实例。

示例讲解

飞亚达（000026）浪 B 大幅反弹可操作分析

如图 5-9 所示为飞亚达 2020 年 8 月至 2022 年 4 月的 K 线走势。

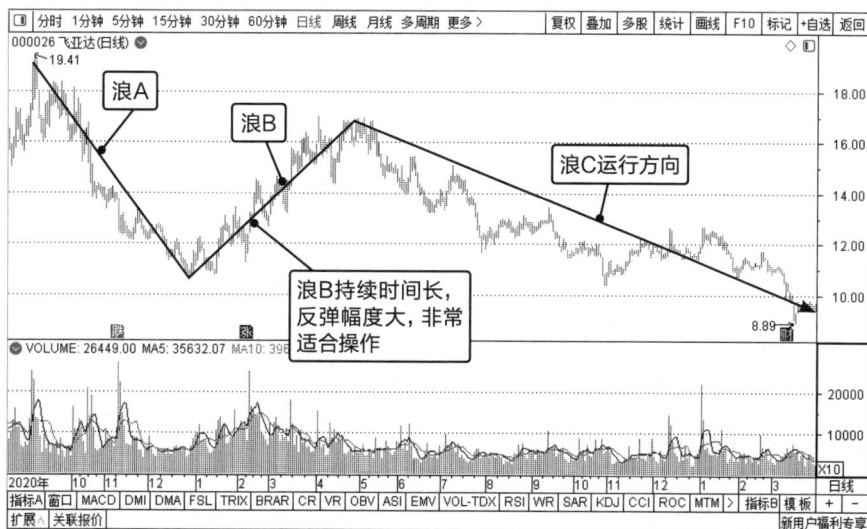

图 5-9 飞亚达 2020 年 8 月至 2022 年 4 月的 K 线走势

从图中可以看到，该股在创出 19.41 元的顶部价格后见顶回落步入下跌，整个浪 A 以下跌五浪展开，在三个多月的时间内，股价运行到 10.60 元附近后止跌，之后股价迎来了一波较大反弹的浪 B 走势，整个浪 B 反弹时间持续四个多月，股价从 10.60 元附近反弹到 17.00 元附近，有 60% 左右的反弹行情，对于这种较大幅度的反弹行情，非常适合进行短线操作。

综上内容可知，浪 B 具有操作价值应该具备两个条件。

①浪 B 上涨时间不能太短，这一点提供了较大的操作空间，能提高投资者操作的成功性。

②浪 B 上涨中要有强势上涨阶段，这为投资者提供了可操作的区域，即足够的上涨才能确保短线操作有利可图。

有了上述两个条件，投资者就可以酌情在浪 B 阶段买入股票，根据股价的强弱进行中、短线操作。

需要特别注意的是，实战中操作浪 B，投资者应该有以下两点认识。

◆ 由于浪 B 产生较大反弹具有很大的偶然性，因此投资者不要指望全部在浪 B 出货，最好在浪 A 开启之初就清仓一部分。

◆ 浪 B 的走势很诡异，不易把握，而且浪 B 是主力拉高出逃的机会，因此也有"浪 B 是逃命的最后机会"的说法，对于稳健的投资者，在尚有前期筹码没有卖出的情况下，面对浪 B 阶段建议只进行卖出操作，借助浪 B 来达到出货目的，从而实现损失的最小化。

◆ 浪 B 本身处于下跌走势中，因此，投资者即使在浪 B 阶段抢反弹，也尽量不要满仓操作，适当建仓抢反弹即可，即使判断错误，也不至于损失太大。

5.2.2　浪 B 反弹是止损的最后机会

由于大多数的浪 B 都是主力的刻意行为，其目的都是完成手中持股的最终派发。浪 B 结束后，主力出货也就完成了，之后就是更大的下跌。因此，对于浪 B 反弹来说，可以避免投资者损失更多，这也是波浪理论中分析浪 B 并操作浪 B 最主要的原因。尤其对于快速下跌的浪 A，投资者还来不及反应，股价就已经下跌许多了，此时只能借助浪 B 来止损，而且这个止损也是最后的离场机会。

对于弱势的浪 B 反弹，投资者更不要盲目加仓跟进，积极逢高卖出手中持股，降低投资损失才是上上策。

下面来看一个实例。

示例讲解

深圳能源（000027）浪 B 反弹止损分析

如图 5-10 所示为深圳能源 2021 年 3 月至 2022 年 4 月的 K 线走势。

图 5-10　深圳能源 2021 年 3 月至 2022 年 4 月的 K 线走势

从图中可以看到，该股在 2020 年 3 月经过一波急速拉升后将股价推涨到高位，创出 12.66 元的高价后见顶，之后股价进入了长时间的大幅下跌行情中，即图中的浪 A、浪 B 和浪 C。

在整个三浪下跌过程中，浪 B 是绝佳的出逃机会，也是最后的出逃机会，如果错过浪 B 这一止损位后，股价就会进入浪 C 的漫漫下跌走势之中。无论在时间上还是价格上，投资者都会被套。

那么，如何才能抓住这波浪 B 反弹及时出场呢？下面放大浪 A 和浪 B 的走势进行分析。

如图 5-11 所示为深圳能源 2021 年 3 月至 7 月的 K 线走势。

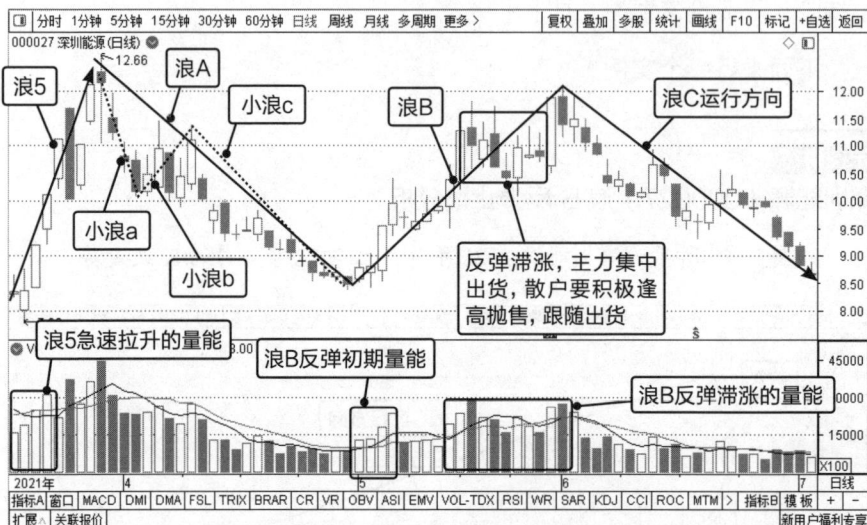

图 5-11　深圳能源 2021 年 3 月至 7 月的 K 线走势

从图中可以看到，浪 A 是由次一级的下跌三浪组成（图中虚线标识的走势），并且在这一浪中有三个套牢盘存在的地方。

- 第一个位置是浪 A 的顶部，这是前期买入的投资者在浪 5 结束时没有提前撤出的筹码区。

- 第二个位置是小浪 a 的结束位置，股价在 10.00 元价位线附近企稳，且之后出现两根涨幅还不错的大阳线，似乎预示着下跌的结束，部分投资者盲目入场，结果股价始终未有效突破 11.00 元的价位线，而是继续快速下跌，从而导致被套。

- 第三个位置是小浪 c 的调整位置。

只要抓住浪 B 的反弹，在前面出现的套牢盘都会得到解套，不仅保住了投资者的资金，对于在小浪 c 位置套牢的投资者甚至还会有所获利。

但是必须掌握好离场的时机，具体而言即是准确判断浪 B 顶部的到来。

在本例中，可以通过以下三点来预测。

◆　股价反弹接近前面小浪 b 的反弹高位（11.00 元价位线）随后股价上涨受阻出现回落，股价始终在该价位线横盘整理，说明 11.00 元价位线是一个强有力的阻力位。

◆　从成交量来看，相对于浪 B 反弹初期，量能明显较大，而且与浪 5 阶段的急速拉升量能相比，也没有缩小多少，但是此时的股价涨势却表现较弱，说明此时的量能放大，而股价横向整理更多的是主力交出筹码，投资者被诱入场接纳主力筹码。

◆　在浪 B 反弹到 11.00 元价位线横盘时，多次出现了带长上影线的 K 线，这是主力拉高出货的常见 K 线形态。

因此，通过如上三个方面的分析，可以判定浪 B 已经运行到顶部区域，而且主力在横盘区间集中出货，此时前期的三个套牢盘就要积极操作了。

①在早期浪 5 到来还未卖出的投资者可以积极卖出了，可以有效锁定既得收益。

②对于在小浪 b 追进的投资者，在经过一个月左右的时间后，再次回到成本区，且市场明显表现上涨动能不足时，要果断抛售，可以避免损失更多。

③对于在小浪 c 追进的投资者，此时已有一部分获利，更要短线持有，快进快出，落袋为安。

这里需要特别提醒投资者，在浪 5 的高价位区域尤其需要谨慎操作，还未进场的投资者切勿盲目追涨，已经获利的投资者最好抛售，落袋为安，这样就可以有效避免高位被套的风险。

5.2.3　超跌反弹的浪 B 有短线机会

依据 A 股市场的独特性，有时浪 B 在浪 A 深幅下跌后会出现超跌反弹，这波反弹甚至可以弥补浪 A 的整个跌幅，因此，对于这样的反弹走势还是有一定行情可以期待的。

从第 3 章的内容可知，浪 A 在出现单浪下跌或者以次一级的下跌三浪展开时，浪 B 大概率会走出强劲的反弹行情，因此，投资者可以从浪 A 的形态来推测浪 B 的反弹力度，并做好抢反弹的准备。

但是，毕竟此时行情处于下跌趋势中，并且不是所有的浪 A 在出现单浪和次一级的下跌三浪后都会出现强劲的浪 B 反弹，投资者如果要参与操作，那么参与仓位不宜过重，一般控制在 50% 或以下为宜，并且要短期持有，一旦发现行情不对，就要立即出局。

特别提醒，对于短线技术不熟练的投资者，最好不要抢反弹，否则很容易被深度套牢。

下面来看一个短线抢反弹的实例。

示例讲解
英特集团（000411）浪 B 短线抢反弹买卖点分析

如图 5-12 所示为英特集团 2020 年 3 月至 2021 年 8 月的 K 线走势。

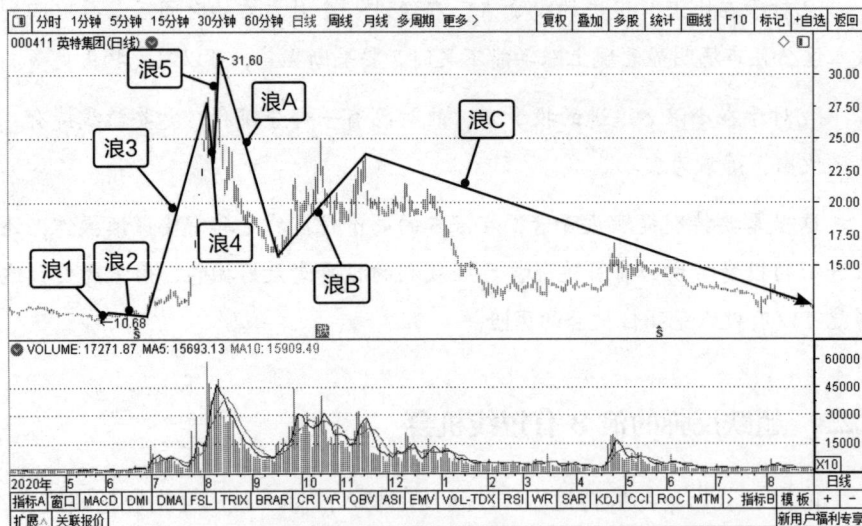

图 5-12　英特集团 2020 年 3 月至 2021 年 8 月的 K 线走势

从图中可以看到，该股经历了一波上升五浪走势后，将股价从 10.68 元推涨到 31.60 元的最高价，涨幅超过 195%。之后股价见顶回落后快速单浪杀跌，在短短一个月左右的时间，股价从 31.60 元下跌到最低的 15.63 元附近，跌幅超过 50%。

股价快速拉高后急速杀跌，这是主力出货的惯用手法，此时可以确定下跌行情开始，而且其中的急速单浪大幅下跌就是下跌三浪中的浪 A 阶段。当浪 A 出现这种走势后，浪 B 会大概率走出比较强劲的行情，此时激进的技术派投资者可以做好抢反弹的准备。

下面放大浪 B 的走势进行具体分析。

如图 5-13 所示为英特集团 2020 年 8 月至 2021 年 1 月的 K 线走势。

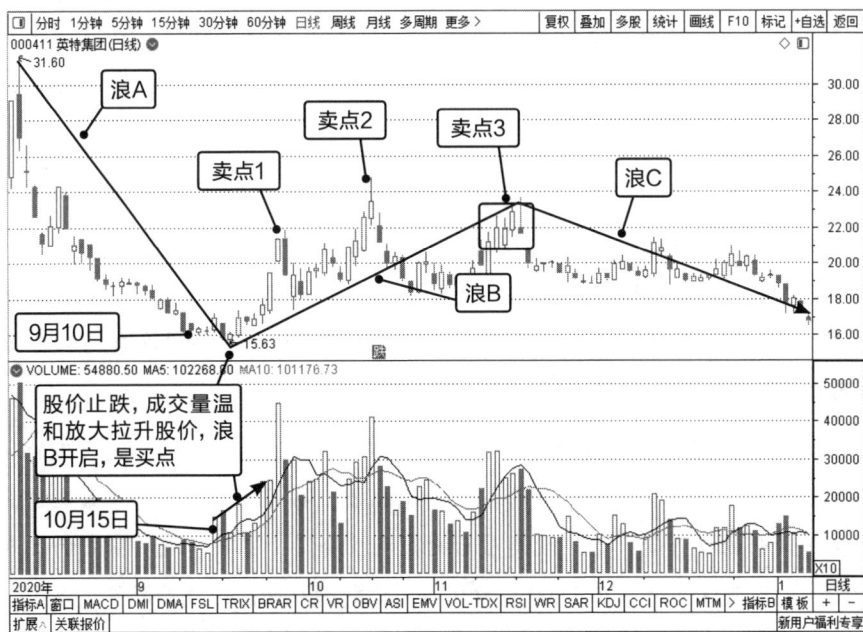

图 5-13　英特集团 2020 年 8 月至 2021 年 1 月的 K 线走势

从图中可以看到，浪 A 继续下跌后于 2020 年 9 月 10 日触及 16.00 元价位线后止跌，接着股价在该价位线横盘两个交易日，说明该价位线是一个明显的支撑位。

接着在 9 月 15 日突然放出明显高于上个交易日一倍的成交量拉升股价，

之后成交量有明显温和放大，股价也在创出 15.63 元的最低价后止跌企稳，说明浪 A 结束，浪 B 开启。此时就是一个抢反弹入场的好时机，但是由于此时行情处于下跌趋势中，大环境向下，因此不要满仓操作。半仓操作或者以低于半仓的仓位操作，都是比较好的仓位控制。

根据波浪理论中浪 B 的反弹幅度，理论上，这里浪 B 反弹结束的价格为 23.62 元左右，理论值的计算公式为：（31.60-15.63）×50%+15.63，有关计算方法在第 3 章有详细的讲解，可查阅相关内容进行计算。因此投资者要时刻关注这个价位。

在 9 月底，连续两日放量涨停大阳线将股价拉高，接近 22.00 元价位线附近，之后出现一根跌停大阴线打压股价，此时相对于 16.00 元的买入成本价来说，已经有 37% 的涨幅收益了，而且 22.00 元的价格对于浪 B 理论的结束价格已经非常接近，可以在这里卖掉一部分持股（图中卖点 1 标记的位置附近），锁定收益。

之后股价很快在 18.00 元价位线止跌后震荡上涨，在 10 月 21 日继续冲高突破 24.00 元的价位线，当日以 4.12% 的涨幅收出带长上影线的阳线，这里的价格已经超过了浪 B 的理论价格，更加说明浪 B 可能随时结束，投资者在此时就应该积极逢高卖出（图中卖点 2 标记的位置附近），规避浪 C 继续下跌风险。

之后股价经历了一波短暂下跌回落后在 18.00 元附近企稳，从后市的拉升量能来看，与浪 B 前面拉升阶段的量能比较，有明显缩小，对于未在前面抢反弹清仓的投资者，这里就是最后的出局机会了（图中卖点 3 标记的位置附近）。因为这波上涨在 23.00 元价位线附近就滞涨回落，之后股价进入了浪 C 下跌。

从后市漫长、大幅的浪 C 下跌来看，如果投资者没有在股价上冲理论值附近时借机顺势抛售出局，在随后浪 C 的长时间大幅下跌中将损失惨重。

此外还需要强调一点，在本例中，浪 B 还有二次冲高理论值的阶段，这是给投资者最后的出局机会，但是这种走势是非常偶然的。实际操作中，在本例中股价第一次冲高理论值附近（卖点 1 和卖点 2）就应该果断清仓，相对来说是比较安全的操作。

5.3　浪 C 尾部：辨别跌势结束早布局

在整个下跌三浪阶段，浪 C 的下跌幅度和持续时间通常都比较长，因此这一阶段也是投资者要积极规避的一个阶段。然而，在浪 C 结束后，又是新一轮的上涨。

对于投资者来说，浪 C 要规避，但是浪 C 尾部也要认真辨别。把握住浪 C 的尾部，就可以买在下一轮上涨行情启动之初。因此浪 C 的尾部对于投资者而言也是非常重要的分析阶段。

5.3.1　如何提高对浪 C 结束位置研判的准确度

在浪 C 阶段，由于浪 B 的反弹没有彻底改变股价的下降趋势，股价会继续出现惯性下跌走势，再加上浪 B 反弹阶段没有及时出局的前期套牢盘和抢反弹追涨盘，在浪 C 阶段也纷纷割肉离场，从而使得浪 C 走出长时间的大幅下跌行情。

除此之外，在浪 C 阶段，往往还会出现延长走势，从而在时间上和幅度上拉大浪 C 的下跌，使得投资者看不到上涨的希望。

因此，没有谁能够真正准确判断浪 C 的结束位置，只有当走势走出来后才知道。虽然不能判断浪 C 的准确结束位置，但是投资者可以通过浪 C 的波段特点或者黄金分割率来判断浪 C 结束的可能位置。例如浪 A 与浪 C 等长，或者浪 C 在浪 A 的 161.8% 的位置。当股价下跌到这些位置后，浪 C 就可能发生结束。

为了提高对浪 C 结束位置研判的准确度，此时还应该结合其他技术指标进行综合分析，当多个指标同时发出见底转势的信号，浪 C 结束的位置就会更加明确。通常在浪 C 阶段配合使用的其他技术分析方法有如下几种，下面对其进行简单介绍。

- ◆ **利用 K 线判断浪 C 尾部**：利用 K 线主要是在浪 C 可能结束的位置查看是否有预示见底的 K 线组合或 K 线形态出现，如早晨之星 K 线组合、头肩底 K 线形态等。

- ◆ **利用趋势线判断浪 C 尾部**：因为浪 C 处于下跌趋势中，因此其运行会受到下降趋势线或者下降通道的限制作用向右下方运行，如果股价向上突破趋势线或者下降通道线，则说明行情由跌转涨，即浪 C 结束，浪 A 开启。

- ◆ **利用技术指标判断浪 C 尾部**：股票技术指标有很多，如成交量（VOL）、移动平均线（MA）等，通过这些指标都可以发出行情转势的信号，从而辅助投资者判断浪 C 结束。

对于这些技术方法在本书后面都会进行介绍，这里只做简单了解。

5.3.2　浪 C 尾部的操作策略

浪 A、浪 B 和浪 C 组成的下跌三浪是股价下跌的主要趋势，在这一下降趋势的作用下，股价将长期处于熊市行情之中。

浪 C 是下降趋势中的最后一浪，同时也是股价下跌走势的最后阶段。在浪 C 结束后，股价的下降趋势就会结束，由此熊市会转变为牛市，在整个牛市中，行情的主要趋势就是上涨，因此是投资者赚取收益的重要行情。

所以，浪 C 的尾部往往孕育着牛市的初期，一旦识别浪 C 结束，牛市行情就开启了，此时投资者应积极长线布局，通过长期持有来享受牛市上涨行情带来的巨大利润，尤其对于下跌幅度大、持续时间长的行情来说，后市的上涨更值得期待。

下面来看一个实例。

示例讲解
学大教育（000526）浪 C 尾部抄底长线布局分析

如图 5-14 所示为学大教育 2015 年 11 月至 2020 年 11 月的 K 线走势。

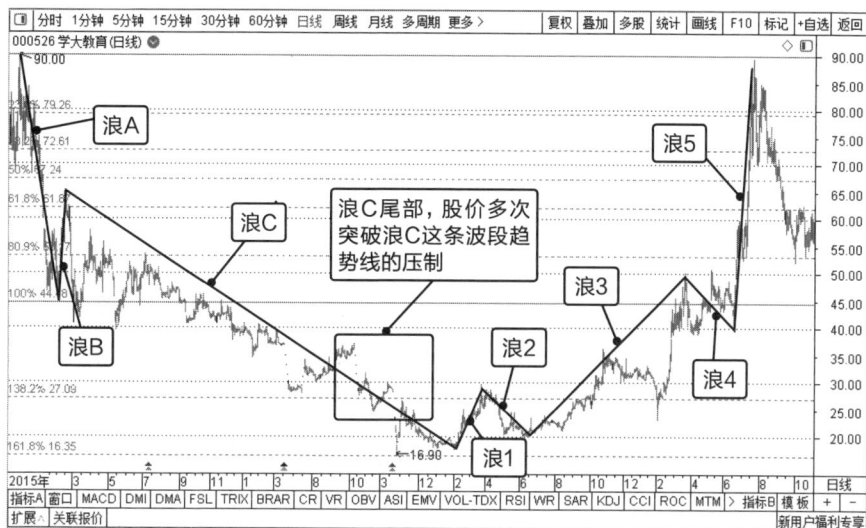

图 5-14　学大教育 2015 年 11 月至 2020 年 11 月的 K 线走势

从图中可以看到，该股从最高价 90.00 元见顶回落后经过了长达两年多的下跌，最终在 2018 年 10 月 18 日创出 16.90 元的最低价，整个跌幅超过 81%。之后股价企稳，结束熊市，迎来牛市，整个牛市从 18.00 元附近最高上涨到接近 90.00 元的价格，涨幅达到 400%。

如何来抓住这波长时间的深幅下跌后的牛市行情呢？首先可以借助黄金分割线来判断浪 C 的大概结束位置。

如上图所示，在股价创出 16.90 元的最低价后，非常接近浪 A 下跌幅度的 161.8% 位置，在这种极度弱势的市场表现下，可以初步判断浪 C 已经跌到了尾部。从整个浪 C 的波段来看，股价大部分时间都被压制在浪 C 的波段线下方运行，但是在尾部附近，股价多次突破浪 C 的波段线，也说明了行情要发生转变，此时需重新修正下降趋势线来寻找浪 C 尾部的买点。

下面放大浪 C 尾部和牛市初期的走势来分析。

如图 5-15 所示为学大教育 2017 年 8 月至 2019 年 4 月的 K 线走势。

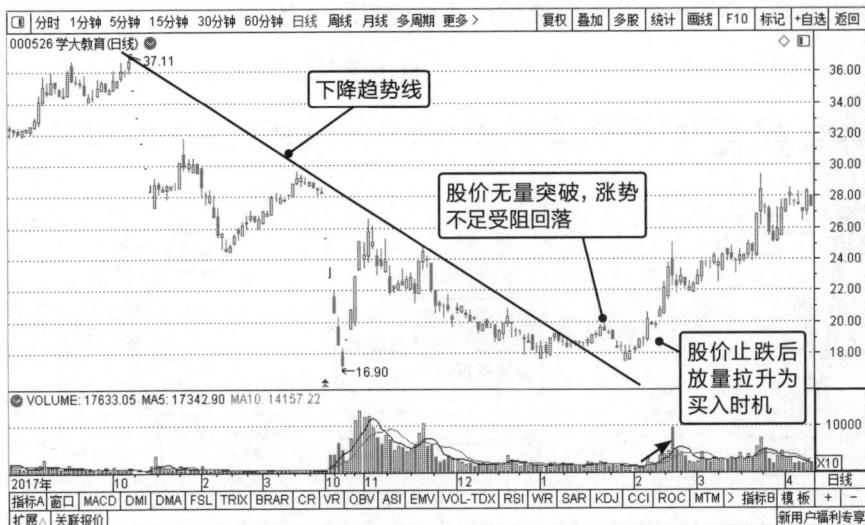

图 5-15　学大教育 2017 年 8 月至 2019 年 4 月的 K 线走势

从图中可以看到，重新根据浪 C 末端的下跌走势，找到两个明显的波峰连接绘制下降趋势线，之后股价始终在该下降趋势线下方运行，时间长达半年多，说明该趋势线比较可靠。

在 2018 年 12 月底，股价下跌到 18.00 元价位线附近后跌势减缓，并在该价位线横向运行，在 2019 年 1 月中旬，股价突破下降趋势线运行到下降趋势线上方，由于此次突破没有量能支撑，股价很快在 20.00 元价位线上涨受阻。

但是股价回落并没有跌破下降趋势线，而是在其上方 18.00 元价位线附近止跌，说明此时的下降趋势线的压制作用转换成了支撑作用，并且随后股价缓慢拉升有量能配合。结合此时股价已经下跌到浪 C 尾部，因此可以判定此时浪 C 结束，新的上涨行情启动。此时，激进的投资者可以积极逢低吸纳，长线布局。

从后市的涨势来看，股价有多次大幅调整，但是如果长线布局的话，影响不大；如果短线操作，则要结合上升五浪中各浪的走势和特点进行研判，寻找合适的买卖时机。

第6章

透过K线找各浪的买卖点

在上一章我们了解到，要想更加准确地使用波浪理论进行实战，找准买卖点，需要借助其他技术指标进行综合判断。K线作为一种基础、重要的分析技术，是股市投资者必须要掌握的。将波浪理论和K线分析相结合，可以得到一种全新的股市分析方法，从而更好地指导投资者的实战操作。

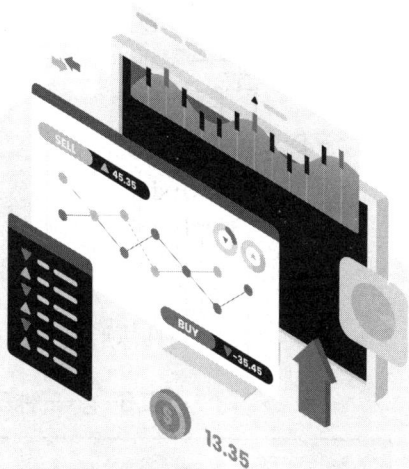

- 波浪理论+K线组合应用实战
- 波浪理论+K线反转形态应用实战

6.1 波浪理论+K 线组合应用实战

K 线组合是由两根或者几根 K 线组成的，具有看涨看跌作用的组合形态，如早晨之星、红三兵、黄昏之星、黑三鸦都是常见的 K 线组合。在讲解波浪理论与 K 线组合应用之前，首先来具体了解一下 K 线。

6.1.1 K 线知识快速掌握

在前面的内容讲解中已经接触到 K 线，这里将从 K 线的结构和 K 线的分类两方面来进一步认识 K 线。

（1）认识 K 线的结构

K线图又称蜡烛图、阴阳线、棒线等，用于描述个股当日开盘价、收盘价、最高价和最低价。根据开盘价和收盘价的大小关系，可以将其分为阳线、阴线和十字线，如图6-1所示。

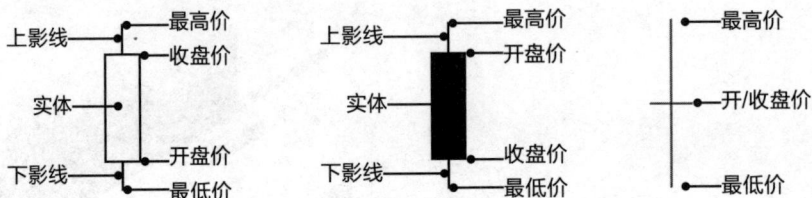

图6-1 K线的三种基本类型

各类型 K 线的具体形成规则如表 6-1 所示。

表6-1 三种基本 K 线类型的形成规则

类　　型	形成规则
阳线	股票当日收盘价高于开盘价称为阳线，其在 K 线上反映为：开盘价在下收盘价在上，实体常为红色的实心或空心。
阴线	股票当日收盘价低于开盘价称为阴线，其在 K 线上反映为：开盘价在上收盘价在下，实体常为绿色或黑色的实心。

续表

类　　型	形成规则
十字线	股票当日收盘价等于开盘价称为十字线，其在 K 线上反映为：开盘价、收盘价和实体重合的"十"字形。

K 线中的上影线和下影线也是 K 线的重要组成部分。上影线是从实体向上延伸的细线，最高点是当天股价的最高价，其产生原因是空方力量大于多方造成的；下影线是从实体向下延伸的细线，最低点为当天股价的最低价，其产生原因是多方力量大于空方力量形成的。

（2）了解 K 线的类型

根据不同的分类标准，可以将 K 线分为多种不同的类型，对于股票投资者而言，有意义的分类一般是根据股价波动范围和计算周期两种依据进行划分。

◆　根据股价波动范围划分 K 线

根据开盘价与收盘价的波动范围，可以将 K 线分为小阴、小阳、中阴、中阳、大阴和大阳等线型，如图6-2所示为股票软件中各种 K 线的实际效果。

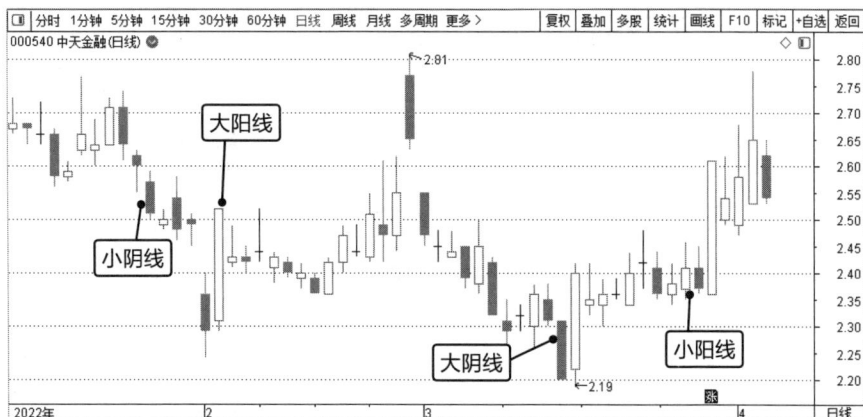

图6-2　股票软件中的各种 K 线

各种 K 线类型的具体划分标准如图 6-3 所示。

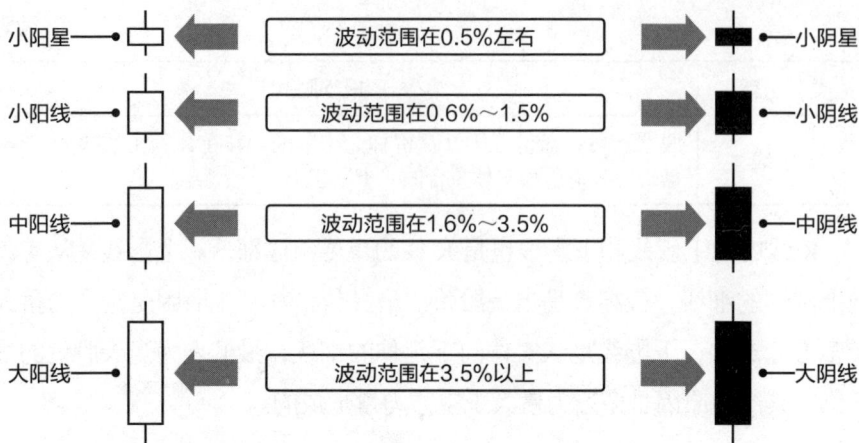

图6-3　按股价波动范围划分的K线类型

◆　根据计算周期划分K线

默认情况下，炒股软件中的K线周期一般为日K线，除此之外，还有其他周期的K线，如周K线、月K线和年K线等，或者采用更短的时间周期，如1分钟K线、5分钟K线、15分钟K线、30分钟K线和60分钟K线等。如图6-4所示为周K线图。

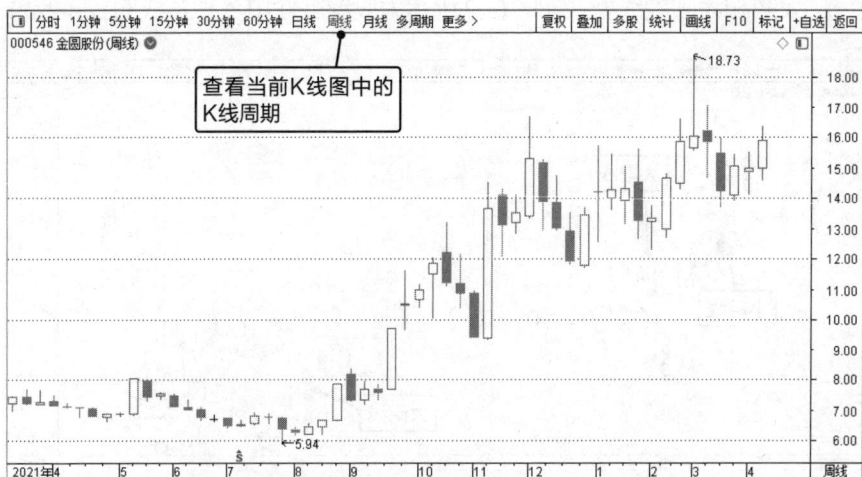

图6-4　股票软件中的周K线图

对于不同周期的K线，其研判的走势也不同，通常周K线、月K线和年 K 线用于研判中长期走势，而 5 分钟 K 线、15 分钟 K 线、30 分钟 K 线和 60 分钟 K 线反映的是股价的超短期走势。

当股票的 K 线图周期被切换后，其他叠加到 K 线图上的技术指标及下面的副图指标也会同时改变为相应的时间周期。

拓展贴士 *如何更改 K 线图的计算周期*

在通达信软件中，软件界面顶部包含了各种周期的更换按钮，单击对应的按钮即可切换 K 线图周期。此外，还可以通过键盘精灵切换显示 K 线的周期，其具体的操作方法是输入不同计算周期的代码，其中，"91"至"98"依次代表 1 分钟 K 线、5 分钟 K 线、15 分钟 K 线、30 分钟 K 线、60 分钟 K 线、日 K 线、周 K 线和月 K 线。需要注意的是，不同的行情软件代码会有所不同，投资者可以在软件的帮助说明书中进行查找。

了解了 K 线的构成和分类后，下面就来针对几种常见的 K 线组合讲解与波浪理论结合使用的实战。

6.1.2　早晨之星与波浪理论的配合

早晨之星又叫希望之星，它是由三根 K 线组合而成，第一根 K 线是一根大阴线；第二根 K 线是一根低开的小阳线、小阴线或者"十"字星线；第三根 K 线是一根大阳线，收盘价必须深入第一根阴线的实体内，且深入得越多越有意义，其示意图如图 6-5 所示。

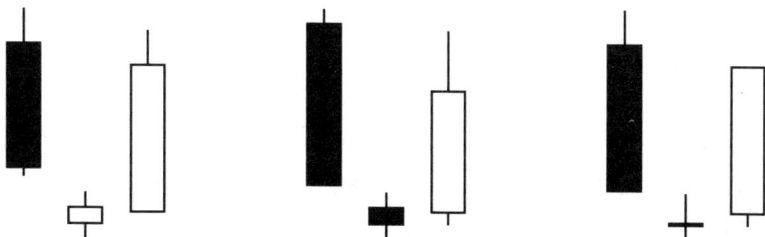

图 6-5　早晨之星示意图

早晨之星出现在股价运行的低位，是股价见底的一个信号，如果第二根 K 线是跳空低开，且与第一根大阴线形成缺口，则见底信号更强烈。在早晨之星出现之后，应该考虑买入股票。

在整个五浪上升模式中，早晨之星一般出现在浪 C 的末端，预示了下跌趋势的改变，新的上涨趋势的到来，即标志着浪 1 的开始。此时投资者可以积极买入，中长线持有。

下面来看一个实例。

示例讲解
冠捷科技（000727）早晨之星在浪 C 末端买入分析

如图 6-6 所示为冠捷科技 2015 年 4 月至 2018 年 11 月的 K 线走势。

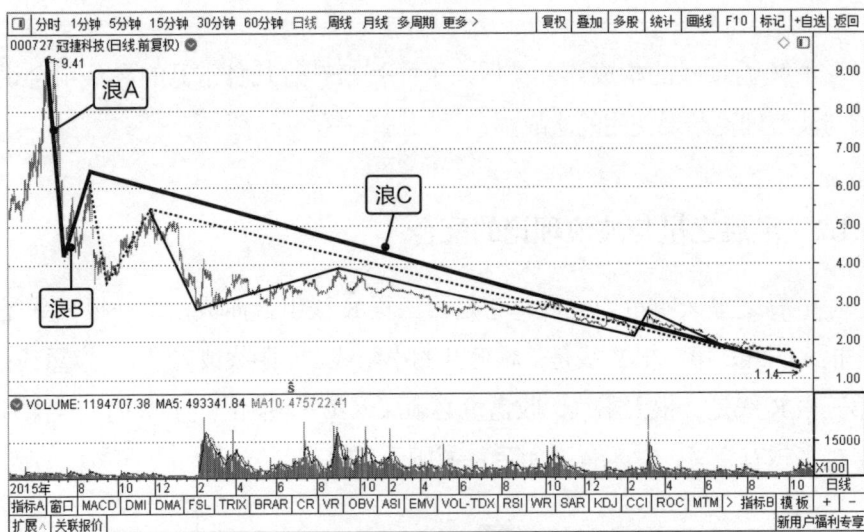

图 6-6　冠捷科技 2015 年 4 月至 2018 年 11 月的 K 线走势

从图中可以看到，该股在 9.41 元的价格见顶后一路下跌，走出一波下跌三浪（见图中的粗实线），其中浪 C 发生延长，由次一级的五浪结构组成（见图中的虚线），而小浪 3 又发生了延长，由更小一级的五浪结构组成（见图中的细实线），浪 C 中连续发生延长，加强了股价的下跌幅度和时间，使得股价从最高的 9.41 元下跌到最低的 1.14 元，跌幅超过了 87%。

由波浪理论可知，当下跌三浪运行完毕后，股价的趋势就会发生转变，并且这种转变至少是一个中期的上涨趋势。这里经过这样走势严谨的下跌三浪，该股的下跌空间已经萎缩，转换趋势迫在眉睫。

因此在股价大幅下跌后，投资者就要密切关注该股的走势，在股价发出买入信号时即可进行抄底。

下面放大浪 C 末尾的走势进行具体分析。

如图 6-7 所示为冠捷科技 2018 年 3 月至 11 月的 K 线走势。

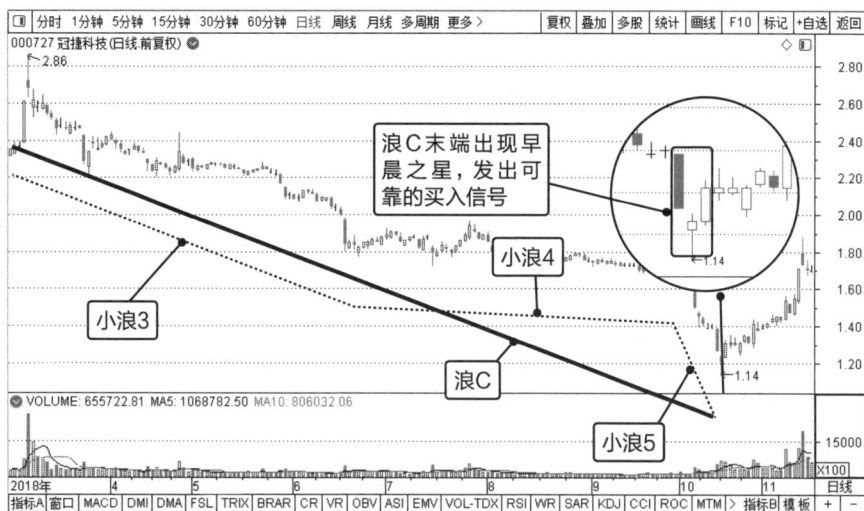

图 6-7　冠捷科技 2018 年 3 月至 11 月的 K 线走势

从图中可以看到，该股在浪 C 尾部次一级的五浪结构的小浪 5 中，多次出现阴线直线拉低股价，且中间穿插两根跌幅分别为 9.64% 和跌停的大阴线，直接将股价打压到低位，出现暴跌行情。

在跌停大阴线后，股价低开震荡波动，当日以 2.38% 的涨幅收出带长下影线的小阳线，创出 1.14 元的历史低点。

次日，股价平开后一路高走，当日以 6.5% 的涨幅大阳线报收，收盘价深深插入到跌停大阴线实体内部，这三个交易日的 K 线走势形成典型的早晨之星 K 线组合。

由于该 K 线组合形态出现在浪 C 的末端，而且出现早晨之星 K 线组合的同时成交量出现明显放量，这是主力介入的表现，更加确定了早晨之星股价见顶信号的可信度。根据这个信号可以判断浪 1 将要启动，投资者可以在早晨之星出现后买入该股，持股待涨。

这里需要说明的是，像上面的例子，在初步确立了底部之后，投资者就可以开始布局操作了。但是，股市变化是复杂的，因此为了尽可能降低投资风险，这里建议投资者不要满仓建仓，可采取中、长期分批次建仓的操作策略。

6.1.3　红三兵与波浪理论的配合

红三兵是由三根连续上升的阳线组成的 K 线组合。标准的红三兵组合必须具备以下特征。

◆　三根阳线都是中小阳线，且阳线的实体基本相当。

◆　后两根阳线都是低开高走，有着明显的上涨趋势。

◆　第三根阳线的收盘价必须超过前面阳线的收盘价。

其示意图如图 6-8 所示。

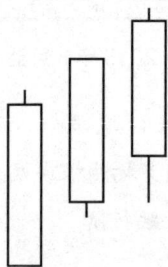

图 6-8　标准红三兵组合示意图

在实际操盘中，完全走出标准红三兵形态的情况不多见，只要三根阳线的组合形态符合上述特征的后面两条，也将其视作红三兵形态进行应用，其常见的几种组合形态示意图如图 6-9 所示。

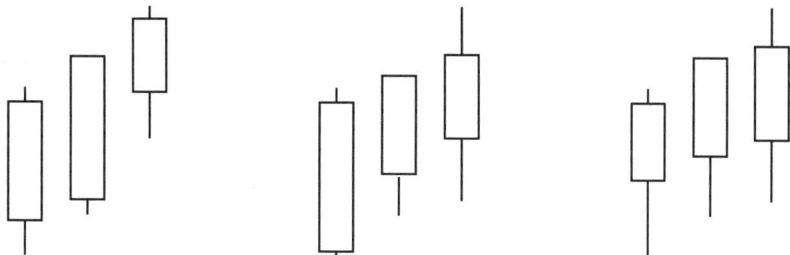

图 6-9　非标准红三兵组合示意图

红三兵 K 线组合要发出股价见底的买入信号，必须运行在股价的低价位区，如在上升五浪中的浪 1 阶段。

如果在上升途中出现红三兵 K 线组合，如在上升五浪中的浪 3 或浪 5 阶段，此时要区别对待。

若在浪 3 阶段出现红三兵 K 线组合，显示了股价继续上涨的动力十足，投资者在这个阶段可以积极买入做多。尤其在浪 3 前期阶段多次出现红三兵形态时，更加确立了浪 3 的形成，且发出强烈的买入信号。

若在浪 5 阶段出现红三兵 K 线组合，由于浪 5 是上涨五浪的最后一浪，此时投资者要谨慎操作，具体的操作策略有以下两点。

◆　根据前期的涨幅判断浪 5 是否能够形成上涨趋势，如果浪 5 具备形成上涨趋势的条件，那么红三兵的出现就是股价上涨动力十足的表现，投资者可继续跟进做多。

◆　如果浪 5 没有形成上涨趋势的条件，此时的红三兵形态可能就是主力出货的一个技术陷阱，投资者此时最好不要进行操作。

下面来看一个红三兵与波浪理论配合使用的实例。

示例讲解

吉林化纤（000420）红三兵在浪 3 阶段的买入分析

如图 6-10 所示为吉林化纤 2018 年 9 月至 2019 年 6 月的 K 线走势。

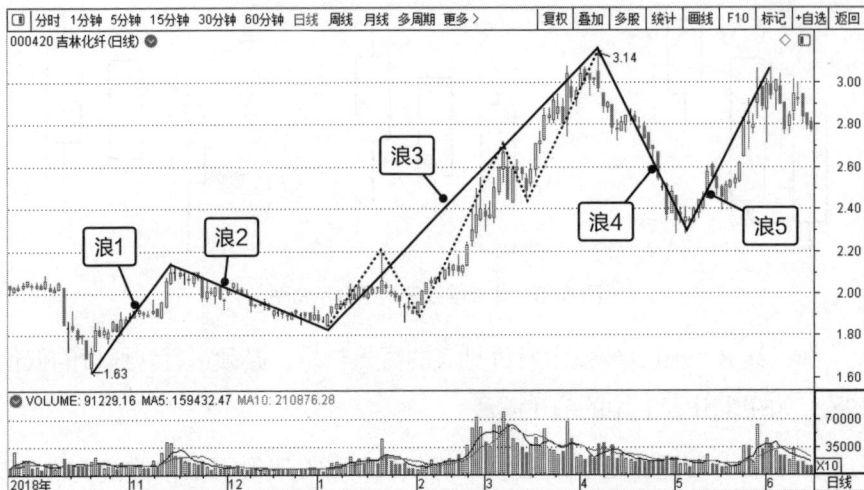

图 6-10　吉林化纤 2018 年 9 月至 2019 年 6 月的 K 线走势

从图中可以看到，该股在 1.63 元见底后经历了一波完整的上升五浪，其中浪 3 发生了延长，短短 3 个月左右的时间，股价从 1.84 元上涨到 3.14 元，涨幅超过 70%。如何来抓住浪 3 这波上涨呢？

下面放大浪 2 和浪 3 的前期走势来分析浪 3 的开启。

如图 6-11 所示为吉林化纤 2018 年 11 月至 2019 年 2 月的 K 线走势。

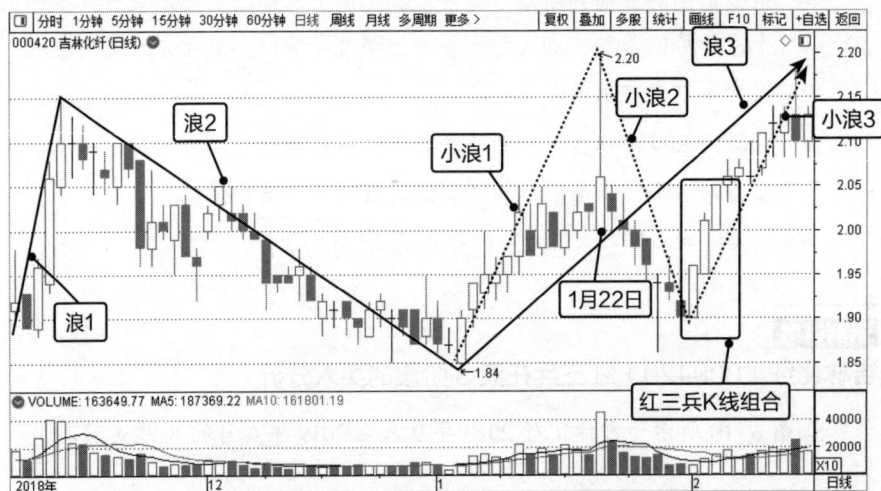

图 6-11　吉林化纤 2018 年 11 月至 2019 年 2 月的 K 线走势

从图中可以看到，浪 1 上涨到 2.10 元附近后阶段见顶，之后浪 2 走出一个单边下跌趋势，在浪 2 的整个运行过程中，成交量都在萎缩，尤其在 2018 年 12 月，浪 2 跌幅越来越小，成交量更是出现了极度的缩量，显示出了市场卖盘的枯竭。

2019 年 1 月 4 日，股价低开后一路放量高走，当日以 1.6% 的涨幅阳线报收，创出 1.84 元的最低价，股价止跌，激进的投资者可以在此位置买入。

之后股价温和放量拉升，在 1 月 22 日，股价放出巨量拉升股价，收出一根带长上影线的阳线，之后股价连续阴线报收。这一波短暂的温和放量拉升明显不是浪 3 的走势，因此大概率分析浪 3 可能发生延长。

2 月 1 日，该股平开后一路高走，当日以 3.16% 的涨幅大阳线报收，接下来两个交易日，股价连续低开高走阳线报收，收盘价都逐步高于上个交易日的收盘价，形成标准的红三兵看涨组合。结合当前股价的所处阶段，可以判断浪 3 到来，且是以延长浪的形式出现。

下面放大浪 3 走势来分析买点。

如图 6-12 所示为吉林化纤 2018 年 12 月至 2019 年 4 月的 K 线走势。

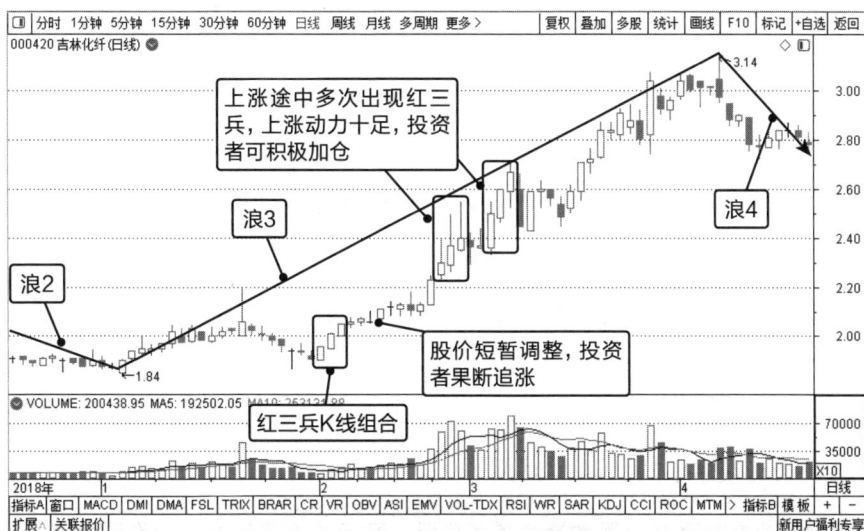

图 6-12　吉林化纤 2018 年 12 月至 2019 年 4 月的 K 线走势

从图中可以看到，在红三兵K线组合形态之后，该股出现了一波短暂的休整走势，此时稳健的投资者也可以积极买入做多，成本价可以控制在2.10元左右。

随后该股震荡拉升，之后K线多次出现红三兵形态，说明股价上涨动力十足，应该坚定持有或加仓。

6.1.4　黄昏之星与波浪理论的配合

黄昏之星又称"暮星"，它是由三根K线组成的。第一根K线为大阳线；第二根K线是高开的小阳线、小阴线或者"十"字星线；第三根K线是一根大阴线，收盘价应位于第一根阳线实体内，且深入得越多越具有效性。其示意图如图6-13所示。

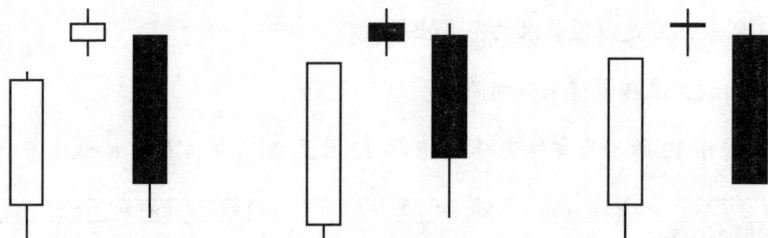

图6-13　黄昏之星示意图

黄昏之星出现在股价运行的高位，是一个见顶信号，如果黄昏之星组合形态的第二根K线是跳空的，并且与第一根大阳线之间形成缺口，则见顶信号更强烈。

在黄昏之星K线组合出现后，投资者应该卖出手中的股票，避免接下来发生的下跌走势。

在上升五浪阶段，黄昏之星一般出现在浪3位置和浪5位置。不同的位置，操盘策略不同，具体如下。

◆ 当黄昏之星出现在浪3顶部位置，预示着浪3结束，股价即将进入到浪4的回调之中，投资者可逢高卖出，规避浪4的回调，尤其在浪4

可能以较大跌幅长时间回调时，此时出现的黄昏之星，更是投资者出局的可靠信号。

◆ 如果黄昏之星出现在浪 5 顶部位置，预示着上升五浪结束，股价的上涨趋势即将改变为下降趋势，投资者应果断清仓，落袋为安。

下面来看一个实例。

示例讲解

四川美丰（000731）黄昏之星在浪 5 顶部的卖出分析

如图 6-14 所示为四川美丰 2020 年 12 月至 2021 年 11 月的 K 线走势。

图 6-14　四川美丰 2020 年 12 月至 2021 年 11 月的 K 线走势

从图中可以看到，股价在 2021 年 2 月初创出 4.12 元的最低价后企稳回升步入上涨，在一轮完整的上升五浪推动下，股价大幅上涨到 2021 年 9 月的 14.68 元，涨幅超过 256%。整个上升五浪中，浪 1 和浪 3 涨幅差不多，且整体涨幅都不大，因此浪 5 发生延长，出现爆发式的上涨。

下面放大浪 5 的走势来分析浪 5 顶部出货的位置。

如图 6-15 所示为四川美丰 2021 年 6 月至 11 月的 K 线走势。

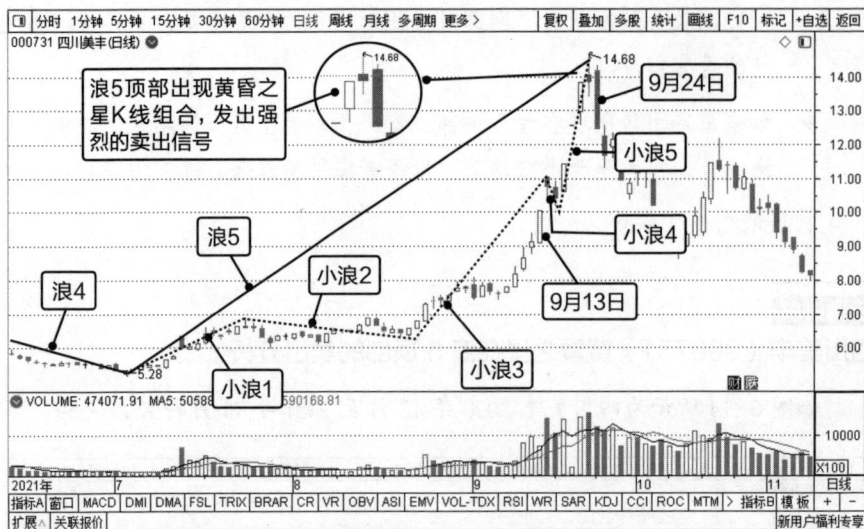

图6-15　四川美丰2021年6月至11月的K线走势

从图中可以看到，随着浪4的调整，成交量越来越小，甚至出现极度地量。最终，浪4在2021年6月底宣告结束，随后开启浪5走势，整个浪5是以延长浪的方式展开，整个前期上涨，成交量都没有太大变化，说明主力控盘度高。

在小浪3的后半部分，股价开始出现放量拉升，在9月13日，股价更是以涨停大阳线报收拉高股价，但是成交量相对于前两日来说，有一定缩小。之后股价出现了两个交易日的调整，这就是小浪4阶段。这波调整的时间非常短，但是成交量却比以往都大，主力出货明显。

9月16日股价继续放量拉高走出涨停大阳线，开启小浪5的最后上涨，次日以地量一字涨停板拉高股价，在股价大幅上涨的高位，尤其现在已经处于浪5阶段的小浪5波段，这种价涨量跌的背离，说明股价随时可能见顶回落步入下跌。此时投资者要特别谨慎地操作。

9月22日，再次出现巨量拉高股价走出涨停大阳线，次日股价继续放量高开，但是之后快速回落，当日收出带长上下影线的小阴线，创出近年来的历史最高价14.68元，成交量也是这波拉升的最大值。成交量巨大，但是股价涨势不足，稳健的投资者此时就应该积极抛售了。

9 月 24 日，该股放巨量微微高开后一路下跌，之后股价快速被打到跌停板，当日以跌停大阴线报收，大阴线实体完全覆盖了 9 月 22 日的涨停大阳线。这三个交易日的 K 线走势形成了典型的黄昏之星 K 线组合，发出卖出信号。

再结合股价当前所处的波段位置，可以更加确定浪 5 的上涨结束，两个技术形态同时预示股价见顶，此时就是强烈的卖出信号，还未出局的投资者要果断清仓，不要以为小浪 5 才持续两三个交易日而仍然对后市抱有幻想。

从后市的下跌来看，股价在短短一个月左右的时间，从 14.68 元快速下跌到 8.00 元附近，跌幅达到 45%。如果投资者在顶部没有及时出逃，损失还是比较大的。由此更加说明了 K 线组合形态与波浪理论结合使用的重要意义。

6.1.5 黑三兵与波浪理论的配合

黑三兵 K 线组合与红三兵 K 线组合是相反的形态，也是较为常见的顶部反转信号之一。它是由三根连续下跌的阴线组成的，这三根阴线的最低价一根比一根低，从而进一步确立下跌走势，其示意图如图 6-16 所示。

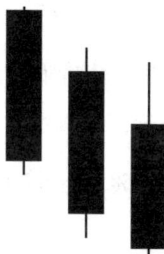

图 6-16　黑三兵示意图

黑三兵 K 线组合是一种空头信号，当这种形态出现时，投资者不能盲目入场，持有股票的投资者要赶紧卖出，避免更大的损失。

结合波浪理论，黑三兵 K 线组合一般出现在浪 C 的运行途中，显示的是股价继续下跌动力十足，之后还有较大幅度的调整，投资者在遇到这种情况时，不要着急抄底。

下面来看一个实例。

富奥股份（000030）黑三兵在浪 C 途中的操盘分析

如图 6-17 所示为富奥股份 2021 年 7 月至 2022 年 3 月的 K 线走势。

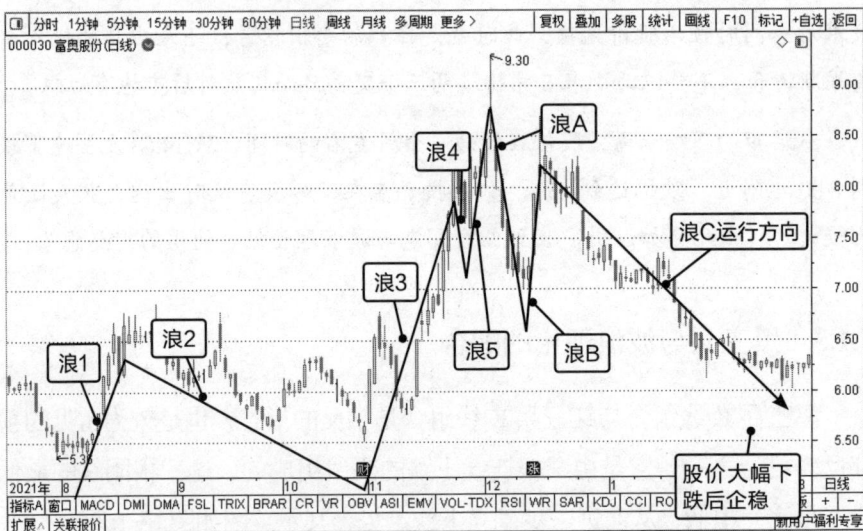

图 6-17　富奥股份 2021 年 7 月至 2022 年 3 月的 K 线走势

从图中可以看到，该股经历了一轮清晰的上升五浪走势后，将股价从 5.36 元附近快速拉升到 9.30 元的最高价，涨幅超过 73%。

之后股价快速翻转下跌，整个浪 A 和浪 B 走势持续时间都很短，之后便进入到漫长的浪 C 下跌走势中。

在 2022 年 1 月底，股价跌速减缓，之后在 6.00 元价位线上方横盘窄幅波动。在大幅下跌的低位，此时的企稳是否意味着浪 C 结束，行情有望止跌回升步入上涨呢？

下面放大后面的走势继续进行分析。

如图 6-18 所示为富奥股份 2022 年 1 月至 4 月的 K 线走势。

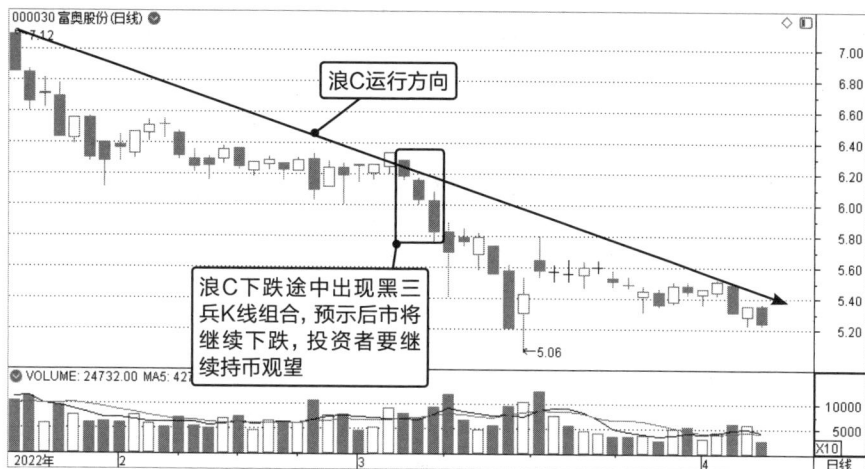

图 6-18　富奥股份 2022 年 1 月至 4 月的 K 线走势

从图中可以看到，该股在 6.20 元价位线横盘十几个交易日后，在 3 月 7 日低开低走以 2.43% 的跌幅阴线报收，并且跌破 6.20 元价位线，之后继续以 3.48% 的跌幅阴线报收，拉低股价继续向下，从最近这三个交易日的走势来看，形成了明显的黑三兵 K 线组合。

股价以这种看跌 K 线组合的方式跌破近期的支撑位，且这三日成交量的量能相对之前横盘整理阶段的成交量量能来说，比大部分时间的成交量都大，说明市场中的下跌动能十足，之前的窄幅横盘整理不是浪 C 见底的信号，股价之后还会面临更大的下跌。因此，此时投资者最好还是以持币观望为主，不要盲目抄底。

从后市的下跌来看，股价继续下跌，很快下跌到 5.20 元价位线附近，跌势仍未结束。

6.2　波浪理论+K 线反转形态应用实战

对于 K 线的应用，除了几个交易日内的 K 线组合外，还有一些由更长时间的多根 K 线构成的 K 线形态，如第 1 章介绍的交替规则中的锯齿形态、整理形态，都是常见的 K 线形态。除此之外，还有一些可以发出趋势见顶或见底信号的反转形态。

6.2.1　经典的反转形态及其市场意义

反转形态即预示股价走势将要发生逆转的 K 线形态，这类形态通常具有以下特点。

◆ 反转形态形成时的规模与后市行情的规模成正比，即反转形态的涨跌幅度越大，历经时间越长，后市新行情的规模也越大，反之亦然。

◆ 不同位置的反转形态形成时间不同，底部区域的反转形态形成时间较长，顶部区域的反转形态形成时间较短。

◆ 反转形态能否得到确认，成交量至关重要。例如在底部反转形态中，股价的上涨一定需要成交量的配合。

常见的反转形态有 V 形形态、双重形态、三重形态和头肩形态等，下面分别进行介绍。

（1）V 形形态

V形形态包括V形底形态和倒V形顶形态。

V形底形态又称为尖底形态，由于其形状像字母V，因此被称为V形底形态，其示意图如图6-19所示。

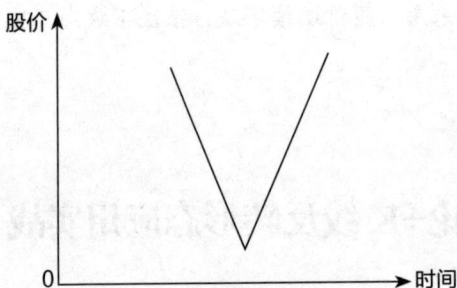

图6-19　V形底形态示意图

V形底是一个比较常见的反转形态。通常出现在底部的频率较高，而且一般出现在市场剧烈的波动之中。该形态与其他的反转形态最大的区别就在于，V形底转向过程仅有2～3个交易日，有时甚至时间更短就完成了，这让V形底成为最直观的反转形态。

倒V形顶形态又称为尖顶形态，也是一个比较常见的反转形态，示意图如图6-20所示。

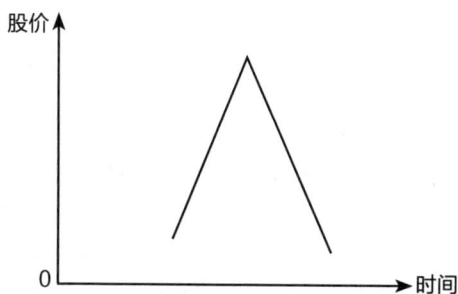

图 6-20   倒 V 形顶形态示意图

倒V形顶反转形态在顶部出现的频率较高，而且一般出现在市场剧烈波动之中。其关键性的转向过程也仅2～3个交易日就能完成，有时甚至更短，通常情况下会有一条较长的上影线触顶，随后股价开始大幅下跌。

（2）双重形态

双重形态包括双重底形态和双重顶形态。

双重底又称为W形底，该形态一般在下跌行情的末期出现。双重底反转形态一般具有如下特征。

◆ 形态的低点通常在同一水平线，股价第一次冲高回落后的顶点称为颈部，当股价放量突破颈线时，行情可能见底回升。

◆ 形态形成之后，股价有可能出现回落的行情，最终会在颈部附近止跌企稳，后市看涨，投资者可在第二次突破回落止跌后介入。

如图 6-21 所示为双重底形态的示意图。

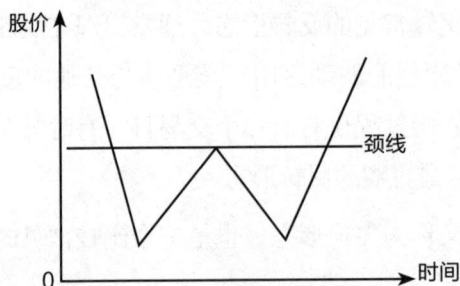

图6-21　双重底形态示意图

拓展贴士　*实战中的双重底形态*

在实际操作中，也会出现双重底的两个底点不在同一水平线上的情况，通常，第二个底点都比第一个底点稍高，这是因为部分先知先觉的投资者在第二次股价回落时已开始买入，令股价没法再次跌回上次的底点。而且形态底部两个底点之间的距离也存在不对称的情况，通常，左底成交量大于右底，突破颈线若伴随放量，则上涨信号比较明确。

此外，双重底形态在底部构筑的时间越长，其产生的回升效果就越长。完整形态的 W 底构筑时间至少需要一个月，过短的时间间隔有可能是主力设置的技术陷阱。

双重顶又称M形顶，该形态一般是在上升行情的末期出现，它与双重底形态的作用刚好相反，它是一个后市看跌的见顶反转形态。

双重顶反转形态一般具有如下特征。

◆　形态的高点并不一定在同一水平，通常第二个顶点比第一个顶点稍高，是高位追涨筹码介入拉高的结果，由于主力借机出货，因此股价上涨力度不大。

◆　形态的两个顶点就是股价这轮上升行情的最高点，当股价有效跌破形态颈线（第一次下跌的低点为颈部）时行情发生逆转，投资者应果断卖出股票。

如图6-22所示为双重顶形态的示意图。

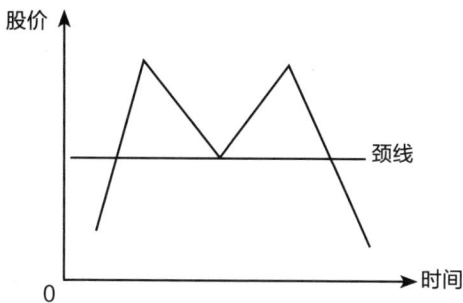

图6-22　双重顶形态示意图

（3）三重形态

三重形态包括三重底形态和三重顶形态。

三重底形态是由三个一样的低位或接近的低位形成，与头肩底的区别是头部的价位回缩到和肩部差不多的位置。

出现三重底形态的原因是投资者没有耐心，在形态完全形成之前便急于卖出，走势不如人意时又急于买进。等到形态完成，大势已定，股价正式开始反转时，投资者却犹豫不决，缺乏信心，没有把握住上涨的行情。三重底形态的分析需要注意以下两点。

◆　三重底的颈部和底部连线是水平的，所以三重底具有矩形的特征。

◆　三重底的低点与低点的间隔距离不必相等。

如图6-23所示为三重底形态的示意图。

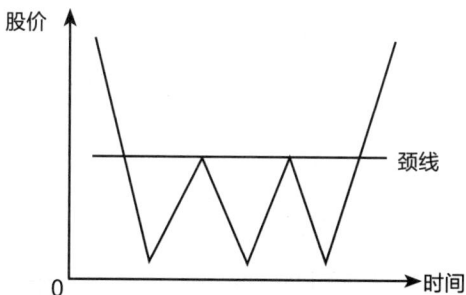

图6-23　三重底形态示意图

三重顶与三重底类似，是由三个一样高或接近的高位形成，头部的价位与肩部的位置相差不远。

出现三重顶形态的原因也是投资者没有耐心，在形态没完全形成时便急于卖出或急于买进，等到形态完成大势已定时，却发现股价已经处于下跌通道中，后市遭受不少损失。

如图6-24所示为三重顶形态的示意图。

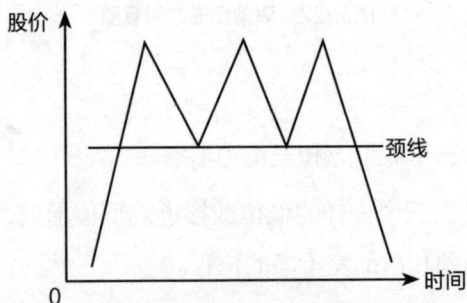

图6-24　三重顶形态示意图

拓展贴士　实战中的三重形态

在实战中，三重底（顶）的谷底与谷底，或峰顶与峰顶的间隔距离与时间不必相等，同时三重底（顶）的底部或顶部也不一定要在相同的价格形成，即颈线也不一定是水平的。

此外，三重形态的形成时间一般在两个月以上，且时间越长，三重形态越可靠。过于短暂时间形成的三重形态，很容易变成其他形态。

（4）头肩形态

头肩形态包括头肩底形态和头肩顶形态。

头肩底形态是在实战中出现最多的一种形态，它是一个长期趋势的反转形态，通常出现在下跌行情的末期。这一形态具有以下特征。

◆　头肩底形态的两肩低点大致相等。

◆ 就成交量而言，左肩最少，头部次之，右肩最多。股价突破颈线不一定需要大成交量配合，但是日后继续上涨时成交量会放大。

如图6-25所示为头肩底形态的示意图。

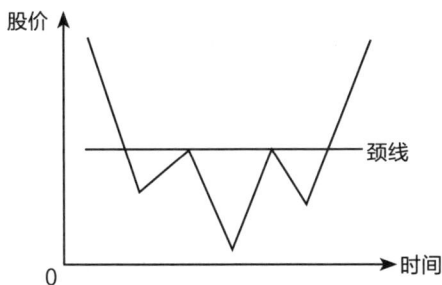

图6-25　头肩底形态示意图

头肩顶形态是较为可靠的卖出信号，通过三次连续的涨跌构成该形态的三个部分，也就是有三个高点，中间的高点比另外两个高点要高，称为"头部"，左右两个相对较低的高点称为"肩部"。如图6-26所示为头肩顶形态的示意图。

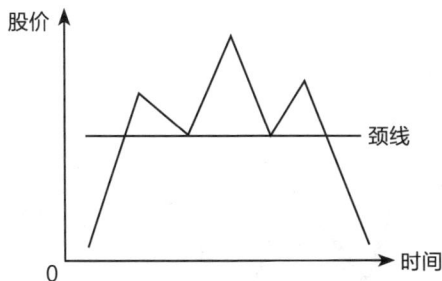

图6-26　头肩顶形态示意图

以上形态都是 K 线中常见的反转形态，其中 V 形形态形成的时间较快，一般投资者不容易把握，而双重形态、三重形态和头肩形态与波浪理论结合使用时，其分析方式差不多，这里以双重形态为例讲解波浪理论与 K 线形态结合使用的实操。

由于双重底是见底形态，因此与波浪理论结合可以抓买点。而双重顶是见顶信号，与波浪理论结合可以找卖点。

6.2.2　K 线形态与波浪理论结合抓买点

K 线形态中的双重底形态一般出现在下跌三浪末尾之后，即从浪 C 的结束位置开始，这样的走势显示的是股价中长期趋势的转变。

双重底从浪 C 结束位置开始有两种情况，一种是浪 C 与下一轮上升五浪的浪 1 构成双重底，另一种是浪 C 与下一轮上升五浪的浪 1、浪 2 和浪 3 构成双重底。

◆　浪 C 与下一轮上升五浪的浪 1 构成双重底

浪 C 发生延长，双重底是由浪 C 中的小浪 3、小浪 4 构成第一底，小浪 5 和下一轮上涨五浪的浪 1 构成第二底，其示意图如图 6-27 所示。这种情况下形成的双重底，其买入时机发生在浪 1 阶段，当股价放量突破浪 C 次一级上升五浪中小浪 4 的回调高点时，投资者可以积极买入。

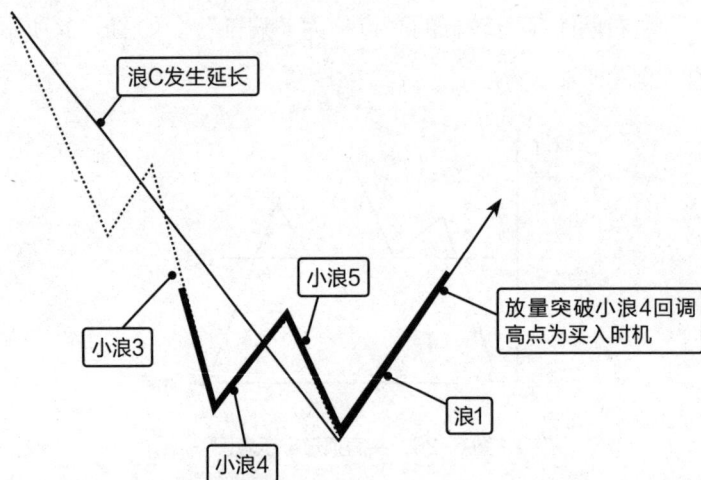

图6-27　浪C与下一轮上升五浪的浪1构成双重底

到底浪 1 能够持续多久，很不确定，所以此时依据双重底发出的买入信号买进的投资者，最好中长线持股。

◆　浪 C 与下一轮上升五浪的浪 1、浪 2 和浪 3 构成双重底浪 C 或浪 C 延长后的小浪 5 与下一轮上涨五浪的浪 1 构成第一底，浪 2 结束后开启浪 3 构成第二底，其示意图如图 6-28 所示。这种情况下形成的双重底，其买入时机发生在浪 3 阶段，即股价放量突破浪 1 顶部时为买点。

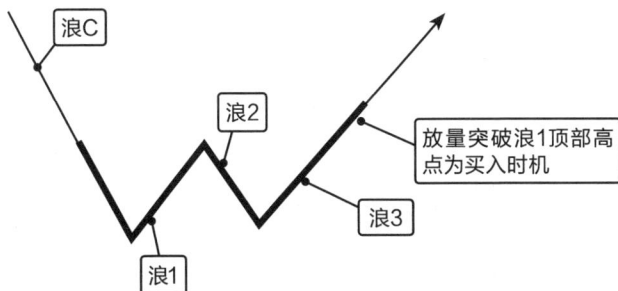

图6-28　浪C与下一轮上升五浪的浪1、浪2和浪3构成双重底

由于此时浪 1 和浪 2 发展得都比较快速，涨跌幅度都不大，因此后市的浪 3 可能出现大幅上涨的行情。由于浪 3 的大幅上涨，再根据交替原则，浪 4 可能出现较长时间、较大幅度的下跌，因此如果投资者依据双重底买入，可以短期持有，在浪 3 结束位卖出，回避浪 4 的下跌。

拓展贴士 *双重底形态出现在浪 2、浪 4*

在特殊的波浪运行中，双重底也会出现在上升五浪的调整浪中，即浪 2 或者浪 4 的结束位置，这样的走势显示的是股价回调整理的结束。

但这两种情况并不是很常见，尤其对于浪 4 出现的双重底形态，根据波浪理论，浪 5 本身就是上涨五浪中的最后一浪，因此此时出现的双重底，一般来说，操作意义都不大。而且浪 3 出现大幅上涨，浪 4 如果出现双重底形态，此时很大程度上是主力设置的一个陷阱，主力借助双重底看涨形态诱导散户买入，从而方便自己在浪 5 阶段顺利出货。

下面来看一个实例。

示例讲解

TCL 科技（000100）在浪 C 末期开始形成双重底操盘分析

如图 6-29 所示为 TCL 科技 2017 年 11 月至 2018 年 3 月的 K 线走势。

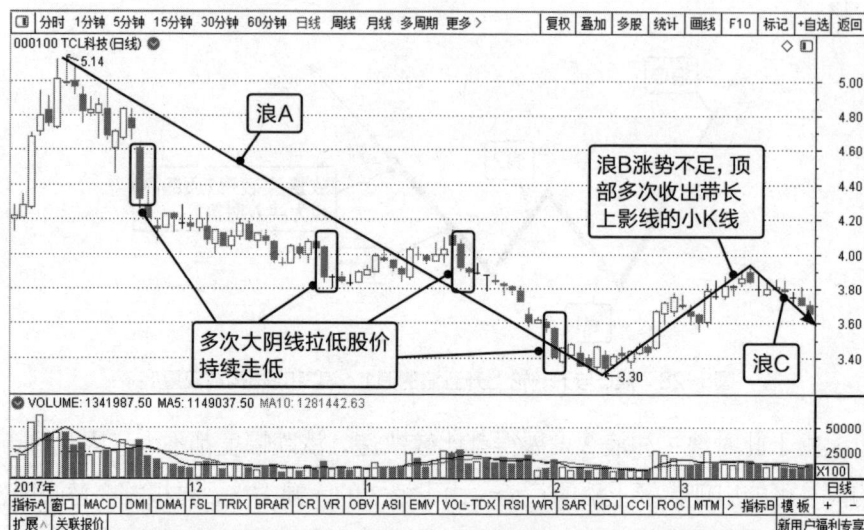

图 6-29　TCL 科技 2017 年 11 月至 2018 年 3 月的 K 线走势

从图中可以看到，该股在 5.14 元见顶后步入下跌开启浪 A，从浪 A 的走势来看，是一轮很迅速的下跌走势，股价从 5.14 元一路下跌到 3.30 元左右，跌幅达到了 35%，从 K 线的表现来看，浪 A 期间多次出现大阴线，将股价步步拉低至更低价位。

在浪 A 的疯狂下跌后，浪 B 的反弹力度是有限的。虽然出现了比较明显的两根大阳线，但是大部分时间都是小 K 线，尤其在反弹末期，也出现了许多带长上影线的 K 线，都显示了浪 B 反弹不强势。

从整个走势来看，浪 B 的上涨相比浪 A 的下跌而言，总的反弹幅度还是不够的。这就给我们一个信号：该股在浪 C 会出现更大幅度、更长时间跨度的下跌，而且很有可能以五浪形态下跌。

如图 6-30 所示为 TCL 科技在 2017 年 11 月至 2019 年 1 月的 K 线走势。

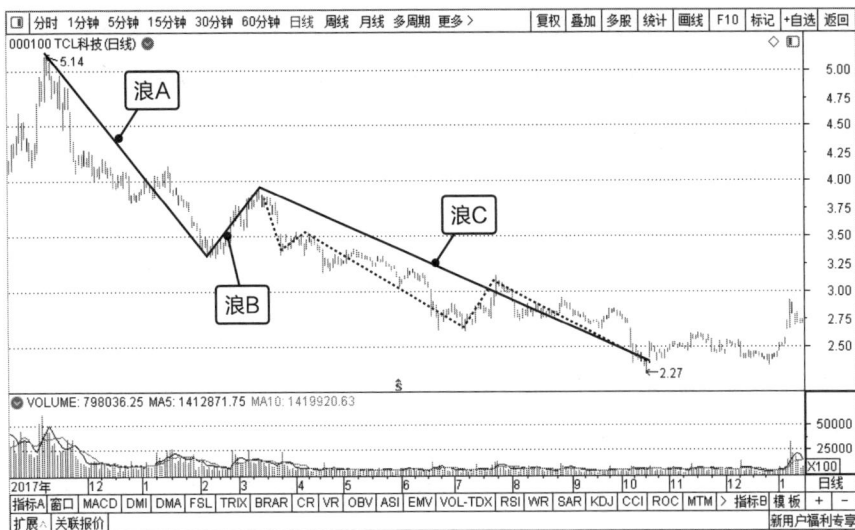

图 6-30　TCL 在 2017 年 11 月至 2019 年 1 月的 K 线走势

从图中可以看到，该股在 5.14 元见顶后步入长时间的下跌之中，整个下跌走势是由下跌三浪构成，即图中的浪 A、浪 B 和浪 C。股价从最高的 5.14 元下跌到最低的 2.27 元。

当浪 C 一步步发展就可以明显发现浪 C 的五浪下跌走势。这一走势的出现也印证了我们对于浪 C 走势预判的正确性。

下面放大浪 C 和新的上升五浪中的浪 1、浪 2 和浪 3，通过更细致的走势图来分析该股在低位区间的变化，以此来确立该股的底部。

如图 6-31 所示为 TCL 科技 2018 年 7 月至 2019 年 3 月的 K 线走势。

从图中可以看到，该股在浪 C 的小浪 5 阶段，出现了一波连续阴线快速拉低股价的走势，在短短 10 个交易日左右，股价被拉低创出 2.27 元的最低价。

从前面对下跌走势的分析，此时股价处于浪 C 的小浪 5 阶段，股价已经运行到低价区域，此时 2.27 元之后的止跌回升可能是新行情的开启。但是此时还不能盲目操作，必须等待更加明确的买入信号发出。

之后股价企稳回升步入上涨，但是很快上涨到 2.60 元附近后开始回落，最终在 2.40 元价位线获得支撑回升，形成一个明显的底部，该底部与 2.27 元最低价的底部形成典型的双重底 K 线形态。结合波浪理论的分析，可以判断此时是行情的底部，而且第二个底部可以判断是浪 2 的回调结束。

接着股价持续拉升，并在 2019 年 1 月 8 日放巨量快速将股价打到涨停板，虽然之后股价回落，但是当日仍然以 6.77% 的大阳线放量突破浪 1 顶部位置。

接着股价出现一定的回落，但是从回落幅度来看，跌幅不大，且在 2.60 元价位线上方，这是双重底形态的正常回抽，这一回抽更加确定了双重底形态的确立。结合波浪理论可以判断，此时股价处于浪 3 阶段，但是涨幅没有达到应有的高度，双重底的回抽，可以分析出浪 3 可能发生延长，此时投资者可以积极买入，尤其在之后股价放量拉升时，更要积极加仓，把握住浪 3 的涨势。

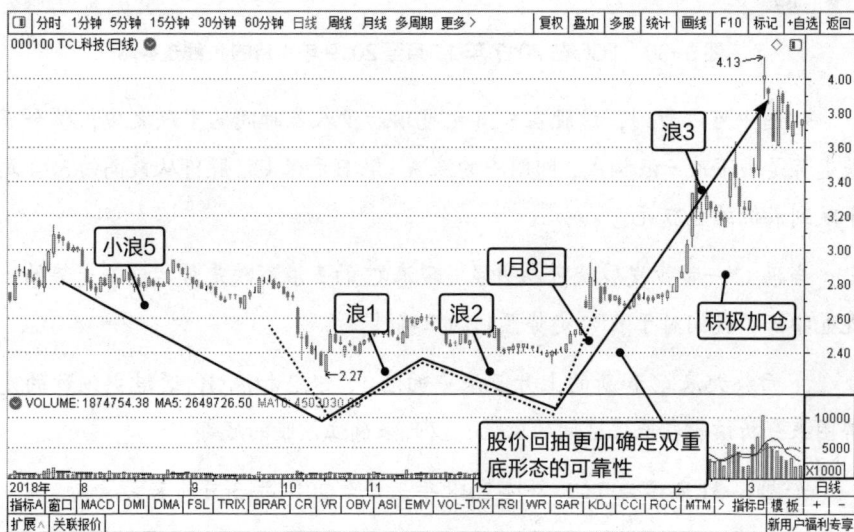

图 6-31　TCL 科技 2018 年 7 月至 2019 年 3 月的 K 线走势

6.2.3　K 线形态与波浪理论结合找卖点

K 线形态中的双重顶属于顶部信号，因此在波浪理论中，一般出现在浪 5 末期，其常见构成形态有两种，一种是浪 3 大幅上涨后，浪 4 快速回调，浪 5 涨势不足，在浪 3 顶部附近滞涨回落形成双重顶；另一种情况是浪 5 见顶回落后浪 A 开启，但是很快出现浪 B 反弹，当浪 B 反弹到浪 5 附近时回落形成双重顶。

无论以何种情形构成双重顶，都更加证明了浪 5 结束，上涨行情见顶，之后会进入到下跌走势，且这一波下跌通常不会太小。面对浪 5 阶段出现的双重顶形态，投资者要积极卖出，落袋为安。

下面来看一个实例。

示例讲解
晨鸣纸业（000488）浪 5 见顶形成双重顶操盘分析

如图 6-32 所示为晨鸣纸业 2020 年 3 月至 2021 年 2 月的 K 线走势。

图 6-32　晨鸣纸业 2020 年 3 月至 2021 年 2 月的 K 线走势

从图中可以看到，该股在 4.41 元见底后企稳回升展开一轮上升五浪的上涨走势，其中，浪 3 发生了延长，拉长了上涨的持续时间，在浪 5 快速冲高创出 12.99 元后，股价见顶。

如何来分析浪 5 见顶，并制定卖出策略呢？下面放大浪 5 和后面的走势进行具体分析。

如图 6-33 所示为晨鸣纸业 2021 年 1 月至 7 月的 K 线走势。

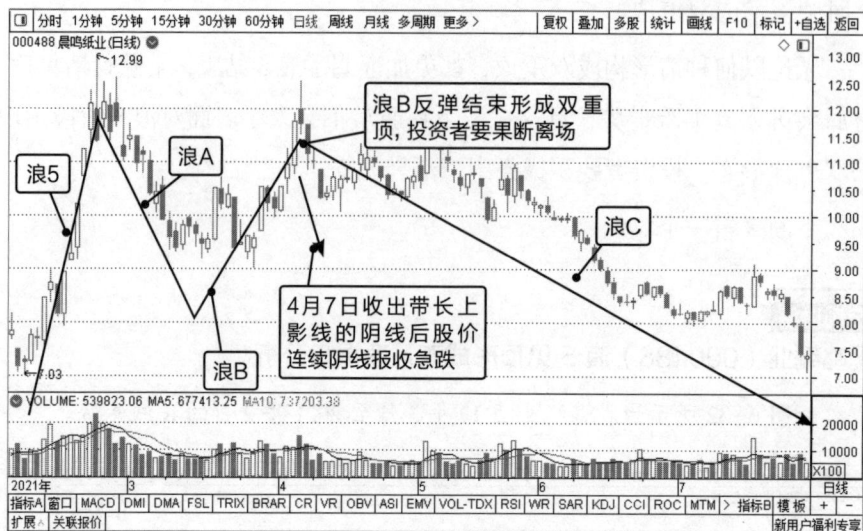

图 6-33　晨鸣纸业 2021 年 1 月至 7 月的 K 线走势

从图中可以看到，该股在 2021 年 2 月 22 日以带长上影线的阴线创出
12.99 元后，股价出现了快速回落走势，在十几个交易日后，股价在 9.00 元价
位线上方止跌，并出现反弹。部分投资者误判断为正常回落，更期待回落后
的涨势。

但是从这波上涨来看，涨势还是比较吃力，而且上涨无量能配合，最终
在 4 月 7 日以带长上影线的阴线报收后连续收阴压低股价下跌。这个顶点与
前面 12.99 元的顶点形成明显的双重顶形态。

结合波浪理论分析，此时浪 5 阶段出现双重顶，更说明 12.99 元的顶部就
是浪 5 结束，此时行情已经处于下跌走势中，且浪 A 和浪 B 已经形成。前期
还未离场的投资者，此时就要积极抛售出局了。否则，在后市漫长的下跌中，
将被深度套牢，损失更大。

第7章

波浪理论与常见指标结合

　　在股票技术中，K线只是最基础的一种分析技术。除此之外，还有许多简单、实用的技术指标，如成交量（VOL）、移动平均线（MA）等。这些技术指标与波浪理论结合使用，同样可以提高投资者的研判准确度，更好地借助波浪理论进行实战操作。

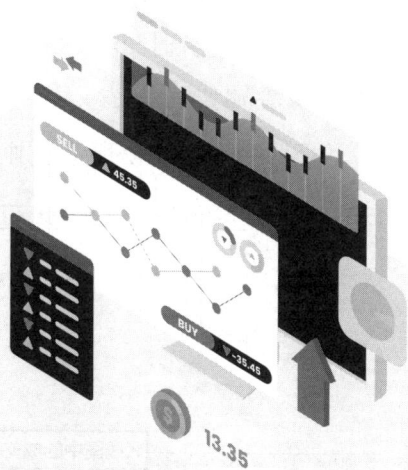

- 成交量指标与波浪理论结合
- 移动平均线指标与波浪理论结合

7.1 成交量指标与波浪理论结合

成交量指标也称为 VOL（Volum 的简称）指标，它是判断股价走势的重要依据。本节将针对成交量指标与波浪理论的结合应用展开，让投资者学会如何从成交量的角度使用波浪理论。

7.1.1 成交量指标理论知识掌握

虽然前面章节的内容也经常提及成交量，但在进一步学习成交量与波浪理论结合使用之前，还是有必要对成交量指标进行更多了解。

（1）成交量的基本认识

成交量是指在一个单位时间内成交的数量，在 K 线图和分时图中都有对应的柱状线，这些柱状线就是成交量，柱状线的高低表示成交量的多少。

在日 K 线图中，每根 K 线对应一根成交量柱，反映的是每个交易日的成交量情况；在分时图中，每分钟有对应的成交量柱，反映的是当前分钟的成交量情况。

如图 7-1 和图 7-2 所示分别为 K 线图和分时图中的成交量。

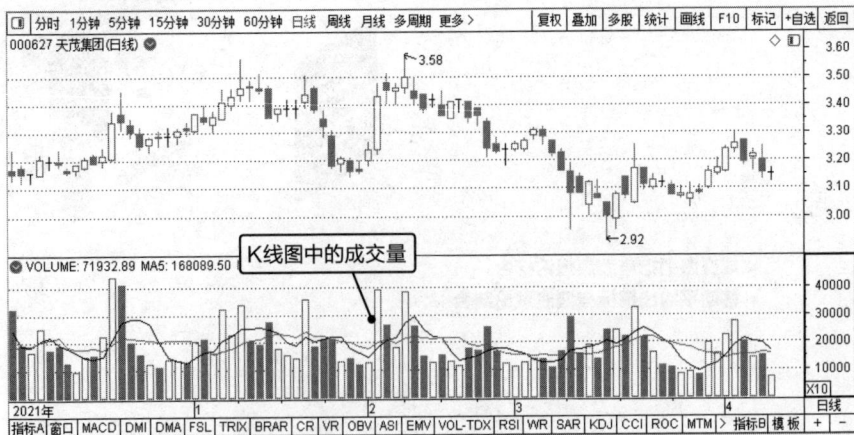

图 7-1　K 线图中的成交量

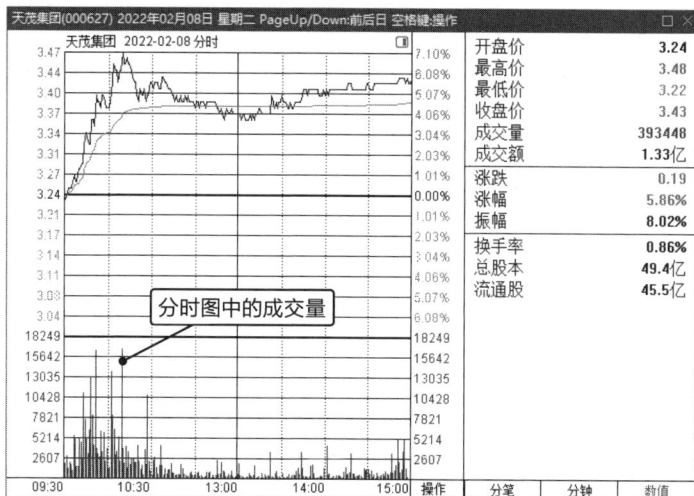

图 7-2　分时图中的成交量

成交量是一种供需的表现，当股票供不应求时，人气聚集，都要买进，成交量自然放大；反之，股票供过于求时，市场冷清，成交量势必萎缩。如图 7-3 所示为市场交投活跃与交投冷清的成交量表现。

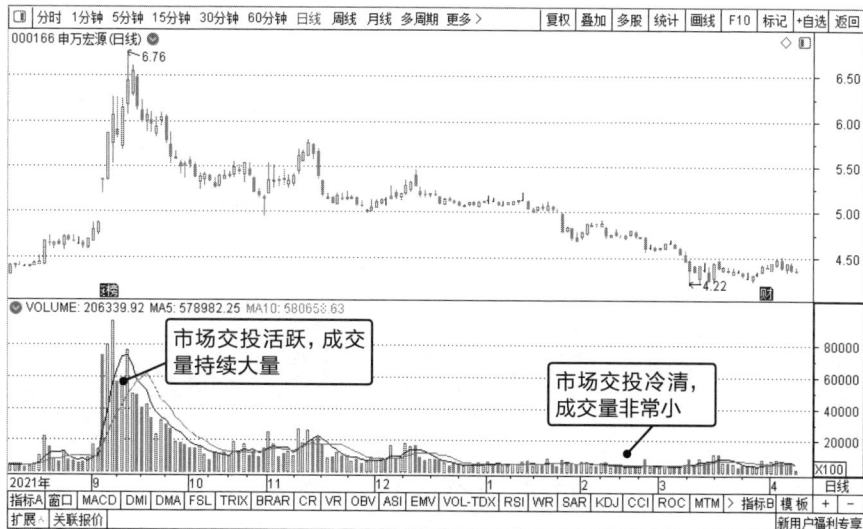

图 7-3　市场交投活跃和交投冷清成交量的表现

（2）成交量的分类

成交量是研究和预测行情的重要指标之一，它可以从时间和形态上划分为不同的类型。

◆ 按时间划分的成交量

按时间划分成交量包括分时成交量、日成交量、周成交量、月成交量、季成交量和年成交量等，其划分的基础是 K 线的类型，不同的 K 线类型对应相应的成交量类型。

默认情况下的 K 线是日 K 线，因此对应的成交量就是日成交量。如果 K 线周期变为周 K 线，那么对应的成交量就是周成交量，每一根成交量柱反映的是这一周的成交情况。

如图 7-4 所示为东旭蓝天（000040）2020 年 8 月至 2022 年 4 月的周 K 线走势。K 线图下方对应的就是该股这段走势的周成交量。

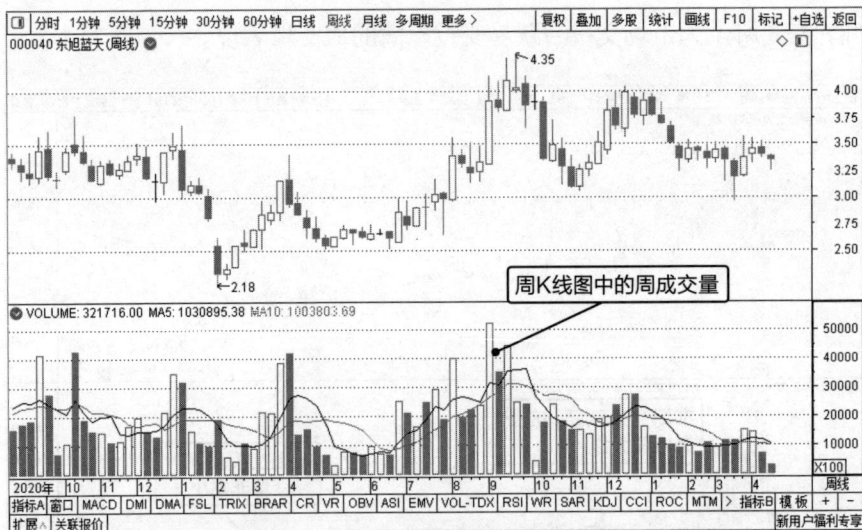

图 7-4　周 K 线图中的周成交量

对于分时成交量而言，它又可以分为 1 分钟成交量、5 分钟成交量、15 分钟成交量、30 分钟成交量和 60 分钟成交量，对应在 1 分钟 K 线图、

5 分钟 K 线图、15 分钟 K 线图、30 分钟 K 线图和 60 分钟 K 线图中查看。

◆　按形态划分成交量

成交量按形态可以分为五种，分别是逐渐放量、逐渐缩量、快速放大量、快速出小量和量平。不同的形态，在行情中的意义是不同的，具体介绍如表 7-1 所示。

表 7-1　成交量按形态划分的常见类型及其意义

类　　型	形态描述	形态示意图	形态意义
逐渐放量	是指随着时间的推移，成交量总体趋势为逐步增大。		在上涨初期出现逐渐放量，表示后市看好，投资者可在低位建仓；在上涨后期出现逐渐放量，行情可能出现转势，投资者需要认真分析，谨慎入市。
逐渐缩量	是指随着时间的推移，成交量总体趋势为逐步缩小。		在上涨初期出现逐渐缩量，是主力清理浮筹的手段，后市还有一段上升行情；在上涨后期出现逐渐缩量，有可能是主力将股价拉升到高位后欲全部出货，这是行情逆转的信号，后市看跌。
快速放大量	是指在持续较小成交量后突然出现很大的成交量。		在上涨初期、中期或下降行情末期出现快速放大量，都表示后市看涨，投资者可逢低吸纳，积极做多；在上涨末期或下跌行情初期、中期出现快速放大量，这种情况下后市不被看好，投资者可以选择空仓观望。
快速出小量	是指在连续出现很多大的成交量后突然出现较小成交量。		在下降行情初期和中期出现快速出小量，后市将继续下跌，投资者此时不宜入市，应采取空仓观望的操作策略；在下降末期出现快速出小量，预示做空局势已经基本稳定，投资者应转空头为多头，分批建仓。

续表

类　型	形态描述	形态示意图	形态意义
量平	量大平：指在一段时间内，成交量的总体趋势趋于大量的持平状态。		在上涨行情初期，量大平主要是由于多方主力采取稳扎稳打的策略，步步为营推高股价，后市看涨，投资者可跟随主力积极做多；在上涨行情末期出现量大平，是主力出货的表现，投资者可退出观望。
	量中平：指在一段时间内，成交量的总体趋势趋于中等的持平状态。		在上涨行情中期出现量中平，投资者要谨慎做多；在下降行情中出现量中平是由于下跌趋势已经比较明显，持股者已在陆续出货造成的，后市继续看跌。
	量小平：指在一段时间内，成交量的总体趋势趋于小量的持平状态。		在上涨行情中期出现量小平，说明主力很强，投资者可继续持股做多；在上涨行情末期出现量小平，投资者还可以持股一段时间，因为主力不可能在瞬间就完成出货；在下降行情初期或中期出现量小平，后市将继续下跌，投资者应全线做空；在下降行情末期出现量小平，是行情见底的表现，投资者可逢低吸纳，分批建仓。

（3）天量与地量

天量与地量是相对于正常情况下的交易量而言，对股价走势有重要的分析意义。

◆ 天量

天量是指在股价运行过程中突然放出一根巨大的量柱（至少是前一天成交量的两倍以上），如图7-5所示。

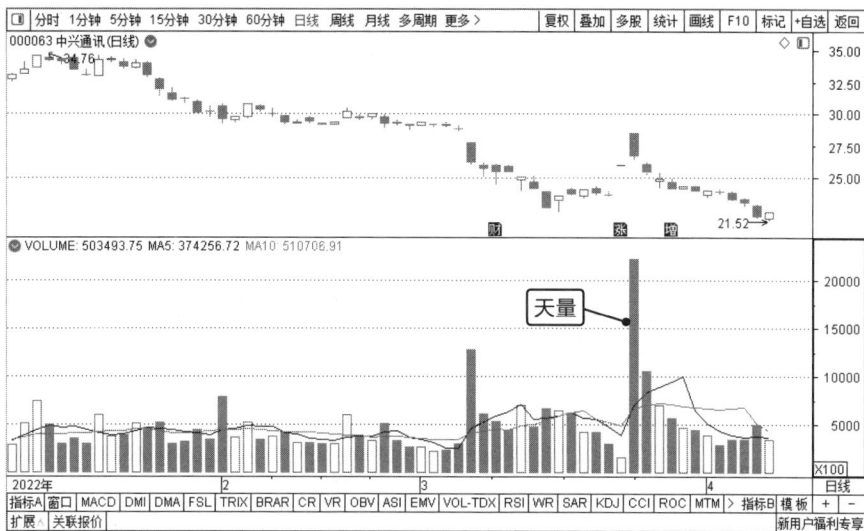

图 7-5　成交量天量

对于出现在不同位置的天量，其含有的市场意义也不同，具体如下。

①在下跌走势的后期出现天量，是主力资金建仓的动作，发出的是很明显的看涨信号，此时投资者要果断跟进，大胆持有股票待涨。

②在上涨初期，股价企稳后出现天量，这是主力拉高建仓的表现，其后会有两种走势，如果随后直线拉升，说明个股上涨动力十足，投资者要及时跟进；如果出现回调，之后还会继续上涨，此时的回调就是一个买入时机。

③如果在上涨途中出现天量，此时股价往往会突破一些阻力位置，一旦突破成功，则新的上涨行情来临，投资者可择机跟进。

④在上涨末期，股价运行到高价区域时出现天量，尤其是当日 K 线呈现冲高回落的走势，就更加明确地反映了股价见顶，此时投资者要清仓出局，锁定利润。

⑤下跌途中出现天量形态，是主力借助利好消息拉高出逃的表现，一

旦主力出货完毕，迎面而来的就是漫漫的下跌走势，因此在下跌途中遇到天量，投资者一定要回避。

◆ 地量

地量指的是在一定时间周期内成交量达到一个非常小的数值，如图7-6所示。

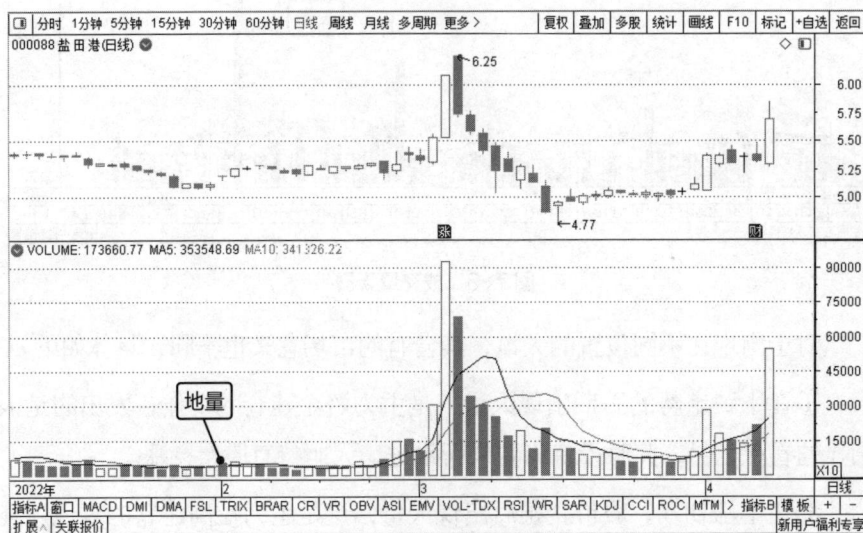

图7-6 成交量地量

地量的出现虽然显示的是市场交投氛围不浓厚，但是一般都有发出变盘的预兆，具体如下。

①在下跌末期出现地量，说明在前期的下跌过程中，抛压得到彻底释放，地量的出现就是行情见底的条件，投资者要做好抄底的准备。

②在上涨初期或途中出现地量，往往显示的是回调结束，预示着下一轮上涨即将来临，投资者可积极做多。

③在下跌途中的反弹过程中出现地量，表明了股价的反弹没有成交量的配合，这样的反弹上涨是不可持续的，后市继续看跌，投资者不能对此抱有期望。

（4）量价配合与量价背离

量价配合与量价背离主要反映成交量与价格的关系，是在成交量指标运用过程中需要重点学习的内容。

◆　量价配合

量价配合是指成交量的增减与股价涨跌成正比，股价与成交量运行变化的方向一致。即当股价上涨时，成交量也呈现同步放大的变化；当股价下跌时，成交量也呈现同步缩小的变化。

如图7-7所示为山东路桥（000498）2021年12月至2022年3月的K线走势。

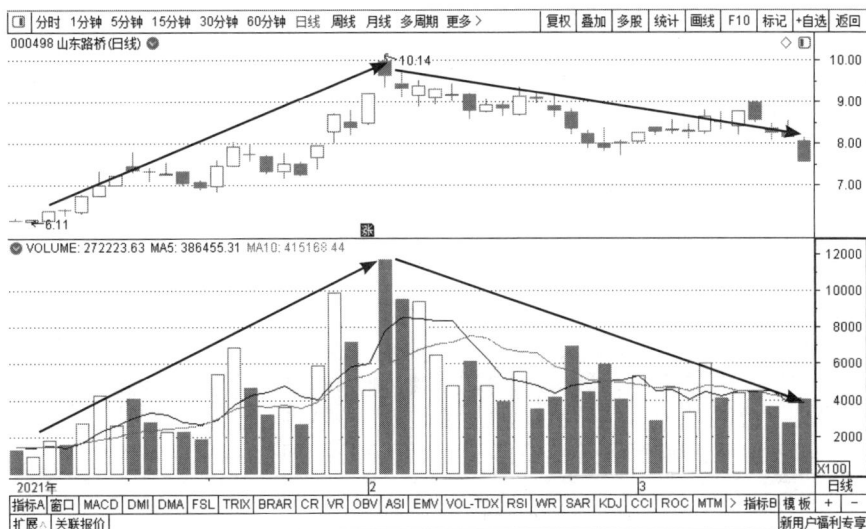

图 7-7　股价的上涨与下跌与成交量变化一致

从图中可以看到，在2022年2月初之前，成交量不断放大，股价持续震荡拉高。之后成交量不断缩小，股价也同步出现震荡回落。整个上涨与下跌过程中，成交量与股价保持良好的配合。

一般情况下，如果在上涨行情中出现量价配合，就说明市场一致看好后市走势，后市继续上涨的可能性大；如果在下跌行情中出现量价配合，说明市场一致看淡后市走势，后市继续下跌的可能性大。

◆ 量价背离

量价背离是指成交量的增减与股价涨跌成反比，股价与成交量运行变化的方向不一致。当股价上涨时，成交量萎缩或持平；股价下跌时，成交量形成放量下跌状态。

量价背离进一步表明个股当前的量价关系与之前的量价关系发生了改变，出现量价背离的走势，股价趋势会出现转变。

如图7-8所示为奥园美谷（000615）2021年5月至8月的K线走势。

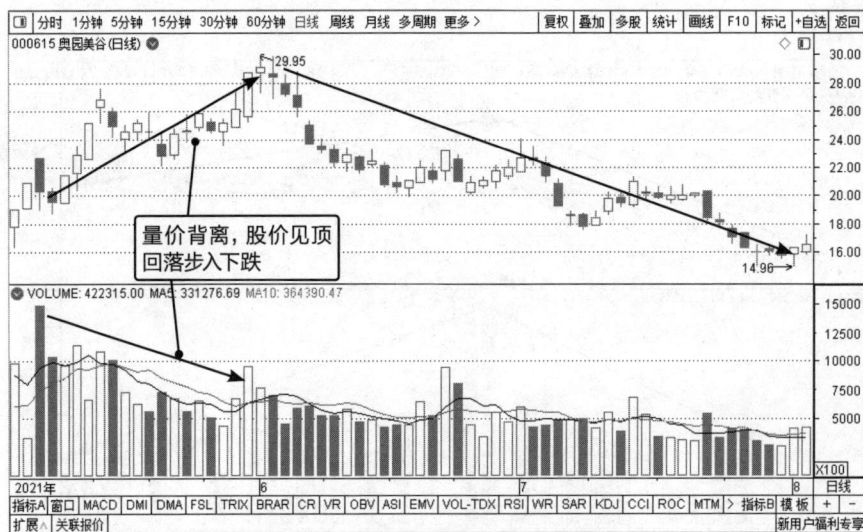

图7-8　股价的上涨与成交量变化不一致

从图中可以看到，在2021年5月，随着股价的不断上涨，成交量却呈现不断缩小的变化，股价与成交量形成背离走势，最终股价在创出29.95元后见顶回落步入下跌。

7.1.2　成交量在各浪中的表现与应用

在对成交量有基本认识后，下面就来了解一下成交量在各浪中的变化，从而帮助投资者更好地识别波浪，进而用好波浪理论。

（1）浪 1 中成交量的表现

浪 1 作为上升的开始，在浪 1 起点附近，通常成交量都会出现急速放大的走势，且 K 线会出现带长下影线或者实体较大的阳线，表明股价见底回升。之后，随着浪 1 的发展，成交量会出现快速缩小后温和放大的变化。成交量的这种变化更进一步说明了主力资金的介入。

下面来看一个实例。

示例讲解

富奥股份（000030）从成交量分析浪 1 上涨开启

如图 7-9 所示为富奥股份 2018 年 10 月至 2019 年 2 月的 K 线走势。

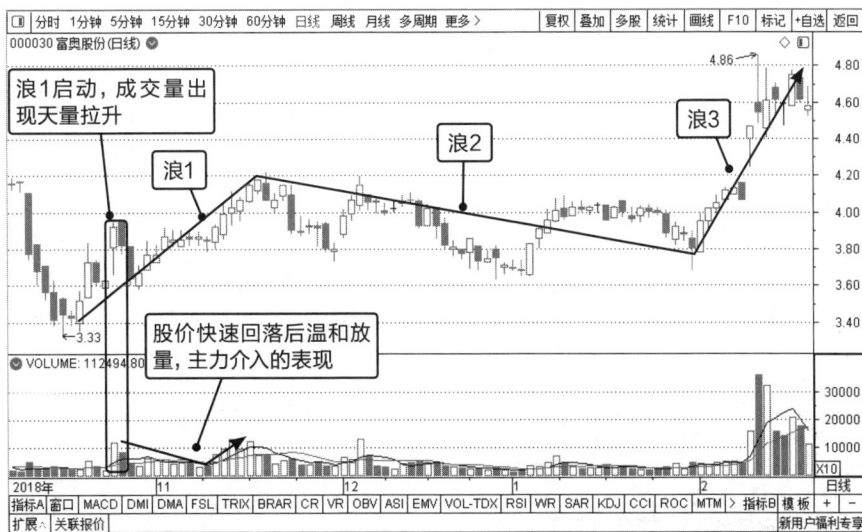

图 7-9　富奥股份 2018 年 10 月至 2019 年 2 月的 K 线走势

从图中可以看到，该股在创出 3.33 元的最低价后止跌企稳，之后以天量拉升股价的方式开启浪 1。之后股价快速回落，但是回落幅度不大，然后在成交量的温和放量推动下逐步拉升，最终在 4.20 元价位线附近滞涨，结束浪 1。

（2）浪2中成交量的表现

浪2作为浪1的调整浪，在这个阶段股价回落过程中，成交量要呈现明显缩小。因为这个阶段市场中的熊市思维严重，而且存在一定的短期获利盘，这是主力进行洗盘的一个重要阶段，成交量的缩小代表了浮筹清理的彻底，后市拉升的阻力小。

当成交量缩小到历史低位后，就会止跌反弹开启浪3。尤其在浪2成交量缩小到地量时，更加说明了市场卖压非常小，主力控盘度高，浪3拉升很快就会来临，投资者此时要积极逢低吸纳介入。

下面来看一个实例。

示例讲解
神州数码（000034）从成交量分析浪2回调结束

如图7-10所示为神州数码2019年2月至8月的K线走势。

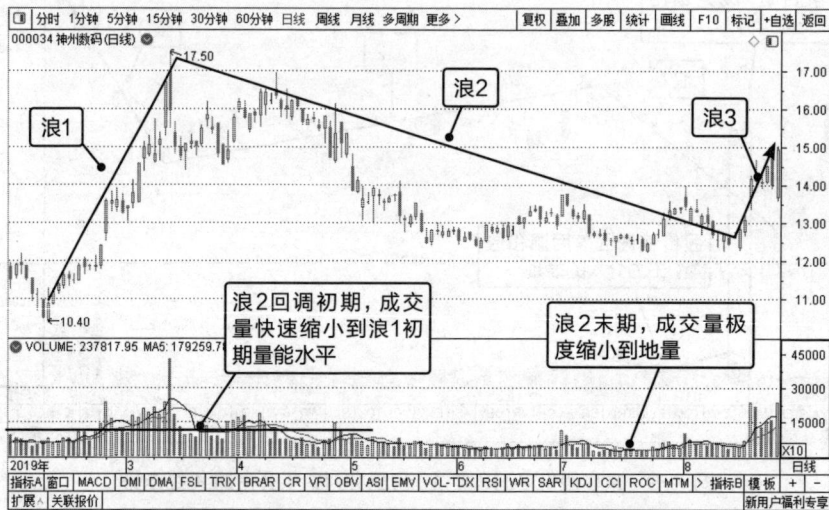

图7-10　神州数码2019年2月至8月的K线走势

从图中可以看到，该股在2019年3月创出17.50元的最高价后结束浪1，当日成交量达到了浪1以来的最大值。之后股价震荡回落，成交量快速缩小到浪1启动初期的量能大小。

但是，随着浪 2 的发展，成交量继续不断缩小，呈现出地量成交，此时浪 2 随时可能结束。投资者要密切关注，及早发现浪 3 的启动。

（3）浪 3 中成交量的表现

一般情况下，浪 3 是上升五浪中的主升浪，这一阶段，市场做多势能强，市场交投活跃，量能也很大。并且随着浪 3 的发展，价格不断上涨，成交量也会逐步增加。

下面来看一个实例。

示例讲解
神州数码（000034）从成交量分析浪 3 持续拉升

如图 7-11 所示为神州数码 2018 年 12 月至 2020 年 5 月的 K 线走势。

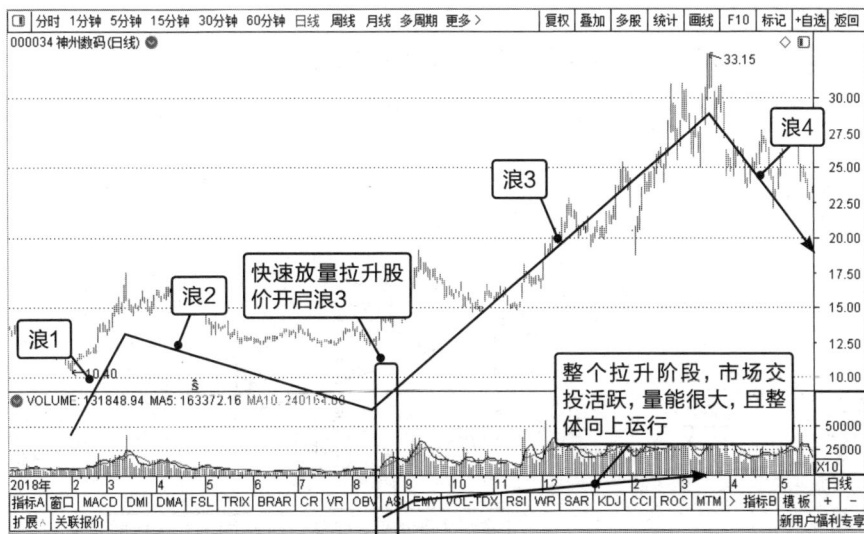

图 7-11　神州数码 2018 年 12 月至 2020 年 5 月的 K 线走势

从图中可以看到，该股在 2019 年 8 月结束浪 2 后，成交量急速放量拉升股价，开启浪 3。

之后，市场交投活跃，成交量相对于前期的浪 1 和浪 2 来说，明显密集。

并且随着浪 3 的不断发展，每一次的放量都伴随着股价的进一步拉升，且整个量能有逐步增加的走势。在量价配合推动下，最终在创下 33.15 元后见顶，浪 3 结束。

（4）浪 4 中成交量的表现

浪 4 是上升五浪中的最后一个调整浪，是对浪 3 涨势的修正。在浪 3 结束后，股价回落，成交量也开始快速减少。

但是由于此时处于上涨趋势中，牛市氛围浓厚，也会有不少追涨盘介入，因此，即使成交量快速减少，但是整体量能还是会大于浪 2 回调阶段的量能。

下面来看一个实例。

示例讲解
四川美丰（000731）从成交量分析浪 4 回调结束

如图 7-12 所示为四川美丰 2021 年 2 月至 7 月的 K 线走势。

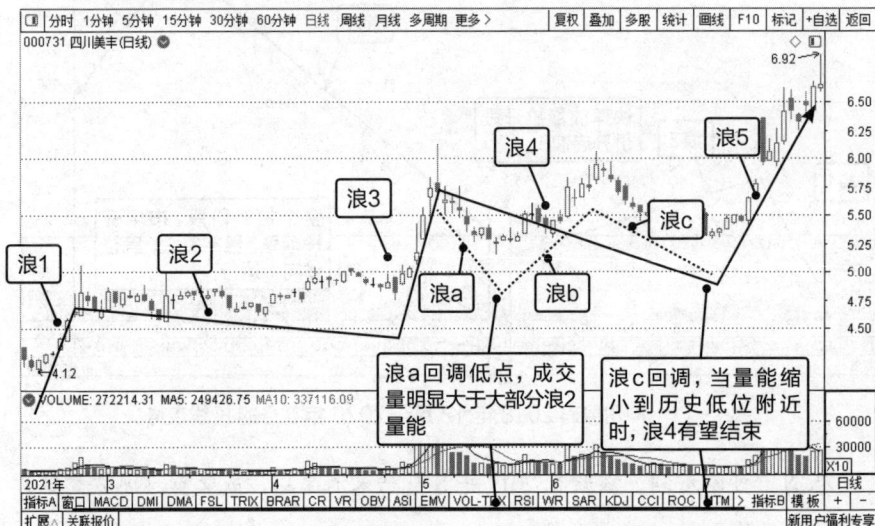

图 7-12　四川美丰 2021 年 2 月至 7 月的 K 线走势

从图中可以看到，浪 1 和浪 3 涨幅差不多，因此这里可以预测浪 5 大概率将以延长的走势开启。因此，对于浪 4 结束的判断就非常重要。下面我们从成交量来分析浪 4 结束。

在浪 3 阶段，成交量急速放大，股价在短短几个交易日内就完成了暴涨，之后浪 3 滞涨回落，开启浪 4，并以平台形展开（浪 a—浪 b—浪 c）。在浪 4 开启时，成交量快速缩小，但是在浪 a 结束时，最低成交量也高于浪 2 大部分时间的成交量。

之后，浪 b 短暂反弹，但是成交量增加明显较弱。在浪 c 阶段，成交量再次快速缩小，在成交量缩小到历史低位附近时，股价止跌，此时就可以判断浪 4 结束，投资者即可积极布局，抓延长浪 5。

（5）浪 5 中成交量的表现

浪 5 作为上升五浪的最后一浪，属于上涨的末期，此阶段往往会出现价涨量未增的量价背离走势，这就表明浪 5 已经接近尾声，行情随时可能见顶，投资者可以积极离场。

就量能而言，浪 5 拉升的成交量量能通常明显小于浪 3。如果拉升量能大于浪 3 或者与浪 3 相当，则属于强势拉升，此时浪 5 大概率会走出延长走势。

下面来看一个实例。

示例讲解

远兴能源（000683）从成交量分析浪 5 波段见顶

如图 7-13 所示为远兴能源 2020 年 5 月至 2021 年 10 月的 K 线走势。

从图中可以看到，该股浪 3 持续时间不长，之后经历了一波长时间的浪 4 回调。在 2021 年 2 月，股价止跌后放量拉升，浪 5 开启。

观察此时的成交量，与浪 3 拉升的量能相当，结合浪 3 涨幅不大，更加确定了浪 5 的延长走势，此时即为一个买入追涨的好时机，投资者可以逢低吸纳，积极买入。

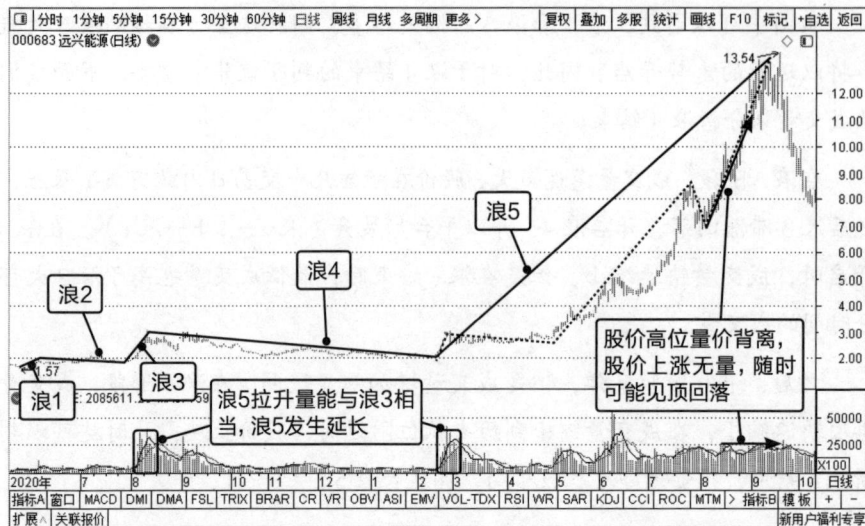

图 7-13 远兴能源 2020 年 5 月至 2021 年 10 月的 K 线走势

之后股价不断上涨，成交量在小浪 2 回调阶段出现缩小，之后的小浪 3 开始时，成交量不断放量。

但是在后半段，成交量出现一波缩小后基本处在一条水平线上，但是此时股价仍然向上运行，尤其在小浪 5 阶段，股价与成交量形成典型的背离走势，结合波浪理论和成交量综合判断，此时股价见顶的可能性更高，投资者要果断抛售。

尤其在上涨到 12.00 元价位线后，股价在该价位线横盘滞涨，更加确定浪 5 见顶，之后股价快速回落，步入长时间的大幅下跌中。由此更加说明成交量与波浪理论结合使用的重要意义。

（6）浪 A 中成交量的表现

浪 5 见顶回落后，下跌就开启了。浪 A 作为下跌三浪的第一浪，此时价格往往会出现一波杀跌。在这一过程中，对应地会释放巨大的成交量，有时候释放的量能甚至超过浪 3 顶部的量能。

下面来看一个实例。

示例讲解

黑芝麻（000716）从成交量分析浪 A 下跌开始

如图 7-14 所示为黑芝麻 2018 年 10 月至 2019 年 8 月的 K 线走势。

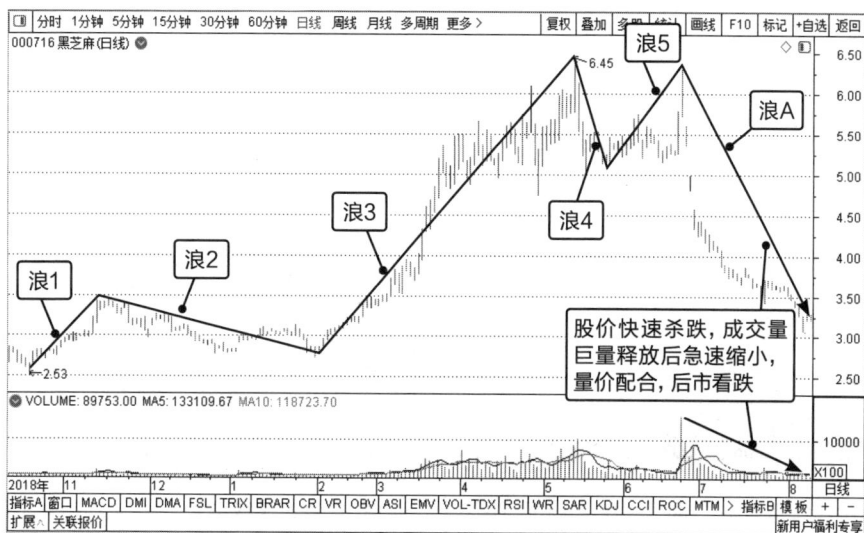

图 7-14　黑芝麻 2018 年 10 月至 2019 年 8 月的 K 线走势

从图中可以看到，由于浪 3 涨势强势，浪 4 短暂回调后开启浪 5，但是浪 5 涨势不及浪 3 顶部就见顶回落开启浪 A 杀跌。

与此同时，市场释放巨大的量能，成交量出现明显的阴线天量，之后，股价继续杀跌，成交量快速缩小，量价同步向下，更加说明下跌已经开启。

（7）浪 B 中成交量的表现

浪 B 属于下跌走势中的反弹，虽然股价呈现上涨，但是此时的成交量增加不会太大。在反弹结束位置附近，量价都会呈现背离走势，一旦量价背离，则说明主力出货接近尾声，之后股价反弹见顶回落后就会步入主跌期。因此，在反弹阶段，投资者一旦发现量价背离走势，一定要及时止损离场。

下面来看一个实例。

示例讲解

万年青（000789）从成交量分析浪 B 反弹结束

如图 7-15 所示为万年青 2020 年 7 月至 12 月的 K 线走势。

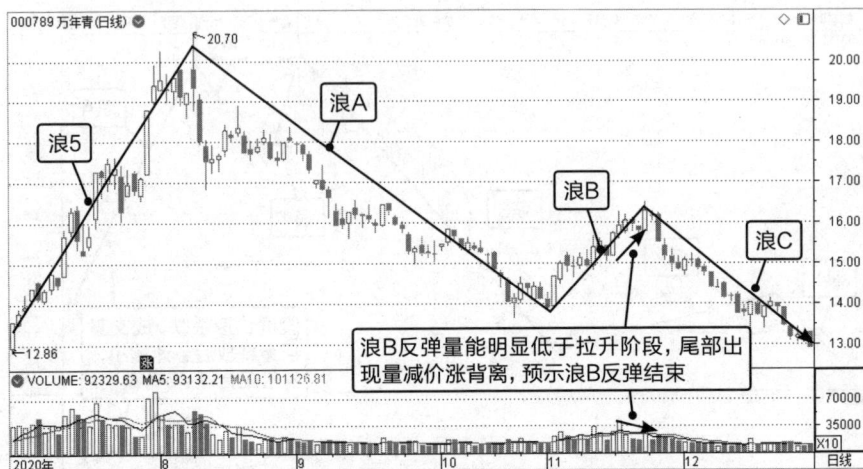

图 7-15　万年青 2020 年 7 月至 12 月的 K 线走势

从图中可以看到，该股大幅上涨创出 20.70 元的最高价后浪 5 结束，之后股价快速回落步入下跌。从整个浪 A 下跌来看，成交量显示快速缩小，之后下跌到较低位置后保持在一定的低位水平变化。

在 2020 年 10 月底，股价在 14.00 元价位线止跌，之后成交量出现温和放量走势，浪 B 反弹开启，但是此时的放量相对于前期拉升阶段的量能来说，明显较低，说明股价上涨动力不足。在 11 月中旬，浪 B 反弹超过 15.00 元价位线后，股价继续保持上扬，但是此时成交量出现明显缩量，量减价增的背离走势预示了浪 B 反弹结束，此时投资者要抓住这个时机果断卖出。

（8）浪 C 中成交量的表现

浪 C 作为下跌三浪中的最后一浪，大部分情况下也是下跌的主跌期，因此，此时市场处于空头市场，成交量都会比浪 A 和浪 B 少很多，随着浪 C 的展开，成交量会越来越小。当浪 C 阶段的成交量缩小到地量，股价也大幅运行到低位后，浪 C 可能结束。

下面来看一个实例。

示例讲解

深圳能源（000027）从成交量分析浪 C 底部到来

如图 7-16 所示为深圳能源 2021 年 4 月至 2022 年 3 月的 K 线走势。

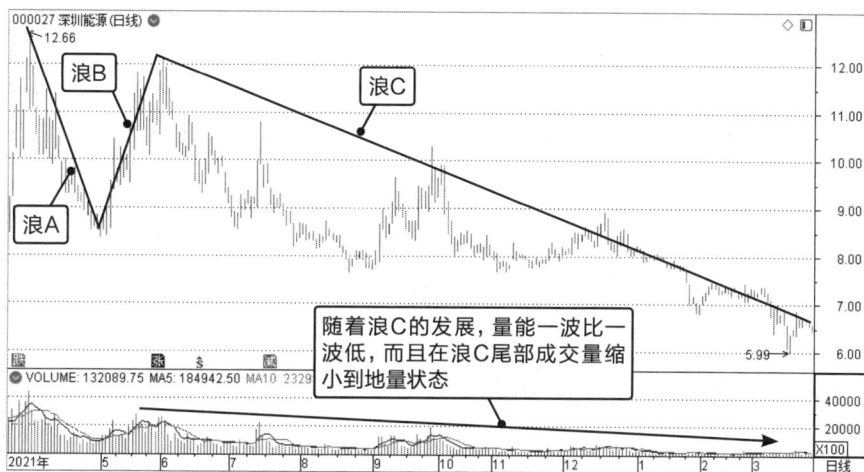

图 7-16　深圳能源 2021 年 4 月至 2022 年 3 月的 K 线走势

从图中可以看到，该股在 12.66 元见顶后，股价回落步入下跌行情，在一轮下跌三浪走势的推动下，股价被推动到 6.00 元附近，创出 5.99 元的最低价。

从整个下跌走势来看，浪 A 和浪 B 的持续时间都不长，成交量也是以快速缩小到温和放大，但是浪 B 的量能明显低于浪 A 初期的量能。

之后股价便进入到漫长的浪 C 阶段，虽然浪 C 途中有过多次不错的反弹行情，但是每次反弹的量能一波比一波低，更加说明了市场处于极度弱势的行情中。随着下跌的持续，成交量不断缩小，最终缩小到地量状态，此时可以密切关注，因为浪 C 底部就在成交量地量附近。

本节对波浪理论中八浪循环结构的各波浪中的成交量变化进行了说明。在实际的波浪理论运用中，可以结合各波段中成交量的变化情况进行综合分析，例如在本书第 4 章和第 5 章讲解的上升五浪和下跌三浪买卖点分析，如果再结合本节介绍的各波段成交量的一般特点综合分析，可以提高买卖点判断的可靠性。

7.2　移动平均线指标与波浪理论结合

移动平均线指标又称为 MA（Moving Average 的简称）指标，它是一种简单而常用的趋势性技术指标，因此将移动平均线指标与波浪理论进行有效结合，就能极大提高判断的准确性。下面首先来了解一下移动平均线指标的基础知识。

7.2.1　移动平均线指标理论知识掌握

股价移动平均线是按固定样本数计算股价移动平均值的平滑连接曲线，其直接加载在主图上，一般情况下显示 5 日、10 日、30 日和 60 日移动平均线，如图 7-17 所示。

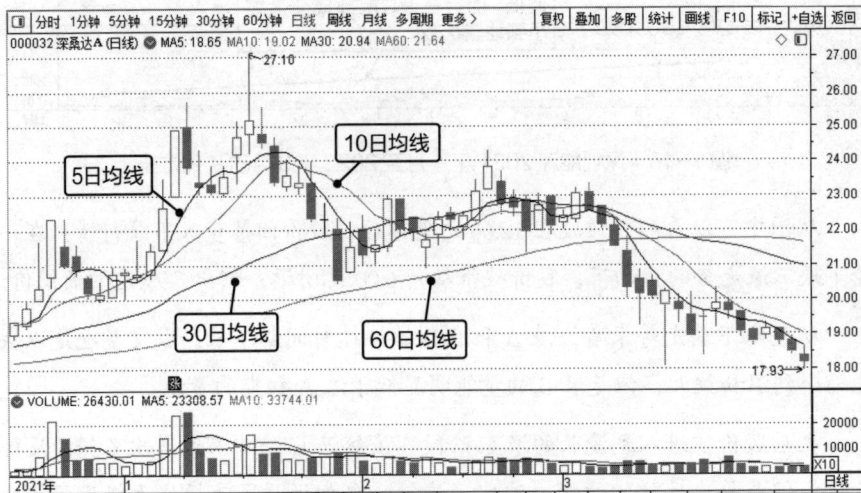

图 7-17　股票软件中的移动平均线

下面将从移动平均线的周期、交叉和排列三个方面快速了解该指标。

（1）移动平均线的周期

根据移动平均线周期的不同，可将其分为短期移动平均线、中期移动平均线和长期移动平均线三类，各周期的移动平均线介绍如表 7-2 所示。

表7-2 不同周期的移动平均线介绍

周期类型	具体描述
短期移动平均线	指一个月以下的移动平均线,其波动较大,过于敏感,适合短线投资者。常用的短期移动平均线包括5日均线和10日均线,其中: ① 5日均线代表一个星期股价运行方向,该周期的均线为多方护盘中枢,否则上升力度有限; ② 10日均线代表半月股价运行方向,是多头的重要支撑,当有效跌破该均线,市场就可能转弱。
中期移动平均线	指一个月以上、半年以下的移动平均线,其走势较沉稳,因此常被使用。常用的中期移动平均线大多以20日均线、30日均线或60日均线为准,其中: ① 20日均线或30日均线称为月移动平均线,代表一个月的平均价或成本。此外,30日均线是衡量市场短、中期趋势强弱的重要标志,当30日均线向上运行时短期做多,当30日均线向下运行时短期做空; ② 60日移动平均线俗称季线,另外还有以55日或72日移动平均线作为中期平均线的。
长期移动平均线	是指半年以上的移动平均线,其走势过于稳重不灵活,适合长线投资者。在欧美股市技术分析中所采用的长期移动平均线多以200天为准。A股则以半年以上的时间样本作为长期移动平均线,通常以120日移动平均线代表半年线,250日移动平均线代表年线。

在实际的操作中,移动平均线通常不单独使用,而是将多个周期的移动平均线进行组合使用,其类型也有三种,分别是短期移动平均线组合、中期移动平均线组合和长期移动平均线组合,各均线组合描述如下。

◆ **短期移动平均线组合**:主要用于分析和预测个股短期的行情变化趋势,常见组合有5日均线、10日均线、20日均线和5日均线、10日均线、30日均线两种组合。

◆ **中期移动平均线组合**:主要用于分析和预测大盘或个股中期的行情变化趋势,常见组合有10日均线、30日均线、60日均线和20日均线、40日均线、60日均线两种组合。在上涨行情中,中期移动平均线组合均向上运行会加强股价上涨的强度,投资者可逢低吸纳,持股待涨。

在下跌行情中，中期移动平均线组合均向下运行会加速股价下跌的强度，投资者应果断抛售止损。

◆ **长期移动平均线组合**：主要用于观察大盘或者个股中长期的行情变动趋势，常见组合有 30 日均线、60 日均线、120 日均线和 60 日均线、120 日均线、250 日均线两种组合。在上涨行情中，长期均线组合形成金叉后向上运行，后市看多，投资者可在金叉位置介入，长期持股；在下跌行情中，长期均线组合形成死叉后向下运行，后市看空，投资者应在死叉出现后立即出局。

（2）移动平均线的交叉

在股价波动过程中，不同均线之间会出现交叉，这个交叉有两种类型，一种是黄金交叉，另一种是死亡交叉。通过对这些交叉进行分析，可以方便地找到买卖点。

◆ **黄金交叉**

黄金交叉即股价在上涨过程中，上升的短期移动平均线由下而上穿过上升的中、长期移动平均线形成的交叉，称为金叉，如图 7-18 所示。

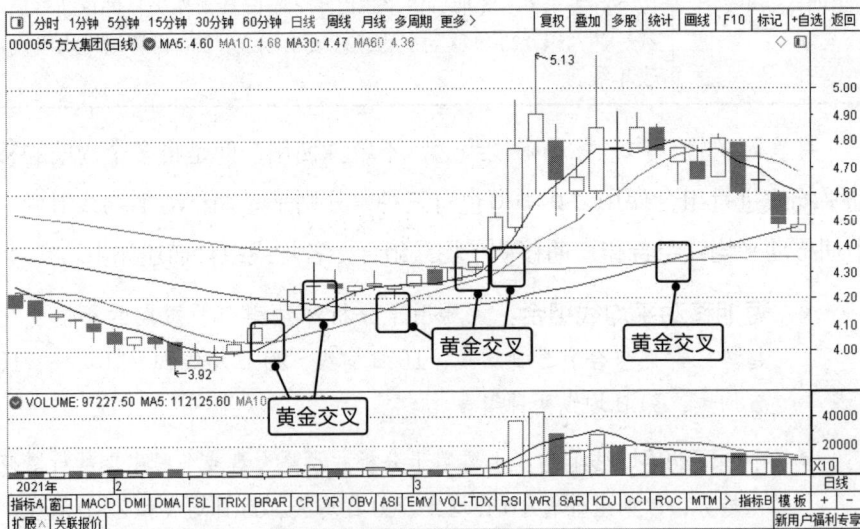

图 7-18　黄金交叉

短期移动平均线上穿作为压力线的中长期移动平均线，表示股价将继续上涨，后市看好。因此，黄金交叉被很多投资者作为买入信号。

◆　死亡交叉

死亡交叉即股价在下跌的过程中，下降的短期移动平均线由上而下穿过下降的中、长期移动平均线形成的交叉，称为死叉，如图 7-19 所示。

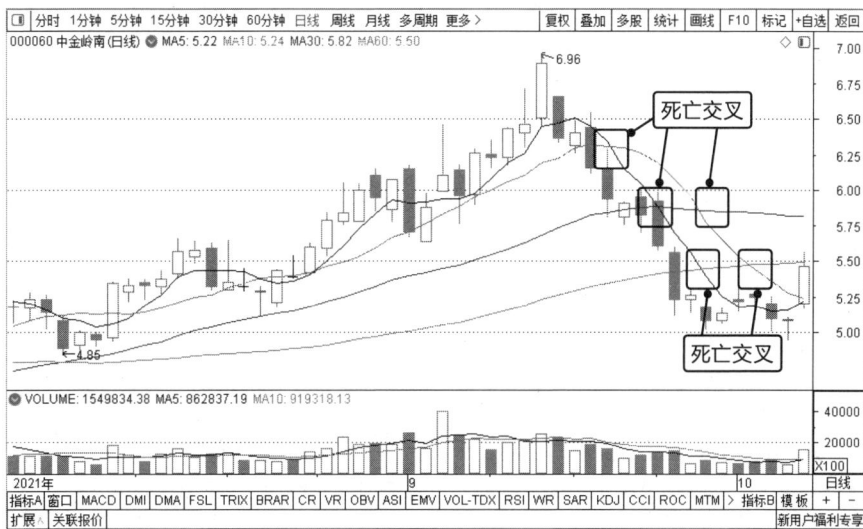

图 7-19　死亡交叉

短期移动平均线下穿作为支撑线的中长期移动平均线，表示股价将继续下跌，后市看跌。因此，死亡交叉被很多投资者作为卖出信号。

需要特别说明的是，由于移动平均线只是一种基本趋势线，在反映股价的突变时具有滞后性，投资者仅仅依据黄金交叉或死亡交叉来买进或卖出是有片面性的。因此，投资者在分析行情时，黄金交叉或死亡交叉只能作为一种参考。

（3）移动平均线的排列

多根移动平均线一起运行时，除了交叉，还会形成不同的排列组合形态，其中多头排列和空头排列是实用性比较强的排列组合。

◆ 多头排列

多头排列是指在一轮上涨行情中，多条不同周期的移动平均线保持一定距离一致向右上方运行，股价位于移动平均线上方，不同周期移动平均线从上到下依次按短期移动平均线、中期移动平均线和长期移动平均线的顺序排列，如图 7-20 所示。

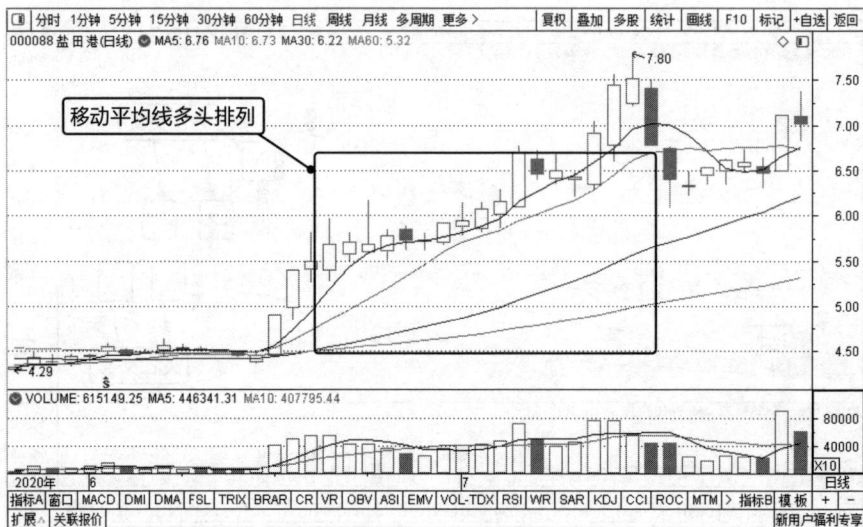

图 7-20　多头排列

多头排列的形成，说明市场短期介入的投资者的平均成本超过长期持有投资者的平均成本，市场做多氛围浓厚。无论是短线、中线还是长线投资者都是入场的好时机。

◆ 空头排列

空头排列与多头排列相反，是指在一轮下跌行情中，多条不同周期的移动平均线保持一定距离一致向右下方运行，股价位于移动平均线下方，不同周期的移动平均线从上到下依次按长期移动平均线、中期移动平均线和短期移动平均线的顺序排列，如图 7-21 所示。

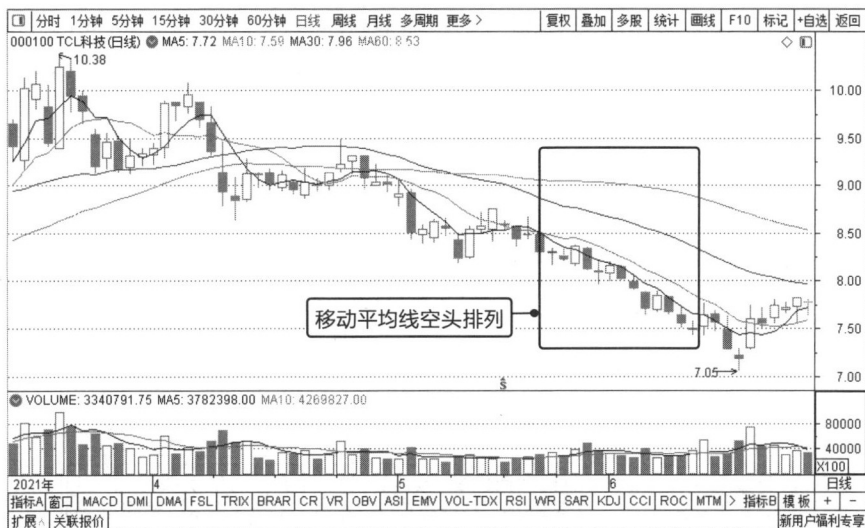

图 7-21　空头排列

空头排列的形成，表明市场做空意愿极其强烈，股价将持续下跌较长一段时间，投资者应持币观望，直到各期移动平均线下跌速度变缓走平再考虑进场。

7.2.2　移动平均线与波浪理论结合应用

在对移动平均线的基本知识和用法有了一定的了解后，下面通过具体的实例讲解如何将移动平均线与波浪理论结合起来应用，准确把握买卖时机。

示例讲解

中联重科（000157）结合移动平均线发现浪 3 启动

如图 7-22 所示为中联重科 2018 年 10 月至 2019 年 2 月的 K 线走势。

从图中可以看到，该股大幅下跌运行到 2018 年 10 月中旬创出 3.15 元的低价止跌，5 日均线最先拐头向上，之后股价企稳回升步入上涨，开启浪 1。

在浪 1 初期，30 日均线和 60 日均线仍然向下运行，说明此时股价的上涨仍然受到这两根均线的压制。对于稳健的投资者，最好还是观望一段时间。

股价在 11 月初依次突破 30 日均线和 60 日均线，此时 30 日均线已经有拐头迹象，而 60 日均线仍然向下，使得股价在突破 60 日均线后很快转向，浪 1 结束。

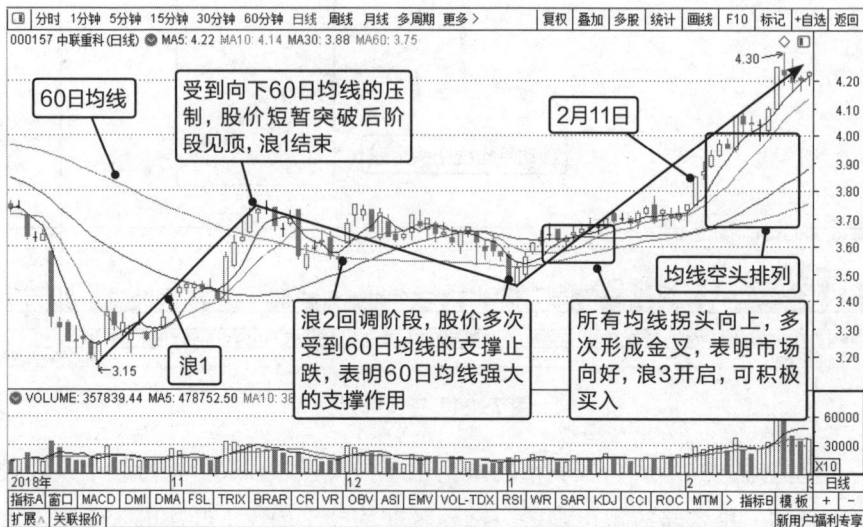

图 7-22　中联重科 2018 年 10 月至 2019 年 2 月的 K 线走势

之后股价进入浪 2 回调阶段，整个回调期间，60 日均线已经走平，且每次股价回落低点都在 60 日均线附近受到支撑，进一步说明上涨行情来临，而且 60 日均线对股价起到了很好的支撑作用。

在 2019 年 1 月，股价依托 5 日均线逐步上涨，此时 60 日均线也拐头向上，并且均线系统多次出现金叉形态，进一步说明浪 2 回调结束，浪 3 开启，此时投资者可以积极买入做多。

尤其在 2 月 11 日，股价平开高走收出一根大阳线，突破浪 1 高点，并且均线系统呈现多头排列，更加说明了行情进入到浪 3 的主升期，而且多头排列也表明了市场做多氛围浓烈，股价涨势强劲，投资者此时可以果断逢低吸纳，持股待涨。

如图 7-23 所示为中联重科 2018 年 9 月至 2021 年 4 月的 K 线走势。

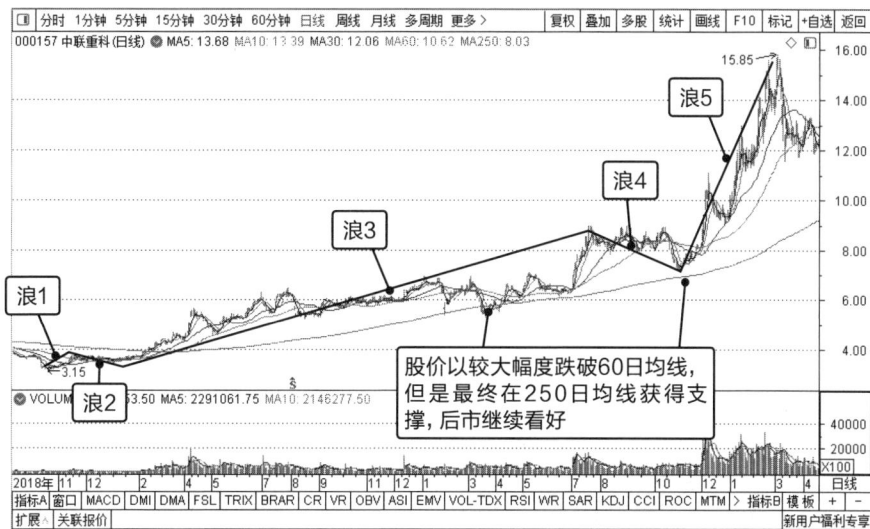

图 7-23　中联重科 2018 年 9 月至 2021 年 4 月的 K 线走势

从图中可以看到，均线多头排列强势开启浪 3 后，后市走出了一波长时间大幅上涨的牛市行情，整个股价都在 250 日均线上方，通过一轮上升五浪结构，股价被推高到 15.85 元的最高价，涨幅翻了几倍。

虽然在这轮涨势中也出现了较大幅度的回落，股价多次跌破 60 日均线，但是结合波浪理论来看，此时都没有运行到浪 5 阶段。并且在加入 250 日均线后可以发现，股价跌破 60 日均线后，都在向上运行的 250 日均线位置受到支撑止跌，更加说明了上升浪未结束，此时投资者可以大胆持股。